笑看两晋风云

罗学闰 著

哈尔滨出版社
HARBIN PUBLISHING HOUSE

图书在版编目（CIP）数据

笑看两晋风云 / 罗学闰著 . -- 哈尔滨 ：哈尔滨出版社， 2024.9
（愚夫说史）
ISBN 978-7-5484-7907-9

Ⅰ． ①笑… Ⅱ． ①罗… Ⅲ． ①中国历史－晋代－通俗读物 Ⅳ． ① K237.09

中国国家版本馆 CIP 数据核字（2024）第 093973 号

书　　名：**笑看两晋风云**
XIAO KAN LIANGJIN FENGYUN

作　　者：罗学闰　著
责任编辑：李维娜
特约编辑：翟玉梅
装帧设计：刘昌凤

出版发行：哈尔滨出版社（Harbin Publishing House）
社　　址：哈尔滨市香坊区泰山路 82-9 号　　邮编：150090
经　　销：全国新华书店
印　　刷：廊坊市印艺阁数字科技有限公司
网　　址：www.hrbcbs.com
E-mail：hrbcbs@yeah.net
编辑版权热线：（0451）87900271　87900272
销售热线：（0451）87900202　87900203

开　　本：660mm×960mm　1/16　印张：19.25　字数：220 千字
版　　次：2024 年 9 月第 1 版
印　　次：2024 年 9 月第 1 次印刷
书　　号：ISBN 978-7-5484-7907-9
定　　价：88.00 元

凡购本社图书发现印装错误，请与本社印制部联系调换。
服务热线：（0451）87900279

序

在历史的混沌中梳理文明的光芒

从杀戮到和平再到杀戮，从分裂到统一再到分裂，周而反复，不断更迭，不断兴替。从人类文明诞生伊始，自然界的丛林法则就牢牢地控制着部落、氏族、国家、联盟体的兴盛和衰亡。科技的进步，造福着人类无限的物质层面的满足，但哲学思想和政治文明未必在前进，甚或是一种跳跃式的倒退。

记录这个矛盾的学问，我们称之为历史学。描述兴衰，垂范后世，是历史学者的使命。"范例历史学"，是古希腊历史学家伊索克拉底读完修昔底德的《伯罗奔尼撒战争史》提出来的概念，也是他对修氏的高度评价。修昔底德不仅力求真实地记载历史，而且力图在哲学的高度去理解和概括历史，并传诸后世。捧读巴文化学者罗学闰先生的《笑看两晋风云》，很高兴感知他在践行"范例历史学"方面的行动自觉。

我与学闰相识于工作，相知于文章。那是 1994 年的某月，我到渠县采访。与时任商厦办公室主任的学闰相识，他也负责文案撰写和形象宣传。后来，在一次次工作接触中，我与学闰就成了好朋友。每次到渠县采访我都向他报到，他每次到达州开会就向我报到。

"文而优则仕"，学闰后来进了政府，任县政府办副主任、县委办主任近十年。"十年磨一剑"，霜刃也曾试。学闰充当"僚"的角色很称职，历届县委、县政府的主要领导对他都很满意。他撰写文稿倚马可待，而且文字流畅、气势非凡，遂有"宕渠师爷"的江湖称号。从"僚"到学者的角色转换，是他被选举为县政协副主席之后。

对于真正的读书人来讲，最大的痛苦是没有时间去读书。到政协任职后的学闰，最大的快乐就是有大把时间读书了。重拾书本，学闰一头扎进历史学和文博学的故纸堆，致力于地方党委、政府大力提倡的巴文化研究。渠县是全国最早设置郡县的地区，早在秦王嬴政横扫六合之前（公元前 314 年）就设宕渠县了，至今有 2300 年历史，人文历史积淀深厚。说巴文化，就避不了"歌舞以凌殷人"的古巴人军团，就避不了三国文化，就避不了两晋时期的"成汉"流民政权。从本土文化入手，纵深研究三国和两晋历史，鞭辟入里，学闰欲罢不能。2020 年 1 月，学闰给《达州晚报》副刊投了一篇《从"宕渠"说开去》，主要是想说明"宕渠"定名的原由，刊登后读者反响较好。副刊部主任郝良同学闰商量道："既然读者喜欢读你写的这种风格的说史文章，不如在晚报上开一个专栏，但你必须保证至少半个月一篇。"2020 年 3 月 9 日，学闰的个人专栏《愚夫说史》（周刊）就正式与读者见面了，先后刊登了《说说"成汉"王朝的那些事儿》《王平及其那些三国风云》《怎一个"汉"字了得》等系列文章，读者好评如潮。被鼓舞起来的学闰，就这样被"强迫"写下去，于是，学闰的头上就多了"专栏作家""历史学者"两项桂冠。从 2020 年 6 月至 11 月，《达州晚报》共刊登了 20 期《笑谈"三国"那些事儿》，从 2020 年 11 月至 2021 年 12 月，共刊登了 50 期《两晋风云说略》。《愚夫说史》专栏还获得了 2020 年度四川省报纸副刊好作品奖。

作为报人，旗下的报纸有读者喜欢的作者，当然是一件爽心的事儿。作为朋友，学闰反过来给我"派活"了，请我为他的新书《笑看两晋风云》作序。作为一个历史学爱好者，我要感谢学闰的辛苦付出，让我在研读《笑看两晋风云》的书稿中，得以窥见两晋历史的全貌。

中华文明的发展史是一部民族融合史，伴随着残酷的战争和无情的杀戮。经历了秦汉四百年的大一统后，中国经历了第一次大分裂。三国、两晋时代，是中国的大分裂时期，也是中国社会治理最混乱的时期。因为《三国演义》在民间的深入传播，三国时代被塑造成了一个英雄的时代。两晋国祚虽不长，但政权本身来路不敞亮，根基不够深厚，司马家族内部像中了巫蛊一样，不但帝王多短命，而且内耗特别严重，"八王之乱"直接导致了又一次社会大动荡。过去读史，每每读到两晋，面对应接不暇的政权更迭和血腥的杀戮，就读不下去，匆匆翻过，不求甚解。而学闰的《笑看两晋风云》，语言诙谐幽默，读来甚是有趣。枯燥的历史在他的笔下却轻松地流动，大有"漫看云卷云舒"的感觉。书中用了比较、实证等多种历史学研究方法，对古代典籍存疑的地方也大胆提出来供人思考。学闰本是地域文化研究学者，研究的切口多是巴文化和方志文化。这并未影响全书的全域历史视野，反倒为更多读者提供了一个新的有趣的视角。

历史的发展，有着必然的客观规律；历史事件的发生，却有着太多的偶然因素。两晋之前，中华文明的发展始终是以中原地区为核心地带，长江以南地区素来被视为"南蛮"之地。西晋王朝的内乱和社会动荡，导致东晋"衣冠南渡"。大量中原世家大族南迁，客观上造就了长江以南地区包括闽南地区的文化繁荣、经济开发和科技发展。社会动荡也从客观上加速了北方游牧民族和中原农耕民族的融合，也间接促进了南迁汉族和南方丛林地区少数民族的融合，这又反过来促进了江南地区的经济文化发展。

在混沌的历史中梳理文明的光芒，以有趣的人和事为脉络，让沉闷的史学著作更为当代人所喜爱，无疑打开了一道"零障碍"读历史的窗口，这是学闰对历史学的贡献。唯愿学闰兄老骥伏枥、老当益壮、老有所乐，辛勤笔耕，开拓一片新天地。

是为序。

何南观

（作者系《达州日报》社党委书记、社长）

目录

无论是东晋还是西晋，抑或是我们所说的"魏晋南北朝"，我的感觉就是"一团乱麻"（易中天也这么说）。怎么个乱法？一个状态是"眼花缭乱"（那么多民族，那么多国家，那么多战争）；一个状态是"头昏脑涨"（搞不清来龙去脉，剪也剪不断，理也理不清）。所以，我在读"二十四史"时，总会知难而退，把这段历史无情地忽略。但是，《达州晚报》的"愚夫说史"专栏还得继续，"两晋风云"成为绕不开的一道坎儿，那就采用"人一之我十之、人十之我百之"的笨办法，不舍晨昏、皓首穷经，态度坚决地啃下了这块"硬骨头"。

尽管如此，我也还是需要壮着胆子才能来说两晋，因为实在难说。让我稍有底气的是，在两晋那些狼性十足、血肉横飞的历史大剧中，我们巴西宕渠（今四川省达州市渠县）人也上演了一出悲喜剧：两晋之际，巴氐人（賨人）流民军领袖李特之子李雄在益州称王称帝（中国历史上第一个少数民族皇帝）。要说明的是，两晋时期，国号林立，年号更是多如牛毛，所涉历史事件，若非特殊需要，都直接采用公元纪年。賨人李雄（304年称王）与匈奴人刘渊称王居然是"同庚"，他们一南一北，与晋王朝一起，成为一个"新三国"。

更有意思的是，李雄的"成汉政权"和刘渊的"汉国"都有一个"汉"字。李雄他们没有说明理由，因为他们的国号开始时叫"大成"。338年，"成汉政权"的第三代帝王李期被李寿废为邛都县公，囚禁别宫，后自缢身亡。而李寿即位后，不仅改了年号，还改国号为"汉"，历史上合称"成汉"。有研究者说，"成都"的名称来源于先秦时期的"张仪和司马错伐蜀"。这个"成"字代表的是"战争胜利"。想想还是有道理的。而刘渊则说得理直气壮：因为冒顿单于是刘邦的女婿（用宗室女和亲），后世单于跟汉皇帝是表兄弟。兄终弟及，大汉帝统当然就由他来承接。这个冒顿单于也是个残忍的主儿，居然杀父（头曼单于）自立，依靠训练有素的敢死队，把头曼单于射成了刺猬。当然，刘渊"汉"的国号没有打多久，就被刘曜（刘渊侄儿兼养子）改为"赵"（318年，史称"前赵"），再被石勒建立的"后赵"所灭（329年，享国25年）。而"成汉"呢，也于东晋永和年间被东晋大将桓温所灭（347年，享国43年）。

东晋荆州刺史桓温灭蜀（347年），主要的收获有两项：一是战功卓著，人气陡升，向皇帝宝座又靠近了一步，但他最后并没有称帝（后面要说）；二是得到了一个美女（成汉末代皇帝李势的妹妹）。桓温其实是东晋明帝的"驸马爷"，南阳长公主见桓温"书屋藏娇"，便兴兵问罪，见到李势的妹妹，惊艳其美，手中兵器掉落，说："我见犹怜，况老夫乎！"意思是，我看了都喜欢，何况桓温那个老东西呢？后来，东晋王朝就像"老年痴呆患者"，大脑管不住手脚，西蜀又"闹独立"。谯纵，乃巴西南充（今四川省南部县）人，西蜀政权建立者。413年，中央政府"主要领导人"刘裕又派兵把谯纵剿灭（兵败被杀），这也是后话。言归正传，我们来说两晋风云。

先说西晋开国皇帝司马炎的是是非非。司马昭随手一指，司马炎就成了西晋的开国皇帝。不像秦始皇要扫灭六国、刘邦要打败项羽，司马炎当时的心情肯定堪比"乞丐拣到金元宝"。坐在皇帝宝座上回望来路，那些往事涌上心头。司马炎的世子之位得来也还是颇费周折的。我们前面说过，司马师没有儿子却有养子，这个养子就是司马攸（司马炎之弟）。司马师突然去世，执掌大权也兄终弟及。司马昭也还是讲良心，多次说"死后要把位置传给攸儿（司马攸）"，意思是要归还正统，惹得司马炎（司马昭长子）很不高兴。好在司马昭只是说说而已，并没有下达"正式文件"，让司马炎感觉到还有希望。

司马昭归还正统只是说一说，在两晋的历史上也还有人真就这样做了，这个人就是成汉皇帝李雄（李特次子）。324年，当了18年皇帝的李雄力排众议，执意立李班为太子。李雄的理由与司马昭惊人相似。他说："我兄李荡，是先帝的嫡统，可惜早逝，况李班（李荡长子）仁孝好学，必能承担先帝基业。"他的想法也是归还正统。然而，后宫和朝臣几乎是"全票否决"，让李雄成了真正的孤家寡人。司徒王达说："先王立嗣必立亲子者，是明身份而防篡夺。"太傅李骧哭着说："祸乱从这里开始了。"334年，李雄因头部溃疡而死，太子李班继位，虽然实现了"归还正统"，却又违背了"父死子继"的一般规律。于是，当李班还在李雄灵前哭孝时，却被李雄的儿子李越与李期合谋暗杀，后推李期为帝。正如太傅李骧所说（祸乱从此开始了），权力的争夺、内部的残杀，从此拉开序幕。有史家分析说：成汉政权由盛而衰的转折点在咸和九年（334年）。

远古的传说中，帝王都"来路不明"，有说"天命玄鸟、降而生商"的，也有"踏上巨人脚印受孕"的，就连刘邦也说他是"母亲和蟒蛇"生的。司马炎不存在来路不明的问题，父亲司马昭、母亲王元姬，历史上记得清清楚楚。都说帝王有异相，因而长相平凡无奇就成了司马炎最大的短板。没有异相，司马炎就"装"。他的绝活是不剪头发，最后不只长发及腰而且长发拖地。这垂地长发把《禹贡地域图》的作者裴秀惊呆了，直说"此相贵不可言"。这个裴秀，本是曹爽的"粉丝"。"高平陵之变"后弃暗投明，投身到司马昭麾下，到司马炎

"长发拖地"时当上了"尚书仆射"。也正是这个"尚书仆射",想到了刘邦想废长立幼时的"商山四皓",开始给司马炎拉拢"唱赞歌的人"。贾充首当其冲,山涛、何曾紧随其后,硬是让司马昭改变了看法,把司马炎立为"世子"(264年)。而这几个人,也因"说说好话"成为西晋的开国功臣。

当然,司马炎被立为"世子"不仅是因为其"长发委地"这个表面的原因。前面说到的司马攸,在朝中也有一帮"血旺兄弟"。"世子之争"(嫡庶之争)经年累月。到司马昭病重的264年,司马炎29岁,司马攸才17岁,这是司马炎的年龄优势。我们知道,司马昭和郭太后"研究决定"让曹奂继位称帝的时候,迎接准皇帝入京的是中抚军司马炎。而司马攸从小以好学著称,其书法还被称为"当世楷模",颇有"名士之风"。在"靠枪杆子"说话的年代,"军界首领"的身份,是司马炎最大的优势。当然,让司马昭改变看法的真正原因究竟是什么,谁也说不清楚。这就是历史,总是扑朔迷离,我们也只能相信"既定的事实"。

司马炎是历史上有点儿复杂的皇帝。本来是个公子哥儿(生活奢侈),可一当家就知柴米贵,提倡厉行节约。不仅烧掉了价值不菲的"雉头裘"(以雉头羽毛织成),而且差点儿让太医程据的脑壳搬了家。这个程据后面还有"好戏"。司马炎死后,白痴皇帝司马衷继位,这个程据与皇后贾南风私通(面首),皇后玩腻了又把他一脚踢开。司马炎最大的成绩,就是扫灭东吴,实现"天下一统",做个名副其实的皇帝(率土之滨,莫非王土)。要想消灭东吴,需要增强综合国力(兵强国富)。因为从古至今,打仗都是"烧钱",打胜仗的保障是"有饭吃"。从司马炎称帝(266年)到孙皓投降、东吴灭亡(280年),共有15年时间。这段时间,西晋都在准备打仗(灭吴),他采取的"国策"是"奖励农耕",还有自己的"责任田"(籍田)。史官记载了这件事:268年的春天,司马炎亲到"籍田"推了三次犁。两路大军、一举灭吴的事实，雄辩地证明，司马炎的"国策"是完全正确的。司马炎还有一件比较正面的事儿是，委派开国功臣贾充制定了《晋律》，推行依法治国，贾充也因此成为中国历史上著名的法学家。

关于司马炎的"负面报道"，在历史上相对较多，也为读史的人们津津乐道。第一件事就是"好心办坏事"。司马炎深刻总结他们祖孙三代的成长历程，认为曹家的大权之所以轻易被司马氏拿走，是因为曹家连招架之功都没有，更别说有还手之力了。造成这个被动局面，是因为曹家虽然也封王，但这些王爷几乎都是集中居住在邺城的"富家翁"（集中监视居住），更别说兵权和事权了。司马炎"一声吼"，曹奂就举起了"投降的双手"，把曹魏的江山社稷"禅让"给司马氏了。

司马炎也爱观察历史，消灭东周、扫平六国之后，秦始皇用"郡县制"代替了"分封制"，结果"二世而亡"。鉴于这方面的历史教训，司马炎坚信"分封制"的威力，分封的规模很大，一次就把司马氏祖孙三代的同宗封了17个"王"。国王们都把快乐的心情写在脸上，因为手里不仅有权，还有兵。司马炎的设想是，晋朝一有什么"风吹草动"，各个王国都可以"带兵勤王"。理想很丰满，现实很骨感。到了司马衷时代，王国们都各怀鬼胎，并不是进京"勤王"，而是要么废掉皇帝自立，要么让"傻瓜皇帝"复辟，要么把贾皇后（贾南风）废来废去，让贾南风在后宫和金墉城之间"搬来搬去"。由贾南风惹起的"八王之乱"，最后也在金墉城将贾南风"彻底埋葬"（这是后话）。

司马炎是个"花心大萝卜"。273年，司马炎公开选美。诏令三公以下官员把女儿送到选美现场，胆敢隐瞒不报的，以大不敬"处（灭九族）。同时，还诏令全国百姓在选美期间禁止婚嫁。起先，皇后杨艳"主持选美工作"。出于女人之间的嫉妒心，杨皇后耍起了小心思，凡是看到容貌漂亮的，她就让其直接落选。司马炎看选进来的美人都是些歪瓜裂枣，十分生气，把杨艳晾在一边，亲自抓选美工作。这样一来，在皇帝皇后周围便有了美女如云的景象。据载，280年扫灭东吴后，司马炎又收编了孙皓的后宫（5千人），西晋的后宫轻易地突破了"万人大关"，创造了一项"世界纪录"。宫中美女这么多，司马炎却为"夜生活"发愁。于是，想出了一个办法，制造了一辆"羊车"，把与美女共度良宵的决定权交给"那只拉车的羊"。

第二章

上万个青春美少女，只有一个真男人司马炎，还有一群假男人（太监），美女们能见到"真男人"也只能是小概率事件。"羊车临幸"确实希望渺茫（万分之一），还不算司马炎要在皇后和夫人那里"多加盘桓"。她们就只有拿出自己的高招：把竹枝插在窗上，把食盐撒在地上。不能吸引司马炎，那就勾引他的"羊"。我以为，这只是司马炎的一件逸闻趣事，但《晋书》卷三十一却详细地记载了这件事，让我们不得不相信这是真的。成语"羊车望幸"就是源出这个故事。本义是指司马炎的"荒淫"，后来延伸义发生偏移，就是希望得到长辈或上级的垂青和提携。

说到"羊车"，还是有些视觉上的新意。我们看惯了马车、牛车还有骡车，"羊车"就有些"扯眼球"。据《唐语林》说："始皇乘羊车以上，其路犹存。"后汉刘熙《释名》说："骡车、羊车，各以所驾名之也，（羊车）汉代已有。"这说明，"羊车"并不是司马炎的创造发明。但是，"羊车"先在西晋"皇室专用"、再到贵族"普遍使用"，则是不争的历史事实。据说，晋武帝时，护军羊琇"私乘羊车"，被司隶校尉刘毅弹劾，晋武帝以其违制，揭了他的"乌纱帽"。"羊车"

乃"皇室专用",没杀头还算是轻的。

还记得那个命苦的晋怀帝司马炽吧,他是"傻瓜皇帝"司马衷的异母弟(母王媛姬),也是西晋的第三个皇帝。他在位时,"八王之乱"风头正劲,社会动荡的局面开始出现,狼性十足的匈奴已不满足于简单的"犯边"。311 年,匈奴刘聪直接带兵围困洛阳(首都)。晋怀帝在逃亡途中被俘,两年后,晋怀帝被刘聪用毒酒毒杀(终年 30 岁)。"三国"时,在蜀汉的刘禅、东吴的孙皓的"投降仪式"中,都还没有"羊车的身影"。如果要追溯社会动荡的祸根,那么司马氏自然是绕不过的。司马炽的曾祖父司马懿曾率大军"平定辽东",他不仅在襄平屠城,筑起"京观",而且迁辽东 30 万民众于内地,这就相当于给北方的少数民族"腾出了地盘",先后南迁。

回到"羊车"的话题上来,西晋著名"美男子"卫玠"乘羊车、入东市",最终被"看杀",史书上有记载。"头号美男"潘岳(潘安)是不是也能坐"羊车"?虽不见记载,但他跟贾南风"关系不一般",估计也是能"坐羊车"的。这个潘岳虽然面若美玉,却跟贾南风一起干了件"龌龊事"(陷害太子司马遹),让后人很不屑。"羊车"降格到"贵族坐驾",可能在当时,也是洛阳城的一道风景线吧。到了偏安江南的东晋,马很紧俏(战争),牛很重要(耕作),就出现"(羊车)江左来,无禁也"的景象,"羊车"也像"旧时王谢堂前燕,飞入寻常百姓家"了。更为奇特的是,"羊车"也成为"化外之邦"的爱好,在当时的真腊国(今柬埔寨)也有使用"羊车"的记载。不过"金饰之"这句话,说明"羊车"也是皇室或贵族才能使用的"奢侈品"。

其实最早的"羊车",并不是"羊拉的车",人们更多的是取其"象征义"(祥车)。后来,"羊车"成为现实物件,首先作为宫廷的交通运输"替代品"。更为重要的是,"羊车"原为佛教名词,属"三车"之一。佛教自魏晋盛于中国,有"三乘归一"之说:羊车为"小乘"、鹿车为"中乘"、"牛车"为"大乘","三乘"都可以引导众生脱离苦海。

我们知道，佛教自东汉传入中国后，与中土的"黄老之说"冲突厉害。妥协才有出路，佛教只好在中国进行了本土化的"变异"。到了魏晋，佛教与玄学和儒教相融合，发展成为文人士大夫所尊崇的"禅宗"（只需要静坐而已）。"羊车"是脱离苦海的"第一步"，这也正好迎合了战乱时期魏晋上层贵族的心理需求。所以，"羊车"才在魏晋南北朝"大行其道"。

坐着"羊车"寻欢作乐的司马炎，生活是很幸福的。堕落对于一个常人来说，也许不算什么，但对于一个皇帝来说，就是"关乎天下"了。最要命的是，堕落的司马炎好像"脑子停止运转"。他犯下的最大政治错误，是册立司马衷为太子。最大失误或者说"错上加错"的，是让司马衷娶了贾充的女儿贾南风为太子妃。为了不弄错，我们一个一个地说。

司马衷究竟傻到什么程度，《晋书》记载了这么三件事。司马炎觉得这个儿子脑壳有点儿问题，以为他不懂"儿女之事"，就把自己的才人谢玖赏给儿子"试一试"，结果谢玖不久就"珠胎暗结"，这是个让司马炎高兴的结果。但是，儿子司马遹在司马衷身边嬉戏时，司马衷竟然"认不到"。或许你不会相信，正是这个被司马炎看好的司马遹，在一定程度上坚定了司马炎立司马衷为太子的决心。当然，或许也有"隔代亲"的原因在内吧。

在册立和巩固司马衷"太子之位"这个问题上，皇后杨艳、杨芷（堂姐妹）也有一定功劳。因为司马炎有 26 个儿子，有智略、有才干的也不少。司马炎的"嫡长子"司马轨 2 岁时就夭折了，司马衷成为事实上的"嫡长子"，而杨艳正是司马衷的"母后"（亲生的）。司马衷当太子，一旦继位，她的太后之位就可以稳若泰山。所以，司马炎一有"改立之意"（改立司马绍），杨艳就以"废长立幼、违礼乱制"加以"温柔地规劝"。这样，司马衷的"太子之位"才增加了"保险系数"。当然，太子妃贾南风也立下了"汗马功劳"。贾南风主要是帮太子应对司马炎的"策问"（请人捉刀）。

有一次在宫廷的院子里，司马衷突然听到了蛙鸣，他提出了一个"世界难题"，好奇地问："请问（青蛙们）为公乎？为私乎？"有个侍臣也是"绝顶聪明"，居然给出了天衣无缝的"答案"（在公为公、在私为私）。不过，这样的"答案"只有司马衷相信，大家肯定会啼笑皆非吧。更为可笑的是，当时多地遭受特大灾害闹起了饥荒，大臣们正在着急，商量着救灾的办法。听说灾民们都"没有饭吃"。司马衷不解地问："何不食肉糜？"

这样的人当皇帝，不是傀儡也是傀儡。司马炎虽然简简单单地当上了皇帝，但他的头脑并不简单。他的想法还是很超前的，他的"百年大计"是等儿子司马衷一死，聪慧的孙子司马遹就会继位为帝，那时大晋的江山就又有了明主。但"人算不如天算"，这个把司马炎叫爷爷、聪明如司马炎的爷爷司马懿的太子司马遹，却早于他的父亲（傻皇帝司马衷）被害死了。害死司马遹的是贾皇后，在这件事上"火上浇油"的是太子少傅贾谧，具体操作的是宫女陈舞，还有那个"美男子"潘安的助纣为虐。

过程很简单，也像一部"电视剧"：第一幕，皇后贾南风借口"父皇有病，诏太子（司马遹）入宫探望"，司马遹早饭都没吃，就直奔父皇的寝宫而去。第二幕，司马遹未见到父皇（司马衷），也没见到母后（贾南风），宫女陈舞奉父皇之命提来"三升酒"，令其"一饮而尽"。喝不完时，陈舞就在那里说"大不孝"。喝完了，司马遹只有烂醉如泥。第三幕，潘安上场，写了一份"大逆不道"的"太子上书"，再令司马遹抄写一遍，伪造成了太子"罪不可恕"的"铁证据"。第四幕，太子司马遹被废，平淡地走出东宫，与母亲谢玖及其妻子儿女，乘坐一辆破车到别宫居住。继而，太子被杀、谢玖被杀。

其实，贾南风并不想马上害死太子，因为她的肚子还有"怀上龙种"的希望，何况她已指派相关人士"让太子堕落"。一旦有了自己的儿子，废掉太子也易如反掌。当然，贾皇后的肚子就是不争气，直到她被毒杀在金墉城（金屑酒），她的肚子也一直"没有起色"。在害死司马遹这件事上，贾谧是急不可待。一方面，他认为与太子的矛盾"不可调和"。其实也可调和，只不过是下棋时相互"不礼让"。另一方面才是深层原因，贾南风想"狸猫换太子"，贾谧的幼弟是选定的对象。那时，贾南风已在宫中假装怀孕，还叫人从外面把稻草运入宫中（生产用品）。

说到贾谧，他的姓也是"假的"。他本姓韩，是韩寿的儿子，本名韩谧，字"长渊"，唐朝修《晋书》时避讳"唐高祖李渊"改为"长深"。我们能记住韩寿，是因为"韩寿偷香"的故事。正是因为这个故事，韩寿从西晋开国功臣贾充的"跟班"变成了贾充的"女婿"（贾午的丈夫）。之前，贾充的大女儿（贾南风）已嫁给了司马衷。其实，当初准备嫁给司马衷的是贾充的小女儿贾午，因为年龄小、身材矮，"不胜衣"，也就是连婚礼服也"穿不伸展"，只好临时改派贾南风"李代桃僵"。这样说来，韩寿跟司马衷是"连襟关系"（我们说的"老挑"），而贾谧其实是贾充的外孙。至于韩谧什么时候改姓"贾"，史书上有两说，不知谁是真的。一说贾充的儿子贾黎民早死，韩谧过继给贾充改姓贾。一说贾充虽然娶了两个夫人（李氏和郭氏），但膝下无子，贾充一死，因无后嗣，封爵就要"除脱"。于是把韩谧改姓贾，继承贾充的封爵。说到这里，你就完全可以明白：贾谧在"陷害太子"这个问题上，为什么会这般积极了。

扯得远了点儿，还是继续说司马炎的"负面报道"。太子立错了，司马炎负主要责任，因为他是主要领导。其他的诸如杨皇后（杨艳、杨芷）要负次要责任。因为她们的"枕边风"促成了历史的悲剧。还有那些"一边倒"的朝廷大员，也负有不可推卸的责任。因为他们在司马炎的"重大决策"面前都集体噤声。封建王朝就是皇帝的"家天下"，立太子往往被看成"皇帝的家事"，立谁不立谁，跟大臣有什么关系呢？但在历史上，往往就有些大臣"不识相"，要拼死相谏。也有做得有"艺术性"的，在西晋"册立太子"这个问题上，大臣卫瓘可以完全不负责任。在司马炎做出"册立太子"的重大决定，举行国宴时。卫瓘假装醉酒，摩挲着司马炎的"龙椅"说："这个位置，可惜了啊！可惜了啊！"其实，这里的"龙椅"，还不是真正的龙椅。《晋书》载，东晋第一个皇帝司马睿在王导的扶持下称帝，朝贺时，司马睿要求王导也坐到床上来（以示并尊），说明那时还确实没有什么"龙椅"呀！在我的认知中，要到宋朝才有"椅子"这个物件，之前的人们都是"席地而坐"（跪坐）。

第三章

太子立错，也就算了。司马炎接着又"错上加错"：决定让儿子司马衷娶开国功臣贾充的女儿贾南风为"太子妃"。

我们前面说到的卫瓘，可不是个简单的人物。20岁时就成为曹魏的尚书，在曹魏灭蜀汉（263年）后，又出任镇西将军兼监军，成功地解决了邓艾和钟会的问题。在西晋，卫瓘更是位列"三公"，担任过皇帝（司马衷）的老师，还以帝师之名与司马亮共同辅政。在当时，他的书法更是了得。唐朝张怀瓘《书断》中称赞他的"章草"为"神品"，与同时代的钟繇可以算是"书法共祖"。我们都知道，那个写《兰亭序》（天下第一行书）的王羲之，但我们不知道的是，王羲之的书法启蒙老师就是卫瓘的女儿（卫夫人）。卫瓘和司马炎是什么关系？司马炎把女儿繁昌公主嫁给了卫瓘的儿子卫宣。因为卫瓘在西晋时期，内政军事都有盛举，是棵可以依靠的大树。这桩婚姻，也可以看成是"政治联姻"。卫瓘最关心大晋的社稷江山，所以才在司马炎立司马衷为太子时"摩挲龙椅，直言可惜"。

司马炎的"杨皇后"（杨艳）临死时，推荐了他的堂妹杨芷当"接班人"，司马炎"很听话"，照办不误，或许杨家作为外戚，已成为重要的政治力量，或许杨芷也能"一笑倾城，再笑倾国"。这个杨芷的父亲就是杨骏。也算是"父凭女贵"吧，杨骏的人生驶入了"快车道"。司马炎死前有言，辅政大臣有两人：司马亮、杨骏。杨骏和女儿杨芷"一操作"，就变成杨骏"大权独揽"了。卫瓘平素与杨骏"搞不拢"，杨骏也总想把卫瓘"搞下去"。卫瓘为人严谨没有过失，杨骏就抓住卫宣（卫瓘之子）"做文章"。发动几个"小黄门"（小太监）一起诋毁卫宣沉迷酒色、荒淫不法。晋武帝司马炎"不分青红皂白"，下诏让繁昌公主与卫宣离婚。卫瓘闻讯"羞红了脸"，请求告老逊位。估计司马炎还是"念旧情"，就批复说："以卫瓘为太保，以菑阳公身份回家。"后来，真相大白（卫宣被诬陷），杨骏真正的目的是"打击卫瓘"。司马炎想让繁昌公主与卫宣"恢复关系"，可惜卫宣已经"怄气而死"。皇帝的女儿不愁嫁，繁昌公主又下嫁给谁，没查到历史记载。但是，卫瓘得以洗刷"不白之冤"，重新成为"辅政大臣"。

时光流转到元康元年（291 年），"独掌大权"的杨骏被楚王司马玮诛杀（贾皇后指使），卫瓘与汝南王司马亮共辅朝政，被赐予"两项特权"："剑履上殿，入朝不趋。"司马亮上奏"诸王之藩"（回到藩国），朝臣无人敢应，只有卫瓘附和。本想留在京城过幸福生活的司马玮，被卫瓘气得"脑壳起包"。贾皇后也觉得卫瓘在朝辅政，自己做事"放不开手脚"，便编造个"谋图废立"的罪名，派兵包围卫府，于是卫瓘与子孙九人一同遇害（时年 72 岁）。好在卫恒（著名书法家）的两个儿子（卫璪、卫玠）在医生家里看病才"躲过一劫"。更好的是，在卫瓘之女和国臣重卿们的百般努力之下，"卫瓘一案"得以平反昭雪。司马衷专门给他的老师"下了文件"，追赠卫瓘假黄钺、兰陵郡公、追谥"成公"，也算是给了冤死的卫瓘一点儿"灵魂上的慰藉"。

说了这么多卫瓘的家事，是因为司马炎理想中的"太子妃"，就是卫家的女儿。当杨皇后推荐贾充的女儿时，司马炎还有正确的判断：卫瓘的女儿有"五可"（种贤而多子、美而长、白），贾充的女儿有"五不可"(种妒而少子、丑而短、黑)。其实贾充起先也有"自知之明",并没有让女儿做"太子妃"的打算。

历史也往往有些偶然。271年,北地郡的胡人攻击金城郡,凉州刺史牵弘出兵讨伐,但因与羌戎关系恶化招致反叛。牵弘被围攻于青山,兵败被杀。司马炎"心中着急",忙问侍中、太子少傅任恺:"谁可以去'摆平'北方那些'叛乱分子'?"任恺这时想到了他的政敌贾充,立马建议在朝廷"有威有望"的贾充。司马炎又征求河南尹(京兆尹)庚纯的意见,回答居然"惊人的一致"。有道是,朋友的朋友是共同的朋友,朋友的敌人是共同的敌人,庚纯是任恺的"铁哥们"呢。但司马炎并没有想到这一点,立马下发文件:"以充为都督秦、凉二州诸军事,侍中、车骑将军如故。"任恺举荐贾充去平定叛乱,也正是贾充作为"车骑将军"的职责所在。

我们渠县土溪镇的古宕渠城,又名"车骑城",因为东汉的车骑将军冯绲(巴西宕渠人)曾"增修其城"。据《渠县志》,东汉延熹五年(162年),冯绲拜车骑将军,率军大破武陵蛮,平定荆州,纳降十余万人,收逋(拖欠)賨布30万匹。我们可以得到四点认知:第一,东汉的"车骑将军"并不常设,只有需要平定叛乱的时候才"拜授"。而司马炎的诏令中,(贾充)"侍中、车骑将军如故",说明西晋时"车骑将军"已经是个常设的职位;第二,"车骑将军"的职责就是"平定叛乱"。东汉冯绲"平定武陵蛮叛乱",西晋贾充要去"平定北地郡叛乱"。第三,冯绲"平定荆州",收逋30万匹賨布。这至少可以说明"武陵蛮"就是"賨人",当时的武陵地区也是賨人聚居区。而"三国时代"的荆州风云变幻,也有武陵蛮夷参战,没有人提到"賨人"两个字,是不是"賨人"的称谓已经消失?第四,许慎《说文解字》说:"賨,南蛮赋也。"可以说明,当时的"赋"采用的是"实物"(賨布),正如地租有"实物地租"和"货币地租"。历史学家任乃强先生说:巴人"呼赋为賨",这是解决"巴賨之争"的"杀伤性武器"吧!

冯绲被拜授"车骑将军"是何等的威风，而西晋的贾充得到"平叛的诏令"，不仅"两眼发直"，而且"全身发冷"。为啥子？因为他根本不会打仗啊！于是，贾充就问曾跟他一起修定《晋律》的荀勖："怎么才能让我推掉这个'苦差使'（率军远征），留在京城呢？"荀勖说得很简单："把太子变成你的女婿。"

据说，荀勖的特长是"阿谀逢迎"，因此被时人比作倾覆国家、搅乱时局的"贰臣"。但荀勖这个简单的回答，却"一语点醒梦中人"贾充。没有荀勖这句话，西晋的未来肯定不是后来的那个样子。得到指点后，贾充就对皇帝的命令不管不顾了，他掀起的是一场"女儿推销战"。贾充首先走的是"夫人路线"，派出他那个老婆郭槐，花重金贿赂杨皇后（杨艳）的"身边工作人员"，去给杨皇后灌"迷魂汤"。事实证明，贾充这一招"成效显著"，杨皇后逐步变成了坚定的"拥贾派"，不管司马炎摆出什么理由，她只有一个要求：娶"贾美女"为"太子妃"。其次，他走是的"舆论路线"，发动那些死党到处吹嘘："贾家女不仅美若天仙，而且贤淑厚道。"难道是"吹牛不要本钱"？非也。贾充是他们的"保护伞"，保住贾充就保住了自己。所以，他们才能那么厚着脸皮，那么卖力地到处"宣扬"，去抢占舆论的主战场。

贾充胜利了，成功地把女儿"推销出去"，成为司马炎和杨皇后共同认定的"太子妃"，估计"脸都笑烂了"吧。我们不知贾充是怎么感谢荀勖那"一语定乾坤"的"建设性意见"，也不知道司马炎最终派谁代替贾充去"上战场"。但我们确切地知道，贾充就成为太子的岳父了，悠悠然然地生活在京城里，真是"要风得风，要雨得雨"。当然，也不全是"幸福的生活"，他也有他的"酸甜苦辣"啊。

他的苦与痛，更多地来自于他的第二任夫人郭槐。郭槐出身名门，父亲郭配为城阳郡太守，伯父郭淮为曹魏车骑将军。但是，郭槐一点儿也没有"大家闺秀"的样子，是西晋历史上著名的"醋坛子"（妒忌成性），难怪司马炎要说"贾家女"（种妒而少子）。257年，20岁的郭槐与贾充结婚，生女儿贾南风（太子妃）、贾午（韩寿妻），其后，生了个儿子贾黎民。郭槐见贾充逗弄正被乳母抱在怀中的黎民，认为"贾充与乳母有私情"，便将乳母鞭杀。结果，黎民因思念乳母而死（3岁）。不久，郭槐又生一子，因贾充抚摸乳母怀中的小儿，郭槐"醋性大发"，杀害乳母，贾充的小儿子也因思念乳母而死（2岁）。估计贾充也不再热心"夫妻生活"，之后郭槐再也没有生育。所以，贾充永远地"闭上眼睛"的时候，要以贾午与韩寿所生之子韩谧为后嗣，这才有了历史上那个名声不好的"贾谧"。

说到贾充的第二任夫人郭槐，也就顺便说说贾充的第一任老婆。《晋书·贾充传》说，贾充初娶妻李婉，是魏晋名士李丰（侍中）的女儿。前面说过，这个李丰，就是皇帝曹芳去找他"倒苦水"那个李丰，他和皇帝曹芳及其岳父张辑一起，"集体表达"了对司马师的不满。司马师闻讯变成了"愤怒的狮子"，击杀了这个"小集团"。李丰的女儿李婉被流徙，贾充只得与她离婚（划清界限），这才有了贾充的第二任夫人郭槐。

司马炎登基为帝后"大赦天下"，赦免了李丰家族，李夫人（李婉）才得以从流放地回到洛阳。我们都知道，贾充是司马炎的开国功臣，跟司马炎"你好我好"的。这时，司马炎给贾充下达了一项"特殊诏令"：特命贾充可以设置左右二位夫人。但是，贾充却最终没有迎回"淑美有才行"的李夫人，因为第二任夫人郭槐"不依教"，又哭又闹地表达了"坚决不允"的态度，可怜的贾充只有叹息，也只好说"罢！罢！罢！"。

据说，贾充与李夫人都"用情很深"，虽然没能迎回李夫人，但贾充还是去李夫人的居所（永年里）见了一面。夫妻二人久别重逢，还做了一首感情真挚的"联句诗"："室中是阿谁？叹息声正悲。（贾）叹息亦何为？但恐大义亏。（李）大义同胶漆，匪石心不移。（贾）人谁不虑终？日月有合离。（李）我心子所达，子心我所知。（贾）若能不食言，与君同所宜。（李）"读了这首诗，我都想象得出他们"执手相看泪眼"的感人场景。

贾充的第一任夫人李婉的女儿是"齐王妃"（司马冏），第二任夫人郭槐的女儿是"太子妃"（司马衷），这在当时来说，两个女儿都"嫁得好"。这两个女儿，应该是"同天不同地"的姐妹，身上都流淌着"贾充的血液"，但她们却"势同水火"。据说，贾充死后，李夫人的女儿想将母亲与贾充合葬，但郭夫人的女儿贾皇后"坚决不同意"。后来，齐王司马冏（司马攸子）诛杀了挑起"八王之乱"的贾皇后。齐王杀死自己的"姨妹儿"，当然是政治需要（争夺领导权），但为"齐王妃"报"一箭之仇"也或有可能。再后来，李夫人（李婉）才得以与"情深意厚"的贾充合葬在一起，实现了"与君同所宜"的愿望。

　　我们前面说到了齐王司马冏，他是齐献王司马攸的次子。为啥子他父亲的"王号"是"齐献王"，而他承袭的王位是"齐王"呢。多出的这个"献"字，是司马攸的"谥号"，正如"汉献帝"刘协，这个"献"字也是他的"谥号"。

　　谥号，是对死去的人，按其生平事迹进行评定后，给予或褒或贬或平的称号，用来高度概括一个历史人物的生平。"制谥"或者"加谥"，始于西周周穆王时期(王国维语)。秦始皇有感于谥号是"子议父、臣议君"的"不良行为"，干脆废除了"谥号制度"。刘邦在"楚汉相争"中赢得胜利，认为自己一定能得到褒奖的"谥号"，又恢复了"谥号制度"。自此，"谥号制度"便在中国封建王朝"落地生根"。1927年，著名学者王国维"自沉身亡"，溥仪诏"谥"为"忠悫"，他的墓碑上刻着"王忠悫公"。"忠悫"是中国历史上最后一个"谥号"。

　　"谥法制度"有两个要点：一是谥号要符合死者的为人，二是谥号在死后由别人评定并授予。君主的谥号由礼官确定，由继位皇帝宣布；大臣的谥号由朝廷赐予。谥号带有评判性，相当于"盖棺定论"。谥号可以分为"美谥"(褒扬性)、"平谥"(怜惜性)、"恶谥"(贬斥性)。

谥法初起时，只有"美谥"和"平谥"，没有"恶谥"。"恶谥"则源自周厉王实行暴政、导致"国人暴动"，被谥为"厉"。刘协把皇位禅让给了曹丕，因此曹丕给他"献"字的谥号，就没有恶意，只是个"平谥"而已。齐献王司马攸，本来很能干，但他与司马炎有"嫡庶之争"，司马炎给他"献"字谥号，还算"手下留情"。

帝王的"谥号"，在隋朝以前均为一字或二字。但是从唐朝开始，皇帝的"谥号"字数逐渐增加。754 年，唐玄宗李隆基决定将先帝的"谥号"都改为"七个字"：李渊改谥为"神尧大圣大光孝皇帝"、李世民改谥为"文武大圣大广孝皇帝"。以后各朝各代皇帝的"谥号"，一般都偏长。尤其是清代努尔哈赤的"谥号"竟长达 25 字，谥"承天广运圣德神功肇纪立极仁孝睿武端毅钦安弘文定业高皇帝"。

按谥法规定，议谥是已死将葬之时。但是，"未死而谥"的也有"特例"。据说，楚太子弑父，谥父为"灵"（恶谥），哪知父亲尚未瞑目，虽不能开口说话，却睁着眼睛似有所语，太子即改谥为"成"（美谥），楚成王才高兴地"闭上眼睛"。还有那个三国时曹魏皇帝曹叡，在死前两年就钦定自己的"谥号"为"明"。所以，《三国志》和《晋书》把他称为"魏明帝"。当然，除了正式的谥号外，也有"私谥"（始于东汉）。私谥不出于朝廷，而由门人、故吏为著名文士学者所立。我们不难想象，"私谥"一般都是褒扬性的"美谥"。值得一提的是，宋太祖赵匡胤"重文抑武"。因此，宋代大臣谥号多以"文"字为荣。终宋之世，谥号为"文"者近 150 人，谥号为"武"者不到 20 人。

我们说到的齐献王司马攸，他是司马炎的"同胞兄弟"（同父同母）。司马攸年幼时就十分聪明，成年后性格温和，亲近贤才、乐于施予。爱读经籍、能写文章，尤其擅长书法，因而成了"当世楷模"，祖父司马懿很器重他，行军打仗都把他"带在身边"。因伯父司马师无子被过继，袭封"舞阳侯"。由于才能和威望都比司马炎"高一大截"，又有父亲司马昭要"传位攸儿"的说法，司马炎的"夺嫡之路"就走得比较艰难，心中的"苦与累"渐渐演变成"仇和恨"。但是，司马攸没有司马炎的那些"小心思"。司马炎生病时，司马攸还侍候床前，常见忧戚的脸色，大臣们都称赞他"兄友弟恭"。可是，母亲王元姬却发现司马炎对司马攸"不友爱"，临终时流着泪对司马炎说：我的病如果好不了，很担心你容不下攸儿。我因此嘱咐你，一定不要忘记我的话（善待攸儿）。

前面说过，司马昭"随手一指"，司马炎就成了西晋的"开国皇帝"。西晋建立后，司马炎或者"捐弃前嫌"，或者没有忘记"妈妈的话"，册封司马攸为"齐王"，并大胆地"委以重任"。司马攸也就大胆地"撸起袖子加油干"，所任各职都颇有建树，成为司马家最有名气、最有威望、最有水平的"朝廷重臣"。

到了晋武帝司马炎晚年，朝廷内外要求"司马攸继位"的呼声很高，触动了司马炎的敏感神经：他最担心的就是，有人威胁到那个"傻儿子"司马衷的帝位的安全。这时，那个"一言定乾坤"、帮助贾充解除困境、成功推销贾南风为"太子妃"的荀勖和冯紞又"冒出来"。这两个人虽是大官，却是小人，害怕司马攸真的"坐上龙床"，自己都要"遭起"，又向司马炎表达了"建设性意见"：借"正太子名位"为由，"遣齐王之国"，就是把司马攸排挤出朝、撵回封国。这个皇帝诏令虽然对司马攸"勋劳王室"给予了"最高评价"，还给司马攸送来了"一大堆头衔"，但"都督青州诸军事"才是目的，要求司马攸"去青州上班"。

这个诏令一发表，马上招来一片"反对的声音"。"调门最高"的是王浑（灭吴的军事总指挥），他要求司马攸留在中央任太子太保，与司马亮和杨珧（杨骏弟）一起辅政，形成"三权分离"的"权力格局"。要说，这个才算真正的建设性"意见"，但司马炎却充耳不闻。方法最绝的是侍中王济（娶常山公主）、甄德（娶长广公主）这两个"驸马爷"，他们派出老婆（皇帝女儿）到父皇面前去哭着挽留司马攸。

司马炎没有把女儿怎么样，却把两个驸马爷都"贬了一级"，赶出宫廷。不知司马炎有没有让两个女儿和驸马爷离婚，也不知道这两个驸马爷在朝堂之外生活得如何，但他们用"最绝的方法"挽留司马攸，也让人很是感佩。

转眼事情就拖到了283年的春天，以庾旉为首的那七个博士，其中还有曹志（曹植子），认为司马炎对待司马攸甚至超过了"曹丕对待曹植"。于是，在感叹"晋室之隆、其殆矣乎"（晋室的兴隆，就要停止了）之后，由曹志领衔给司马炎写了一封信。这封信或许让司马炎"有点儿心动"，他说："连曹志也不理解我了，别人还能理解我吗？"这句话说明司马炎与曹志"关系很铁"，是相知相识的朋友。但是，现在"司马攸、留中央"已经成为司马炎的"敏感词"，一入眼球他就想杀人。不处理一批人，还真没有人把我的话"当话听了"。太常郑默被"就地免职"；曹志"免职保留爵位，回家反省"；那几个博士全部"交廷尉处理"。好在司马炎不知"哪头水发了"，发起善心来，七个家伙虽被"除名"但"捡回了性命"（免死）。

但是，司马炎并没有放弃"折腾司马攸"，司马攸"内心的痛苦"也无法排遣，抑郁成疾。司马攸病了，就向司马炎"打报告"，要求留在首都养病、看守老妈的坟墓。看来，老妈王元姬已经死了，那个"临终遗言"也没起多大作用。司马炎怀疑司马攸在"装病"（疑其无疾），派几个御医去给司马攸治病。这几个御医也不是"省油的灯"，很会"玩政治"（决不能给司马攸治病），在司马攸床前一番"望闻问切"，回去报告皇帝："齐王健康得很哦！""望闻问切"，是中医用语。望，指观气色；闻，指听声息；问，指询问症状；切，指摸脉象。《古今医统》说："望闻问切四字，诚为医（中医）之纲领。"司马炎肯定相信也乐意相信御医的"诊断结论"，于是生气地说："既然（齐王）健康得很，那就必须马上赴任。"283年初夏，被逼无奈的司马攸只好"带病上路"（回到封国）。结果一出京城，司马攸就开始吐血。最后的结局是司马攸血尽而死（时年 36 岁），得到了一个"献"字的"谥号"。可悲呀，皇家的内部斗争就这样"要了司马攸的命"。

明明是自己逼死了亲兄弟司马攸，但他还是要去"猫哭老鼠"（亲奠司马攸）。这个举动很像他的父亲司马昭，"弄死曹髦"是司马昭"最大的心愿"。然而曹髦死了，他却在朝堂上"大哭不已"。司马炎的"假哭"，也达到了"转移视线"的目的。司马囧（司马攸次子）当场就提出"控告"："那几个'御医'害死了我父亲。"司马炎一听，就把几个御医抓来"砍了脑壳"。御医的鲜血和生命，"洗白"了司马炎对兄弟的骨肉相残。这确实超过了"曹丕对曹植"，曹丕恨曹植，肯定有"太子之争"的因素，或许还有曹植喜欢甄妃（甄皇后）的因素。虽然有"七步诗"的逼迫，但也只是一直不给曹植"安排工作"，让他"安心创作"，却并没有"逼死兄弟"。曹植"没有工作"，多次上表请求当个"试用官"，也没有得到准许。他虽然忧愤，但《洛神赋》却传之后世。在这个哭丧现场，司马炎"放声恸哭"，表示自己"爱攸甚笃"。前面那个提"建设性意见的"冯紞却悄悄地说：齐王之死，乃社稷之福啊！司马炎于是"收回眼泪"（收泪而止）。司马炎或许还在"心中暗喜"，衷儿的帝位终于"保住了"。后来的历史证明，晋武帝司马炎又办了一件大大的错事。有病的司马攸被"逼死"之后，看似无病的西晋王朝就真正"病入膏肓"了。

西晋王朝随着司马炎的"质变"走起了"下坡路"。司马亮（司马懿儿子）发现，曹魏时期陈群提出的"九品中正制"，在西晋已经严重"变味"，真正是"中正"却"不中也不正"，导致出现"上品无寒门、下品无世族"的社会现状。而"奢靡之风"的背后，"玄谈之风"也迅速兴起。司马炎沉迷后宫，大臣们也一边喝酒，一边高谈阔论。还有些"家国情怀"的司马亮大声疾呼：来一场政治体制改革的"暴风雨"。奢靡必然怠惰，司马炎也玩累了，觉得"多一事不如少一事"，把好事留给儿孙们去做吧，对司马亮的呼声没有一点儿回应。但是，司马炎还是在 289 年的冬天"烧了一把火"（人事调整）。这个人事调整的方案，司马氏"都有搞头"，司马亮"最有搞头"（重要职务一大串），甚至皇孙司马遹也封为"广陵王"，体现了司马炎对皇孙的"殷切希望"，也体现了对杨骏的"悉心防范"。

290 年，司马炎病入膏肓。对人事调整方案"很不爽"的杨骏（司马炎岳父），看到司马炎一病不起，顿时就"爽歪歪"：皇帝死了，傻儿子司马衷继位，作为太后的父亲"大权独揽"指日可待。在高高的朝堂上，他甚至想来一句："试看当今的天下，究竟是谁家的天下？"司马炎呢？就在当年五月（洛阳还是春天）"脑壳一歪"（驾崩）。

第五章

司马炎死了，但关于他的"人生报道"还没有说完。下面要说的，可以看成司马炎的"花边新闻"。一位新闻界的朋友说，"花边新闻"的由来已不可考，新闻加上花边，本意是想吸引读者眼球。后来大家说"花边新闻"，又有些像"桃色新闻"。最后，报纸上已经很难看见花边了，"花边新闻"被"娱乐新闻"或"八卦新闻"取代。前面我们说到司马炎把"夜生活"的决定权交给"羊"，还有点儿类似于"花边新闻"。但是，我们所说的司马炎的"花边新闻"，《晋书》都有记载，并不是娱乐，也不是八卦。

282 年，就是司马炎对司马攸"死死相逼"的那一年。也是在这一年，张华完成"礼仪宪章"的"草定"，深得司马炎的器重，几有台辅之望。那个建议司马炎"让齐王之国"、逼死司马攸的荀勖，满怀对张华的嫉恨，提出建议"出华（张华）镇外"（排挤出朝）。恰在这时，司马炎问张华谁可以托寄后事？对曰："明德至亲，莫如齐王攸，宜留以为社稷之镇。"一下把司马炎"惹毛了"，于是采纳荀勖的建议，把张华撵得远远的："为持节、都督幽州诸军事，领护乌桓校尉、安北将军。"尽管司马炎被"司马攸的事"弄得"烟肝火起"，但"一举灭吴、天下一统"（280 年）的丰功伟绩仍鼓舞着"心烦意乱"的司马炎，于是决定举行南郊祭祀。

本来心情刚好了一点儿的司马炎，又被一个人弄得"很不高兴"。这个人就是时任司隶校尉的刘毅。司马炎问："朕可方汉之何帝（我可以比汉朝哪个皇帝）？"刘毅回答得很干脆："桓、灵。"我们都知道，汉桓帝、汉灵帝，是东汉两个"最荒唐"的皇帝。刘毅这个简洁的"对曰"让司马炎倒抽了一口冷气。司马炎本来想的是"汉高祖"刘邦或"东汉光武帝"刘秀。刘毅却把他跟汉桓帝刘志和汉灵帝刘宏相比，真是"气死人了"。刘毅接着说："桓灵卖官，钱入宫库（解决国家财政困难），陛下卖官，钱入私门（只供自家豪华奢靡）。以此言之，殆不如也。"意思就是，照这样看来，你还赶不上汉桓帝、汉灵帝啊！这样的场合，司马炎不便发威，只好"自打圆场"："桓灵之世，不闻此言。今朕有直臣，固为胜之。"也就是说，桓灵的时候听不到这样的话，我今天听到了，证明我还是比桓、灵两帝好得多。

《周礼》规定：冬至那天，是"祭天地"的正祭。先在南郊圜丘祀天，然后去北郊的方丘祭地，以合"天圆地方"。因为两种祭祀都在郊外，所以合称"郊祀"。我们的司马炎举行的是"南祀"（祭天）。郊祀祭天，是中国古代国家宗教礼仪的重要组成部分。主要为"禋祀"（燔祭），就是"升烟祭天"，加牲体与玉帛于柴上焚烧，用烟气上达于天，以表达地上天子对天上天帝的精诚。我们知道"祭天"主要是祭祀"天神"，那"祭地"呢，则主要是祭祀"后土"，除了相关祭祀的繁文缛节外，最重要的动作是深埋"礼器和乐器"，跟安葬国王差不多。

我们前面说过，司马炎开国初期励精图治、厉行节约、发展农耕、统一天下，开创了"太康之治"。到了后期，或许因为功成名就，或许因为"累了想歇歇"，生活开始由奢靡而腐朽。"上有所好，下必甚焉"，奢靡之风，必然形成拜金主义。那个"家累巨万"的王戎，本来是"竹林七贤"之一，长于清谈，也成了典型的"拜金主义者"，还天天"牙筹计算"家里的财富。拜金主义的一种表现是挥金如土、一掷千金，另一种表现是视才如命、吝啬无比。后者的领军人物是王戎（前文已说），前者的领军人物是石崇。"最有看头"的是，石崇和王恺赛富，堪称前无古人、后无来者的"巅峰对决"。而司马炎不仅不禁止，还为其推波助澜，拿出"看家本领"支持王恺，企图斗败石崇。结果让人"大跌眼镜"，王恺"又输了一局"，石崇"富可敌国"的消息就传扬天下。

司马炎为啥要支持王恺？原来，王恺的姐姐是司马昭的大老婆，王恺就是司马炎的"亲舅舅"，当时的职务是"后将军"。这个打败皇帝和他舅舅"联合进攻"的石崇呢，也有骄傲的资本，他是西晋开国功臣石苞的儿子，典型的"官二代"。但是，石崇的财富，并不是靠"官二代"得来的，而是靠自己"挣"来的。石崇是石苞的第六个儿子。石崇是个"公子哥"，但是好学不倦。正是因为这个"好学不倦"，让石苞对石崇的未来"很放心"，因此在临终"分割财产"时，石苞硬是没有分给石崇"一分半文"。也正是因为这个"好学不倦"（有才），司马炎和杨骏都着意提拔他，最后当上了"荆州刺史"。他呢，就"一心扑在钱身上"，"劫远使客商，致富不赀"，终于依靠个人奋斗成为"全国首富"，为他父亲"此儿虽小，后能自得"的预言给出了强而有力的注脚。

石崇与王恺的"斗富"炫人耳目。据说，王恺饭后用糖水洗锅，石崇便用蜡烛当柴烧；王恺做了四十里的紫丝布步障，石崇便做五十里的锦步障；王恺用赤石脂涂墙壁，石崇便用花椒（花椒还不是调味品作料是建筑涂料）。比如皇后的宫房之所以叫"椒房"（椒宫），就是因为那里是把从西域传来的花椒粉和在泥里，涂抹后宫的墙壁。

我们都知道"娘亲舅大"这句话，虽然是母系氏族社会的"遗风"，但"父权社会"也得以保留下来。为此，司马炎也来为"舅姥爷"王恺助阵，暗中赐了王恺一棵二尺来高的珊瑚树（皇帝眼中的稀世珍宝），企图一举"扳回战局"。石崇不屑地用"铁如意"打碎"珊瑚树"。王恺顿时"心痛一股"，石崇说：这算个啥子哟，我马上就赔给你。于是石崇把家里的珊瑚树全部都拿出来，这些珊瑚树的高度有三四尺。王恺看"傻了眼"只好"认输"。三番五次的"斗富"，石崇得以完胜。不知我们堂堂的西晋"开国皇帝"司马炎是什么感受，史书上没有记载。但从石崇后来的发展看，司马炎肯定"容忍"了石崇的"富可敌国"。

比起石崇王恺的"斗富"，石崇与两个女人的故事，或许更为"扯人眼球"。司马炎靠至高无上的皇帝权力，可以理直气壮地"玩女人"，石崇也不示弱，他靠"富可敌国"的金银财宝，也建立起了属于自己的"女子团"（貌美者超千人）。这么多的女人住在哪里呢？当然住在石崇的"别墅"金谷园里。这个"金谷园"也很是了得：因山形水势，筑园建馆、挖湖开塘。清溪萦回，水声潺潺。周围几十里内，楼榭亭阁，高低错落，幽水穿流其间，鸟鸣幽村，鱼跃荷塘。屋宇装饰的金碧辉煌，丝毫也不亚于司马炎的皇宫。所以，当时的人们把"金谷春晴"誉为"洛阳八景"之一。这么多的女人谁来管理？石崇先后"任命"了两个"女管家"：翾凤和绿珠。

先说翾凤，"百家姓"中好像没有这个姓，其实她是"胡人"，也就是在古诗词中常见的"胡姬"。西晋是民族大融合的起点，石崇得到"胡姬"的可能性很大。据说，石崇花大价钱购买翾凤时，她才10岁。石崇也确实"有眼光"，五年后，翾凤出落成"风华绝代"的美女。正因为她的"秀色可餐"被石崇的宠爱所包围，继而成为石崇的"女管家"。这个"女管家"也不简单，人长得漂亮不说，还是当时著名的"金石专家"。史书上说她"妙辨玉声，悉知其出处"。她对金石的鉴定也"很专业"："西北方玉声沉重而性温润，东南方玉声轻洁而性清凉"。为此，翾凤很快成为石崇"发家致富"的得力助手。惹得"生在花丛中"的石崇也发出了"生死之约"："要活一起活，要死一起死；

我若先死，我也等着你来。"这么深情的表白，让翾凤死心塌地给石崇"管好家"（20 余年）。

都说"男人的嘴，骗人的鬼"。这个优秀的"女管家"翾凤，才刚过"而立之年"，石崇就嫌弃她"人老珠黄"。"人老珠黄"，意思是人衰老而不被重视，就像年代久了变黄的"珠子"不值钱。我们形容美女的常用词是"明眸皓齿"。针对这个"明眸"（眼睛清亮），又有"如一泓秋水"的比喻。其实，"人老珠黄"，是眼睛新陈代谢的自然现象。成熟女人的眼结膜，随着岁月的流逝，色素逐渐沉着，好像眼珠色黄而浑浊，就有了"人老珠黄"的说法。很快，石崇便以翾凤"人老珠黄"掀起了"换人风云"，那个又美又年轻的绿珠自然就"脱颖而出"，成为石崇的"新管家"。翾凤则淡出了石崇的"审美视线"，而没有掀起什么风浪。

而东晋的孝武帝（司马曜），却因"宠妃换届"付出了生命的代价。司马曜宠幸张贵人，那可是"万千宠爱于一身"。但有一次，醉眼朦胧的司马曜，跟还不到 30 岁的张贵人开玩笑："你年纪大了，姿不如前；明天把你废了，再找个年轻姑娘。"谁知这个张贵人恨从心头起、恶向胆边生，当晚就把还在美梦中的司马曜，用被子活活地给闷死了（窒息而死）。

石崇是个文学家，还是高官和富豪，但他和著名的"美男子"潘岳是"倒向贾氏"（贾皇后）的。最有力的证据是，路遇郭槐（贾后母）车驾出来，即"车降左"恭敬以待，车驾远去，他们还"望尘而拜"。正是这种政治倾向，害死了石崇的"新管家"绿珠。"八王之乱"中，赵王司马伦、齐王司马冏诛杀了"丑陋皇后"贾南风，石崇当然就"牵连涉案"。司马伦的谋臣孙秀这时就惦记起"绿珠姑娘"来，派兵前来索要绿珠，石崇调出"美女团"让使者挑选。使者却坚持"上峰有令"，只要绿珠！

当时，石崇正在楼上宴饮，甲士到了门前。石崇对绿珠说："今天，我为了你而惹了祸！"绿珠哭着说："我应该在你面前死去来报答你！"说完，便自投于楼下"香消玉殒"。看来，绿珠对石崇真正是情深义重啊！石崇对此十分痛惜地说："我不过是流放到交趾或广州罢了。"直到被装上囚车拉到东市，这才叹息道："这些奴才，是想图我的家产啊！其实，我认为，政治是最残酷的原因呢！"石崇被腰斩东市（时年52岁），家里15人也跟着他走上"黄泉路"。

第六章

关于石崇，还有两则"花絮"值得一说。一是说石崇生活的奢靡，二是说石崇人性的残忍。据《世说新语》载，石崇"金谷别墅"的豪华可谓"当世无双"，就连厕所也是"超五星"的。不仅配备了香水、香膏，让厕所成为真正的"闻香阁"，而且还安排了十多个侍女恭立侍候。这些侍女穿红戴绿、艳丽夺目，客人上过厕所，她们要把客人的衣服脱下来，再帮客人换上新衣，弄得客人"都有点儿不好意思了"。据说，出身贫寒后为高官的刘寔去石崇家拜访，见厕所里有绛色蚊帐、垫子、褥子，还有婢女捧着香袋侍候，赶紧退了出来，不好意思地对石崇说："我居然错进了你的内室。"石崇哈哈大笑："真是不好意思，那就是厕所啊！"

"厕所女侍"还相对是幸运的，至少没有性命之忧。"餐厅女侍"就没那么幸运了。石崇"有钱就是任性"，总爱置酒高会，宴会一个接一个，还让一些"长得乖"的侍女负责劝酒。同时做出强硬的规定：哪个美女不能劝客人把酒喝完，就要推出去杀头（一说斩手）。客人们"怜香惜玉"都把酒喝了。王敦（驸马爷）可就是个"刺头"了，说不喝就是不喝。石崇连杀三个美女，王敦依然面不改色，就是不喝。

同座的客人劝他"看在美女的面上"把酒喝了。王敦却说:"他杀他家的美人,跟我有什么关系!"这是《世说新语》的记载。我们感觉到,"超级富豪"石崇够残忍了吧,"大将军"王敦还要"更上层楼"。而《晋书·王敦传》对此有不同的记载,那是一次"王家的聚会"。"石崇"变成了"王恺"(司马炎舅舅),来宾代表有王导、王敦两兄弟。王导不忍心"美女被杀",勉强喝完,弄了个大红脸;王敦则总不听劝,导致王恺连杀三个美女。两则记载"主人公"虽有不同,但我们可以看出,在那个男权社会,美女何其不幸,真是命如草芥,应了"红颜薄命"那句老话。

讲讲"傻皇帝"和"丑皇后"的"畸形故事"。说到西晋,"傻皇帝"司马衷和"丑皇后"贾南风不得不说,因为这对夫妻共同创造了一个乱世。先是"八王之乱",后是社会动荡,把全国弄得战火纷飞、乌烟瘴气。在那样的时代,活着就是幸运,但活着也很痛苦。

司马炎死得"不干脆",一会儿清醒,一会儿昏迷,几上几下,反反复复。290年,司马炎临死时为"傻皇帝"准备的辅政大臣是两个人:司马亮和杨骏。而遗诏却被杨皇后(杨芷)"做了手脚",她的父亲杨骏得以大权独揽。正因为这个"1+1"的辅政初衷,司马亮就被杨骏看在眼里,恨在心头了。这对"冤家对头",在司马炎死后都有异常表现。大权独揽的杨骏不敢出席司马炎的葬礼,怕被人暗杀。所以他躲在殿里不敢出来,还以"虎贲百人以自卫"。握有兵权的司马亮(大司马)也不敢去现场,他怕的是"老狐狸"杨骏"耍手段",所以只在司马门外"大放悲声"(嚎啕大哭)。

司马亮是司马懿的儿子,比司马炎还高一辈,而杨骏是司马炎岳父,也比司马炎高一辈。司马炎死后,这两个"老一辈"的人都"怕字当头"、行为乖戾。司马亮在司马门外大哭司马炎以后,给新任皇帝司马衷上书,请求等司马炎的葬礼结束后,再返回封国。这引起了杨骏的"深度怀疑",干脆指责司马亮"谋反"。当时,司马亮的职务是"大司马"。杨骏也很"搞笑"，下令正在修建司马炎陵园的工兵们丢下工具、拿起武器，去捉拿堂堂正正的西晋大司马。更可笑的是，带队的石鉴（石崇子）和张勋（杨骏外甥）两个人"意见不统一"，导致司马亮闻风而动，连夜摸黑狂奔到许昌，逃过了杨骏的毒手。杨骏觉得司马亮已经不在皇城，危险解除了，也就不再追究司马亮的"叛逆之罪"。而司马亮呢，就在许昌待着。或许他觉得老了，"多一事不如少一事"。就连贾南风动员他出来当"倒杨运动"的"带头大哥"，他也还是"怕字当头"，带给贾南风很多"意外"（不愿意）。直到"倒杨运动"取得胜利，杨骏、杨皇后及其母亲去"见了阎王"，他才"下山摘桃"，抢夺胜利果实。

在司马炎死后，还有两个人一点儿"怕的心思"也没有，或许还有"多少快乐在心头"。这两个人就是"傻皇帝"司马衷和"丑皇后"贾南风。杨骏把司马炎的尸体放在一边，却急吼吼地张罗着"登基仪式"，让司马衷成为西晋的第二位"国家主持人"。随即，杨皇后（杨芷）改称"太后"，太子妃贾南风改称"皇后"，成为西晋的"第一夫人"。当然，贾皇后很快乐，杨骏其实更快乐。"傻皇帝"不中用，他这个"总百官已以听"的职务就"很中用"。但这个贾皇后呢，也觉得"傻皇帝"不中用，但"皇后"这个职位就"很好用"。于是，贾家与杨家就为控制"傻皇帝"而矛盾重重。不仅如此，杨骏在大批"突击提干"时，把贾南风的情敌、太子司马遹的亲生母亲谢玖提拔为"淑妃"，让皇后贾南风"心中添堵"，还有了"废后"的近忧。

291年，司马炎死去还未满一年，"丑皇后"贾南风就以"企图废立"的名义，宣布杨骏"叛乱"，毅然决然地掀起了"倒杨运动"。杨骏在"傻皇帝"身边也安排人，这个人是杨骏的外甥张勋。在贾南风叫皇帝"下达诏令"时，他不去给舅舅杨骏通风报信，只跪在"傻皇帝"面前辩解："杨骏膝下无子，根本没有叛变的可能。"不知道"傻皇帝"能不能明辨是非。"傻皇帝"或许不知道杨骏是他"外公"，居然还是"下发了文件"。"傻皇帝"或许还是知道杨骏是他"外公"的,文件内容"手下留情":"以侯就第。"也就是说,免去职务、回家休息。这个诏令,让我想起了"三国"时曹魏的"大将军"曹爽。司马懿在发动"高平陵之变"时,也以太后的名义给曹爽下达了这样的诏令。而且,现在杨骏的府第,也正是"曹大将军"当年的豪宅。

要说,在司马炎还在世的时候,杨家可算是贾南风的"大恩人"。在迎娶"太子妃"这个问题上,皇家是强大的"买方市场"。司马炎是个"很听话"的皇帝,皇后杨艳临死时给他"指定皇后"(杨芷),他也欣然同意。所以,尽管贾充的"女儿推销战"也搞得风生水起,但是贾南风要顺利成为"太子妃",起决定作用的还是杨皇后(杨艳)的"枕头风"。

俗话说,有什么样的母亲,就有什么样的女儿。前面说过,贾南风的母亲郭槐是西晋著名的"醋坛子",醋意一起,可以随便杀人,弄得贾充到死也没有个儿子。贾南风继承并弘扬了"这个传统",有一次看见一个妃子怀孕了,就抓起身边的戟击打孕妇。史书的记载是"以戟掷孕妾,子随刃堕"。这是用了多大的力气?说明贾南风是有多么残忍!再怎么说,这个孕妇怀的也是司马家的"龙种"啊。司马家的"龙王"司马炎"忍不住"了。史书记载说"闻之,大怒",产生了"废之"的想法。这时,司马炎的第二任杨皇后(杨艳)又出面"私下说情",表示自己愿意慢慢地劝导,让她改过自新。司马炎"很听话",决定放弃这个"不成熟的想法"。当然,贾充的死党们这次也出来"集体说情",请司马炎"不看僧面看佛面",看在"开国功臣"贾充的面子上,放贾南风一马。这样,贾南风的"太子妃"地位就保住了。所以,我们可以说,杨家对贾南风是恩重如山。导致贾南风要"恩将仇报"的,还是"权力不容分享"这个魔咒啊!

贾南风掀起"倒杨运动",首先组建的是"四人帮":贾南风(皇后)、孟观(殿中)、李肇(殿中)、董猛(太监),三男一女。这里的"殿中",是个什么职务?是因为司马衷当太子时被称为"殿下"?现在,司马衷当皇帝(陛下)了,孟观、李肇他们的"殿中"是不是应该改为"侍中"?其实不然。"陛下"的"陛"是帝王宫殿的台阶。在这个台阶之下,站着的是卫士和侍者。大臣们要向皇帝说话,必须先招呼台阶下的卫士和侍者,谓之"陛下"。说来也怪,这个称呼居然演变成对皇上的尊称了。皇帝被尊称为"陛下",诸侯王则被尊称为"殿下"。后来,"殿下"演变成太子的"专用称呼"。更为有趣的是,"三国"以后,太子"专用称呼"(殿下)也不能专用了,皇后也可以尊称为"殿下"了。贾南风当了皇后,就可以尊称为"殿下"。因此,孟观、李肇他们被称为"殿中"是自然的事情,还是不应该改为"侍中"。

实际上,光凭这个"四人帮",做出"倒杨运动"的决策可以,但真正要推动实施还不行,必须有"外援"(军队)。我们前面说到司马家族的封国"国王",都有自己的军队。汝南王司马亮辅政大臣没当成,又被杨骏逼到许昌不敢回京,而许昌离洛阳很近。基于这件事,贾南风集团认为司马亮对杨骏一定有"深仇大恨"。因此,司马亮首先被"倒杨集团"纳为"争取对象"。但司马亮采取的策略是"一推二拖",不回应这个"四人帮"的邀约。

贾南风集团迅速"调整思路",老的不行,就来少的。他们把目光聚焦在楚王司马玮身上。这个楚王司马玮,是司马衷的异母弟,司马炎第五个儿子。据说,司马玮"少年任侠"(猛男),在当地也很得民心(好施)。他一听说"诛杀杨骏、保卫皇帝",就立马热血奔涌,从荆州带兵前往洛阳城,顺路还给弟弟淮南王司马允(司马炎第九子)"发了短信",要求其作为"后继之师"。有史家分析,司马炎临死前的"分封会议",是把司马玮、司马允作为防范杨骏的"两枚棋子"的。这样看来,贾南风还是"选对了人"。

司马玮带兵到洛阳后,立即围攻杨骏的府第。先是"箭如雨下",杨府的兵员无法动弹。再是"火烧杨府",杨骏逃到马厩躲避,被司马玮手下找到，于是"就杀之"。历史巧合得很，三国时的曹爽大将军也是死在马厩里。杨太后知道父亲杨骏已经到了"最危险的时候"，立即绢书"救太傅者有赏"用箭射出。这个绢书，没有起到什么"鼓动作用"，反而成了"太后同反"的"铁证材料"。可惜这个杨太后"做了好事不留名"，贾南风也不知道这个"大恩人"，就把杨太后的母亲杀了，父亲也杀了，还夷灭杨骏三族。这个杨太后啊，是不是在"金墉城"里该"悔不当初"呢？

　　金墉城，本来是曹魏时期的"冷宫"。那个司马炎为贾南风整修的"金墉城"，现在贾南风用来关"司马炎的老婆"，历史也有可笑之处。司马炎没有想到，杨太后更没有想到，她反对关进金墉城的那个人（贾南风），现在倒把她给"关了进去"。据说，杨太后最后饿死在"金墉城"里。贾南风这时"害怕起来"了，总担心杨太后死后变成厉鬼来"收拾她"。因此，在埋葬杨芷时，贾南风特意下令将杨太后的脸面朝下放进棺材（让她永世不得翻身），还在坟墓里放了很多"随葬品"（镇鬼辟邪的符咒）。也正是贾南风的"倒杨运动"，拉开了"八王之乱"的序幕，这恐怕是她自己也始料未及的。

　　前面说到的司马亮，看到"倒杨成功"，也大大咧咧地赶到洛阳来了，而且还与卫瓘一起成为"辅政大臣"，实现了司马炎临死的"初衷"。贾南风再狠也赶不上吕后，她觉得一个女人在台面上有些"不合时宜"，就想起司马亮和卫瓘来。为什么呢？因为这两个人都恨杨骏，一个被杨骏逼得不敢回京城，一个被杨骏弄了个"大红脸"，只得辞官回家。但是，这个司马亮上台后，并没有政治家的作为，只能靠提拔人来"树立威望"。"封王"他还没有资格，那就"封侯"吧，其实也不够资格，但是大权在握，"有权就是任性"，也就"没有什么不可以"了。封侯就封吧，也无所谓的。但原先胆子小的司马亮，这时胆子大了，一口气把1081人封了侯爵，创造了中国历史上分封的"最高纪录"。

其实，在司马亮之前，司马氏最牛的人，是司马繇。这个司马繇，是司马懿的孙子，跟司马炎在一个辈分上，在"诛杀杨骏"时"屯兵云龙门"有功，由东安公晋爵为王，取得贾南风信任，就派他查处"杨骏谋反案"，给了司马繇"借公器报私仇"的机会。还是在"三国时代"，文鸯跟诸葛诞（司马繇外公）有"杀父之仇"，也就是诸葛诞杀死了"叛乱同伙"文钦（文鸯父亲）。这个文鸯，在历史上有"七进七出"的"猛将风采"。为解除"舅家之患"，司马繇便诬陷文鸯为杨骏心腹，将其夷灭三族。历史上好多的冤案、好多冤死的人，两晋或为其最。虽然贾南风"倒杨成功"，但司马家的人对她的做派也有些不满。而司马繇就是"反贾派"的头号人物。他牛的时间最短、胆子最大。据说，他想以司马家长辈的身份，提议废除"丑皇后"贾南风的"后位"。史书记载说贾后"惮之"。我估计贾后对他应该还有"恨之"吧。

当然，司马繇最终没能废除贾南风的"皇后之位"。因为，他没听一个人的建议，此人就是"竹林七贤"的王戎。他对司马繇曾经"好言相劝"：见好就收、功成身退。最根本的原因，是有两个人想"收拾"他。一是他的长兄司马澹跟他"搞不拢"，跑去"告密"，让贾南风"听见了风声"。二是他的叔父司马亮不满他"高调擅权"，抢了自己的"戏份儿"。于是，司马繇的后果正如王戎所言"很严重"：诏令"将其贬往带方郡"，让他到朝鲜半岛去过"流放的生活"，这恐怕也是"贾后恨之"的必然结果。

司马亮"搞定了"司马繇，又觉得司马玮有些"碍手碍脚"。先是想夺他"北军中侯"的"军权"，然而其继任者裴楷却被吓得"全身骨头软"，死活都不接受任命。再是通过贾南风让"傻皇帝"司马衷发出诏令:遣玮等诸王之国。想把司马玮撵出洛阳、回到封国去（荆州）。这激起了司马玮的"满腔怒火"。这两招"臭棋"一点儿也没有"杀伤力"，反而把这个"猛男"推向了"贾后的阵营"。对于主动投靠的"小叔子"，贾南风"脸都笑烂了"，马上想到其父贾充能"留在京城的妙招"，任命司马玮为"太子太傅"。有了这个职务，司马玮就可以在京城待得稳稳的。司马亮和卫瓘两个"白胡子老头"却又不得不服。

本来，这件事到此为止也就罢了。结果，这两个老先生又去"弄他的下属"（司马玮的死党），让司马玮几乎想要了"他们的老命"。司马玮干脆"一不做，二不休"，直接向贾南风说："司马亮和卫瓘正在密谋废掉皇帝。"贾家对卫瓘"怀恨在心"，原因很简单，用时髦的话来说："你懂的。"对司马亮呢，贾南风一想起他在"倒杨运动"中的"非暴力不合作"，就恨从心头起。于是她撺掇"傻皇帝"下达诏令:太宰、太保欲为"伊霍之事"，令淮南、长沙、成都王屯诸宫门，免亮及瓘官。诏令一出，贾南风随即展开"雷霆行动"，政变在贾南风的操纵下"落下帷幕":卫瓘被杀，前面已说。司马亮死得最惨也最难看，在司马玮"砍掉司马亮脑袋赏布千匹"的重赏之下，勇夫们把司马亮的脑袋砍得稀烂，以致"不辨五官"。

杀了司马亮和卫瓘，楚王司马玮就觉得自己"不可一世"了，贾南风发动的"两次政变"，他都"出了大力"。先杀杨骏、再杀司马亮和卫瓘。但"两次政变"都是贾南风的"椒房决议"，司马玮不过是"女性之友"，是贾南风的"工具而已"。但司马玮不知道自己只是工具，还觉得自己应该"当老大"。于是，他那个下属岐盛便向他提出了一个"天大的建议":扳倒贾家。正在这时，那个被排挤出朝的张华（都督幽州诸军事）也回到京城，担任"太子少傅"。张华在痛恨岐盛的时候，也就迁怒于司马玮。于是，他确定了一个目标"搞定风头正盛的司马玮"，让自己来个"隆重登场"。

张华既然是"太子少傅"，就可以直接找"傻皇帝"。但是他是个"政坛老手",知道司马玮是太子太傅、手握重兵,搞定他必须借贾南风"一臂之力"。于是,张华先是找到董猛(太监),让贾南风对着"傻皇帝"耳提面命,使其在张华草拟的"诏令"上"签字同意"。有了这个诏令,张华就操作得"顺风顺水"。你听说过靠"一面旗子"就取得战争胜利的神话吗?这个"神话"张华把它变成了"历史记录"。先说这个"诏令":"楚王矫诏,勿听也。"再说"这面"旗帜,就是"驺虞幡"(驺虞图形的旗帜)。《晋书·楚王玮传》载:"会天明,帝用张华计,遣殿中将军王宫赍驺虞幡麾众曰:'楚王矫诏。'众皆释杖而走。"就是说,众军士看见"驺虞幡"就丢下武器逃走了,司马玮成了"光杆司令",只有"束手就擒"。

"驺虞幡"为啥有如此威力?原来他是晋朝皇帝的"信物"(代表皇帝亲临),跟我们说的"持节"差不多,也跟"尚方宝剑"的威力差不多。清朝赵翼的《廿二史札记》卷八说:"晋制最重驺虞幡,每至危险时,或用以传旨,或用止兵,见之者辄慑伏而不敢动。"说明"驺虞幡"是皇帝用于"止战"的,相当于"最高指示":"你们不要打了。"驺虞,是古代神话传说中的仁兽,用来"止战"也是很合适的。其实,晋朝皇帝还有一个"信物",它是用来"督战"的,这就是"白虎幡"。晋朝崔豹的《古今注·舆服》中记载,曹魏有青龙幡(东)、朱鸟幡(南)、玄武幡(北)、白虎幡(西)、黄龙幡(中)五种"幡旗",而以"黄龙幡"招四方,今晋朝唯用"白虎幡"来"督战"。

司马玮和他的死党公孙宏和岐盛,跟着他们的老大一起,混了个"人头落地"的下场,还连累到三族的男女老少,也跟他们一起"奔赴黄泉路"。其实,作为"八王之乱"的首要分子,司马玮是最冤枉的。上面说到"楚王矫诏",而司马玮在刑场上从怀里摸出了"青纸诏"。这是贾南风叫小黄门连夜送来的诏书,怎么能是"矫诏"呢?他哭着说:我是先帝的亲生儿子,却被冤枉到如此地步。可是,有什么办法呢,监斩官还是无情地下达了行刑令:"杀!"再说冤枉也是"白搭",

因为要除掉他的是"丑皇后"贾南风（又丑又温柔）。贾南风为啥子要除掉他的"小叔子"？还是一个"权"字在作怪。贾南风最大的政治理想是"大权独揽"，成为"太子妃"是她人生的第一步，成为"第一夫人"（皇后）是她人生的第二步，成为实质上"西晋主持人"才是她人生的最终目标。

"八王之乱"从开始到结束，共历时十六年。动乱有两个阶段：第一阶段，从元康元年（291年）三月到六月，历时三个月。两个大臣杨骏、卫瓘被杀，两个藩王司马亮、司马玮丧命。第二阶段，从元康九年（299年）到光熙元年（306年），历时七年。中间有段"缓慢曲调"，有八年时间"相安无事"。这八年时间，也是贾南风人生中难得的"幸福时光"。因为"傻皇帝"只是"草树桩桩"，一切权力都被贾南风"收入囊中"。因为她的亲戚党羽多被"委以重任"，组成了"贾氏集团"，辅政班子也是"高档组合"：张华为司空、裴頠为尚书左仆射、裴楷为中书令、王戎为司徒。短暂的纷乱之后，朝政调整到"静音状态"。这时贾南风也耍了点儿"政治手腕"：宣告"矫诏擅杀"，处死了司马玮。接着还给卫瓘和司马亮"平反昭雪"（坐实司马玮罪名）：追复爵位并加谥号。搞得两个家族"未被杀完"的那些男女老小有些"感激涕零"。

满足权力欲望后，贾南风也握着大权搞"无为而治"，治国理政就交给那班"精忠为国"的男人们（张华等台辅）。清闲下来的贾南风，身体的欲望开始"满血复活"（一心扑在男人身上）。前头说到给司马炎送"雉头裘"而"触了霉头"的御医程据，可谓时来运转，被贾南风纳入了"春情荡漾的视线"。贾南风虽然"短丑黑"，但她找"面首"也说得理直气壮，西汉的吕后是她的"学习榜样"。不知道程据当"面首"是不是自己的"真实意思表示"，是不是迫于贾南风的"淫威"。但很快贾南风就玩腻了，对御医程据也是"一脚蹬开"。

见异思迁的贾南风，扩大了"选男范围"，委派一群老宫女到宫外去物色"小帅哥",每个人肩上还有"硬性任务"。这个时期的贾南风,就像《一千零一夜》故事的"主人公"(暴君),"夜夜笙歌"的同时,还要把她"临幸"过的男人们残忍地杀掉。但事情总会有例外,有一个从宫外搞来的"小帅哥",却意外地活了下来。后来,"小帅哥"带着赏赐的金钱和衣服出宫逍遥。如果不是贾南风一个远房亲戚家被盗,办案人员也不会怀疑到那个意外"活着出宫"的"小帅哥"。因为他突然"华服在身",而且"出手阔绰",自然成了官府的怀疑对象。审讯的结果当然是"无罪释放",但却让贾南风的"短丑黑、眉间有大痣"的长相特点"昭然于天下",她淫乱后宫的事情也就"广布于民间"。

　　苦痛的日子就觉得难熬，正如"长夜难眠"。幸福的时光却总是过得很快，也就是我们常说的"白驹过隙"。岁月走到 3 世纪末年，司马家的赵王司马伦就有些"不安分"起来。他虽有不光彩的过往（小偷），但他是司马炎的"叔字辈"，囿于其"皇叔身份"，司马炎在对同伙"严惩"（腰斩弃市）后，对司马伦"额外开恩"，不仅"毫毛未伤"，还给他"加官晋爵"，提拔他当"征西大将军"，更授予他"开府仪同三司"的隆厚待遇。他的任务就是"镇守关中"。

　　关中，是夹在秦岭山脉和大巴山脉的一块"平原之地"（关中平原），它的四周东有潼关（函谷关）、西有散关（大震关）、南有武关（蓝关）、北有萧关（金锁关），因此有了"关中"的称谓，更有"四塞之国"的美誉。我们都知道赉人（巴人）"助刘兴汉"的故事，刘邦"平定三秦"，奠定了"灭楚兴汉"的坚实基础。谋臣留侯张良说（关中）"金城千里"，也力劝刘邦"定都关中"，但刘邦却"不以为意"。往远点儿说，先秦（战国）时期，张仪向秦惠文王"称颂关中"："田肥美（沃野千里）、民殷富（蓄积丰厚）、战车万乘，……此所谓天府，天下之雄国也。"关中平原居然有"天府之国"的称谓，这说明"天府之国"并不是成都平原的"专有称谓"。无论是关中平原，还是成都平原，成就"天府之国"称谓的，都是因为"水的功劳"。

先说"郑国渠"，源于战国末年韩国的一个"拙劣阴谋"。公元前247年，秦庄襄王嬴子楚驾崩，13岁的嬴政继位，成为秦国新的"主持人"。这个时候，距离"秦灭六国"（公元前221年）还有26年。偏居西隅的秦国大肆"开疆拓土"，压得东方六国"气喘吁吁"。国力最为孱弱的韩国，却又处在秦国进攻的"第一火线"，随时都有"累卵之危"。韩国国君终于想出了一条所谓的"疲秦之策"，派遣水利工程专家郑国去秦国游说秦王，要在泾水和洛水间穿凿一条人工灌溉渠道，主要目的是消耗秦的"人力物力"。巧的是秦始皇很喜欢"大兴土木"（基础设施建设），郑国的建议正中下怀，欣然让他全面主持灌溉渠道（后名"郑国渠"）的建设。

公元前237年左右，郑国渠即将完工，郑国的卧底身份却被秦人发现。秦王大怒，打算杀掉郑国。郑国坦然的辩解也很有说服力：我虽然为韩国延长了数年国运，但我为秦国建立的却是万世之功啊。秦王嬴政顿时就消了气，让郑国完成他的未尽事宜。不过，因为郑国事件引发了一段颇有历史影响的"小插曲"（驱逐客卿）。这才有了李斯先生那篇著名的《谏逐客疏》。"郑国渠"十年乃成，不仅没有"达到预期效果"（疲秦），反而因"郑国渠"的灌溉之功，使关中成为"沃野千里"的富庶之地，秦以富强、卒并诸侯。当然，因为"郑国渠"是关中最早的大型水利工程，因此成为陕西省第一处"世界灌溉工程遗产"，也可以让我们回味韩国人"疲秦之策"的可笑，也有了"歪打正着"的历史范例。

无独有偶，"都江堰"的历史比"郑国渠"更为久远。秦惠文王更元九年（公元前316年），秦派张仪和司马错伐灭蜀国。《华阳国志》说"仪（张仪）贪巴之富"，于是"浮江灭巴"，并于公元前314年设立了"宕渠县"（一说"宕渠道"），隶属巴郡。这个记载也说明郡县制并不是秦始皇的"创造发明"，秦惠文王时，就已开始设置"郡县"，据《战国史》（上海人民出版社）说，战国中晚期，就有设置"郡县"的记载。不过，那时的"县"并不是现在的"行政单元"，主要是"驻军之地"。"县"与"悬"是"通假字"，也就是驻军"悬挂法令"的地方。最先的"郡"，都在县内设置，也有一县内设置数郡的，相当于后来的"里"（集市），"县"从地域上说要大于郡。预估在战国末年，"郡"由于集市的集聚效应，变成了场镇改称"里"，而在县以上有了"郡"的设置。县成为郡辖下的行政机构，在建国初期，我们县的上级行政机构叫"地区"（省的派出机构），后来，这些地区都先后改为"市"。对应到古代，就是"大的交易场所"，不过那时的"市长"，只相当于"工商局局长"。

都江堰坐落在成都平原西部的岷江上，始建于公元前256年或者稍晚，是蜀郡太守李冰父子修建的大型水利工程。两千多年来，"都江堰"发挥着防洪灌溉的作用，使成都平原成为"水旱从人、沃野千里"的"天府之国"，也是全世界迄今为止，年代最久、唯一留存、以无坝引水为特征的宏大水利工程。当然，巴蜀大地也为"秦并六国"提供了丰富的兵员和粮食，"都江堰"的开凿的确居功至伟！也因为都江堰是世界文化遗产、全国重点文物保护单位、国家级风景名胜区、国家AAAAA级旅游景区、四川大熊猫栖息地。"拜水都江堰、问道青城山"才成为四川文化旅游"三九大"（三星堆、九寨沟、大熊猫）的响亮品牌。

鉴于关中重要的战略地位，司马炎称帝后，就立下了一个"硬性规定"：非司马氏不得"镇关中"。这跟南朝的刘宋王朝规定有相似之处。刘宋王朝规定：非刘氏不得"刺荆州"。刘宋王朝做出这个规定，是有历史渊源的，因为东晋王朝都用外姓当"荆州刺史"，一旦坐大就野心勃勃、挥兵向阙，要么政变，要么威胁中央的安全。从司马炎的"硬性规定"可以看出，司马炎还是很尊重抑或是很看中司马伦这位"皇叔"的。但是，据说司马伦在司马懿的众多儿子中有一个最显著的特点：不知书、不省事。也就是说司马伦既没有"读过书"，也"看不懂世相"。但因为皇族的身份，照样也能混得风生水起。在这时，像司马伦一样"不安分"的人不少，最著名的是匈奴人郝元度。他看到司马伦"不学无术"，最多不过是一只"纸老虎"，就动起了"小心思"，挑动当地两个少数民族（羌族、氐族）建立起"反政府武装"。司马伦不学无术也就罢了，但他没有自知之明，还自以为高明，只在战场上"瞎指挥"，导致手下的"政府军"被"反政府武装"打得惨兮兮的，几个郡守也相继在战场上"命归黄泉"。

296 年，希望司马伦"下课"的"状纸"飞向洛阳，西晋政府"急中生智"，把司马伦调回中央，转任"车骑将军"，由司马肜任征西大将军、督雍凉二州诸军事。西边那些少数民族"战斗激情"被郝元度"鼓舞起来"，干脆推举齐万年"称孤道寡"（称帝）。有人称帝，是西晋王朝"决不容忍"的事情。于是"消灭齐万年"，成为西晋朝廷的普遍共识，而这项"历史重任"，就自然地落到了梁王司马肜的肩上。

这时，我们就要说到"浪子回头金不换"的周处了。《世说新语》说，周处的父亲周鲂，做过吴国的鄱阳太守（名门之后）。周处少年失怙（父亲早死），性情蛮横，无人管教，乡里人把他与长桥下的"独角蛟"、南山上的"白额虎"并称为"义兴三害"。后来，人们劝他去"射虎斩蛟"。周处久久未回，乡民们以为"三害并除"，竟然聚众庆贺。周处回来看见"这样的场面"，有了"触及灵魂的痛"，决定"改过自新、重新做人"。在东吴名臣陆云"朝闻道，夕死可矣"的教导下，周处最终成为"忠臣孝子"。到司马肜当"征西大将军"时，周处已经是"御史中丞"。御史中丞的主要工作是监察各级官员。周中丞"只讲原则、不讲情面"，是一个优秀的监察官。就像东汉宕渠县的冯焕（冯绲父），做豫州、幽州刺史时都"志欲去恶"。但是，这种人的最大的特点是容易得罪权贵。这不，征西大将军司马肜就曾被周处"无私地弹劾"。

周处也因此被司马肜"恨得屎流"。

齐万年当了皇帝，就开始跟西晋政府"抢地盘"（围攻泾阳）。这时，大家一致推举周处去"收拾齐万年"（众举之）。西晋朝廷也就"顺应官意"，改派周处为"建威将军"，与"振威将军"卢播，在"安西将军"夏侯骏的带领下"奔赴前线"。精于世故的中书令陈准一眼就"看出软肋"，发表"不同看法"。大意是，重用周处是"大对而特对"，用司马肜和夏侯骏来节制周处，则是"大错而特错"。他预料梁王和夏侯骏必然"挟公器报私仇"。正所谓"战必败、周（处）必死"。齐万年率领的是七万军队，司马肜、夏侯骏派出周处的"先锋队"只有五千人，无异于"把周处送给齐万年"。齐万年对周处很了解，如果让周处"单独放马过来"，我就只有"趁早跑路"，现在周处头上有"两座大山"（司马肜和夏侯骏），真是"天助我也"。

真是可笑得很，交战双方往往都是"你死我活"，而这一战中，交战双方却有个惊人一致的目标，都想要周处死。结果肯定没有悬念。在司马肜和夏侯骏的催促下，没有吃早饭就投入战斗的"周处军"从早晨战斗到黄昏，弄得"弦尽矢绝"，被齐万年的七万军队"砍杀殆尽"，"死国"的周处，生命就定格在297年的某个黄昏。司马肜高挂"免战牌"，任由敌军展示"胜利者的姿态"。周处为国战死的地方，就在渭水之滨。司马肜挂起"免战牌"，齐万年又一次说了"正合孤意"，他的目标就是要"占据关中"。

关中的战略地位，前面已说。这时，还是那个中书令陈准再次给出"建设性意见"：派孟观带军去"收拾齐万年"。这个孟观"沉毅有文武才用"，在"倒杨运动"中就有突出表现（诛杀杨骏）。他还是确实了得，不仅有不怕死的精神，也有不怕死的本事：镇静指挥、亲冒矢石。短短一个月就连续上传十多个"战地捷报"，把齐万年打得"落花流水"（束手就擒）。当了一年多"土皇帝"的齐万年，死在西晋刽子手的屠刀之下，关中地区也得以暂时安宁。

就在郝元度、齐万年他们大闹关中的时候，天灾跟人祸"联袂上演"，米价"一斛万钱"，既有"官不聊生"，更有"民不聊生"，大批民众从战乱之地逃到相对安全的地区去"讨生活"。"流民潮"汹涌澎湃，而"官不能制"。关中难民"就食巴蜀"，是当时最典型、最有影响的"历史事件"。290 年司马炎死，其子司马衷（晋惠帝）继立。291 年，皇后贾南风淫虐专权，诱发"八王之乱"，短暂统一的西晋又举国动荡。297 年，雍、秦大旱，米价飞涨，巴氐（賨人）首领李特率流民入蜀就食。"流民潮"演变成"流民军"，最终在益州（今云贵川地区）建立起"割据政权"（成汉国）。李雄成为中国历史上第一位少数民族皇帝，"成汉国"则成为两晋王朝的"烫手山芋"。任凭风吹浪打，胜似闲庭信步。此时，我们的"傻皇帝"司马衷与"丑皇后"贾南风，还在没事儿一般地过着他们的"幸福生活"。

读过《晋书》，你就会知道赵王司马伦是"八王之乱"第二阶段的"挑头人员"，更是"傻皇帝"和"丑皇后"幸福生活的"搅屎棒"。就是"太子司马遹之死"，司马伦也是"纵祸者"。前面我们说到太子司马遹之死，像一个多幕戏剧。我们曾说到了好几个人，唯独没有说到赵王司马伦。可以这么说，没有司马伦的恶意催促，太子司马遹或许不会那么快被"丑皇后"贾南风害死在金墉城。

《晋书》说："（司马伦）谄事中宫。"中宫也就是皇后。司马伦虽然只是"草包"一个，但他的首席谋士孙秀却绝顶聪明。在对付郝元度、齐万年的问题上，司马伦导致"边地一团糟"。可谓是"冬瓜奈不何扯藤藤"，大臣们把目光聚焦在首席谋士孙秀身上。朝议的结果是杀孙秀、平民愤。当时的"首辅〔首辅，是明代首席大学士和清代领班军机大臣的习称。明代典制中并未明文规定"首辅"之名，但习惯上称内阁主要柄政者首席大学士为首辅，且其拥有相对特殊的职权和地位。这一制度产生于政治实践中，大致出现于明英宗天顺年间，始于李贤。此处为作者戏说，表明张华的权位之高。——编者注〕大臣"是老成持重的张华，他的求稳心态导致他不想直接抛头露面。于是，他把杀孙秀这个"光荣任务"交给了梁王司马肜。理由也很简单，为了"傻皇帝"司马衷的安全。司马肜也是个头脑简单的人，但是辈分很高，觉得弄死孙秀就是小菜一碟，于是欣然领命。但是，司马肜的谋臣们却不这么看，说："张华想杀孙秀，是他的恩怨，跟梁王有什么关系呢？"梁王司马肜转念一想，孙秀跟他确实是前世无冤、后世无仇，就不想被张华当枪使。几经反复，孙秀就捡了一条小命。更重要的是，梁王司马肜也不想就此跟赵王司马伦结下仇怨。

前面说过，代替赵王司马伦接替"征西大将军"的是梁王司马肜。他虽然害死了浪子回头的周处，但他毕竟有"征西大将军"的名衔。孟观把齐万年收拾下来了，按照功上责下的官场潜规则，这种举世奇功自然就会记在司马肜名下。这样一来，在西晋朝中的名望，齐王司马肜就比赵王司马伦高了一大截。这种差距，在平辈间尚可允许。在不同辈分的王爷之间，就很值得重视。因为这种名望的差距，就可能造成权力的差距。也就是说，谁的名望高谁就权力大。

司马伦的首席谋士孙秀则认为名望是虚、权力是实，甚至认为实权比名望更重要。于是，他建议赵王司马伦去巴结皇后贾南风。目的当然很明确，就是想当大官、掌大权。更明确的目标是录尚书事，掌控朝中大权。司马伦干正事不行，但"搞关系"则很得行。通过走"贾家路线"（贾谧），皇后很快"上了套"（巴结上了），但录尚书事这件事却迟迟没有下文。因为那个贾南风倚重的辅政班子（张华为首）的成员都直接投了反对票，贾南风也就不敢贸然行事。

这个首辅张华也十分了得。在晋武帝司马炎提议伐吴时，贾充等权臣都坚决反对，只有张华一个人投了赞成票（支持杜预）。伐吴初期进展不顺，居然有人建议腰斩张华，这时的司马炎还算清醒，公然站出来为张华说话（伐吴乃我之计），让张华免除了性命之忧。伐吴大功告成（一举灭吴），司马炎因张华的首议之功，对他更为器重，让张华主持修订朝廷制度，俨然一个首辅。这样的名望，让朝中的反对党心中满腹怨恨，按照眼不见心不烦的一般规律，他们总想把张华撵出朝廷。

不承想，在司马炎"接班人"的问题上，张华却有些"不识时务"。他不像卫瓘那样"装醉摩挲龙椅"，而是直言不讳地建议"兄终弟及"，由司马攸接班。如果司马炎还是"伐吴时"的司马炎，张华或许还能"有好的结果"。但是，此时的司马炎"最大的担心"是有人危及太子司马衷的地位。他最不愿意听到的是"司马攸"这三个字。因此，"把张华撵出朝廷"的"小人意愿"被司马炎迅速确认。张华于是"出镇幽州"（今燕山一带），虽然在幽州有"治政清誉"，但安邦治国的"满腹经纶"没法"派上用场"了。

幽州和豫州，我都很感兴趣。因为在东汉时期，我们宕渠先人冯焕在尚书侍郎、河南京令之后，曾经任过"豫州、幽州刺史"，其子冯绲做过东汉末年的"车骑将军"，还增修过"宕渠城"（城坝遗址），这是四川渠县人民最引以为豪的光荣历史。尤其是"宕渠瓦当"的出土（2018 年中国六大考古新发现之一），让"賨城何在"的"千年之争"画上了句号。更有"水路津关"的发现，目前为"中国唯一"。"水路津关"首先在渠江边的"宕渠城"被发现，也算是渠江流域的一个奇迹。

我们先说幽州，传说大禹治水分天下为九州，幽州便是其中之一。"幽州突骑"，在古代史中"大大有名"。《周礼》说："东北曰幽州。"《春秋》云："箕星散为幽州，分为燕国。"又说："北方太阴，故以幽冥为号。"那个开疆拓土、穷兵黩武而又幡然悔悟的汉武帝刘彻，在全国设立"十三刺史部"，幽州也"赫然在列"。幽州，在隋唐时是北方的军事重镇、交通中心和商业都会。豫州呢，在历史上也曾经叫作"中州"。从河南别称"豫"可以看出，"豫州"的主体部分是河南。这个河南"不简单"，因为黄河是中华民族最早的"母亲河"，因此，"豫州之地"成了中华民族与华夏文明的"发源地"之一。那个河南也"不简单"，古代"四大发明"有三项出自河南：指南针、造纸术、火药。可以说"豫州"是中国古代的"发明之都"。更有甚者,河南是中国建都朝代最多、建都历史最长、古都数量最多的省份。

晋武帝司马炎当政后期,张华都乖乖地"待在北方"(幽州)。读过《晋书》,你会发现,是"八王之乱"给了张华重返朝廷的机会。在贾南风开始享受幸福生活的这几年,张华团结带领裴頠等"一班人",把朝政弄得井井有条,让贾南风全身心地投入"造人的事业"(怀孕)。这样的朝政格局,也就没有"不知书"的司马伦什么事(插不上手)。于是,"录尚书事"成了司马伦苦苦的"单相思"。当然,贾南风对司马伦"跑官要官"是个什么态度,史书没有记载。从结果看,她肯定没有理睬。也正是没理睬伤透了司马伦急切的心,这才有了后面的故事。

299 年,贾南风对自己的肚子终于绝望,总是怀不了,决定用妹妹贾午的幼子韩慰祖来"狸猫换太子"。写到这里,那个"韩寿偷香"的故事里的贾午,还是好运连连。她没有像贾南风嫁个"傻老公",嫁的老公是"老爸的跟班"韩寿,不但有文才(相当于首席秘书),而且是一表人才。不仅如此,她的长子贾谧在贾充死后袭了封爵,幼子韩慰祖又即将改姓司马,成为西晋太子。这时,被司马炎看重的太子司马遹地位不保,但他却浑然不知,成天沉浸在屠户事业中不能自拔。前面说的"太子之死"的多幕剧不再重复。贾南风把那篇伪造的大逆不道的"太子上书"给"傻皇帝"看了,"傻皇帝"诏令处死太子。贾皇后要立即执行,但首辅张华极力劝阻,一直争论到太阳落山仍未决定。贾皇后怕夜长梦多,于是先让"傻皇帝"下诏废除司马遹的太子之位,囚禁于洛阳郊外的金墉城。

司马伦当时是太子太傅,又掌握了守卫皇宫的禁军。听说"太子被废",担心贾南风把他划入"太子党"。又想起贾南风对他"录尚书事"这个诉求的"冷处理",就有些"怨气叠加"。于是,与孙秀等人密谋,推翻贾皇后党羽、请太子复位。可以看出,司马伦是对太子被废投的是"反对票"。在"废太子"司马遹前往金墉城的路上，司马伦还去表达了"深切的同情"。但是，司马伦的首席谋臣孙秀的分析，陡然改变了"历史的轨迹"。在他们看来，司马伦向来被认为是贾皇后一党，救太子是"自取其祸"。于是，他们的决定让贾南风先杀了太子，他们再以"为太子报仇"收拾贾南风及其贾氏集团。

有了这样的"心路历程"，有了这样的"暗藏祸心"，司马伦、孙秀就开始散布谣言，说张华、裴颜等"台辅大臣"正在着手"太子复位"。这个谣言真是"一箭双雕"，迅速产生了两个"严重后果"：一是张华、裴颜被"捉拿归案"，被刽子手杀害，很多的官员也"丢了饭碗"（被罢免）。这是司马伦、孙秀"借刀杀人"的结果，搬掉了司马伦"前进路上的绊脚石"。二是太子司马遹在金墉城被杀（用药杵打死），断绝了有人想"复位太子"的念头。这是司马伦、孙秀"恶意催促"的结果，也让司马伦有了"泄愤的理由"。

这时的"丑皇后"贾南风，因为成功地解决了"太子问题"，杀了太子、绝了后患，感到"心中一块石头落了地"。在安葬废太子的问题上，贾南风还算是有点儿"良心发现"，看在废太子是"傻皇帝"司马衷亲骨肉的分儿上，又因他被封太子前是"广陵王"，就以"广陵王"身份"隆重下葬"。贾南风这样做的目的，也是为了获得一些"政治认同"。殊不知司马伦、孙秀却已向她"举起屠刀"。贾南风"速杀太子"，本是司马伦、孙秀故意挑唆才发生的历史事件，却给了司马伦、孙秀一个"政变的理由"，"八王之乱"第二阶段的"血雨腥风"又在西晋朝堂"拉开大幕"。

史载，300年的四月，北方的洛阳才开始春意融融，司马伦、孙秀发动的政变却轰轰烈烈。"傻皇帝"再次成为一枚"政变的棋子"。孙秀起草诏书，迅速发兵，以"枉杀太子"的罪名，收捕贾皇后及其党羽。"贾后一党"被一举扫灭，消失在"历史的烟云里"。对于"丑皇后"贾南风，采取的是"三步走"的程序：先把"第一夫人"的"帽子"揭掉（废贾后为庶人），这是最关键的一个步骤。按照规矩，皇后的册废，应该是皇帝的"真实意思表示"。之前，梁王司马肜也有"废后"的想法，但被"首辅"张华的"皇上都没有这个意思"给劝住了。是啊，皇后的册废，是"皇帝的家事"。但司马伦不管不顾，"傻皇帝"知道些什么，我"替他做主"吧。于是，先把庶人贾南风囚禁在建始殿，后又送到"金墉城"，再后，又以伪诏书让贾南风喝下了"御赐"的"金屑酒"。据说，贾南风不想喝，是被"强制了的"。但贾南风就此"命归黄泉"是不争的历史事实。

　　前面说过，赵王司马伦搅乱了"傻皇帝"和"丑皇后"的"幸福生活"，"八王之乱"第二阶段在4世纪初年，即显示出了更浓的"血腥味"。在这个"乱局"中，聪明的太子司马遹死了，"丑皇后"贾南风被强行灌下"金屑酒"，"贾氏集团"也"灰飞烟灭"，张华为首的"台辅班子"被"集体砍头"，大批官员也被"砸了饭碗"，就连那个"全国首富"石崇，也与"最大帅哥"潘岳一起，被夷灭三族。到这时，司马伦那个"录尚书事"的梦想也就"水到渠成"。于是，司马伦再次伪造诏书"自封相国"。有道是"一人得道、鸡犬升天"，那个首席谋士孙秀不必说了，"跟着闹革命"的人都被封到大郡，掌握着"军政大权"。那个"赞助政变"的梁王司马肜被封为"太宰"，司马允也"分得一杯羹"："封骠骑将军、开府仪同三司、侍中，领中护军。""中护军"这个职位很重要，曹魏时期，司马师、司马昭、司马炎都曾经担任过这个"要害职位"。

　　司马伦的"胜利"说明了孙秀的"成功"。这时，孙秀又给了司马伦一个"天大的建议"：自己做皇帝。据说，司马伦的野心都是孙秀"鼓舞出来"的。两个先生都笃信"五斗米教"（道教），他们就用道教为司马伦称帝"大造舆论"。先在邙山建了一座司马懿的庙，然后谎称司马懿托梦"让司马伦称帝"。301年正月，司马伦"顺应天命"，把"傻皇帝"司马衷废掉，软禁于金墉城，然后自立为帝。这也没什么，历史上"篡逆之事"也真不少。可笑的是，司马伦是司马炎的"皇叔"，是"傻皇帝"司马衷的"爷爷辈"。司马伦为了稳定政局，居然尊称"傻皇帝"司马衷为"太上皇"。我们知道，"太上皇"是汉高祖刘邦的"创造发明"，他尊称的"太上皇"是他的父亲刘太公。而司马伦尊称司马衷（侄孙）为"太上皇"，则是中国历史上唯一的"大笑话"。同时，司马伦也给了首席谋士孙秀"最大的回报"，让孙秀有了人生的"最大收获"，成为司马伦"相国之位"的"接班人"（中书令）。

这个"不知书、不省事"的司马伦称帝，成为司马懿众多儿子中的"独一份"。因此，历史记录也就有连篇累牍之势。更为可笑的是，为了笼络人心，司马伦大肆册封官员，甚至连赵王府的奴仆、杂役都得以"封官晋爵"。据说，官帽上要用的貂尾不够，于是用狗尾来代替。《晋书·赵王伦传》载："奴卒厮役亦加以爵位。每朝会，貂蝉盈坐，时人为之谚曰：'貂不足，狗尾续'。"司马伦"皇帝的板凳"还没坐热，就又创造了一个著名的历史笑话——"狗尾续貂"。

我觉得有必要在这里说说孙秀的"来龙去脉"。孙秀是吴大帝孙权的侄孙，作为军官服务于东吴"末代皇帝"孙皓。据说，孙秀在东吴前线带兵"威略并重"，引起皇帝孙皓的猜忌。孙皓成为"末代皇帝"，大部分是因为这个猜忌。连孙权喜欢的诸葛子瑜的儿子诸葛恪，也是因被孙皓的猜忌而"玩完的"。270年，孙皓派了五千兵力前往孙秀的驻地，扬言"打鹿充实皇家厨房"，其实就是要"收拾孙秀"。从前面的叙述，我们知道孙秀是个"机灵鬼"。孙皓大军还未到，他就连夜带着家属和亲兵"投奔了晋朝"。当时，皇帝司马炎为了"灭吴大计"，决定厚待"远来之人"孙秀，更为表达"笼络之意"，搞了个"皇上赐婚"，把自己的表妹蒯氏嫁给了孙秀。

这个蒯氏妹子也"十分了得"（出生豪门），表哥是皇帝，爷爷是吏部尚书，老爸是南阳太守。《世说新语》还记载一件趣事，说的是司马炎为孙秀"调解家庭矛盾"。大意是，孙秀的妻子蒯氏是个"醋坛子"（尝妒），看到孙秀属意其他女人，就大骂孙秀为"貉子"。请注意，东吴人就忌恨被人骂作"貉子"。这是个"蔑称"，到了东晋，"貉子"变成了东吴本土人士对"衣冠南渡"的"蔑称"。听到蒯氏对自己这样的骂声，孙秀当然十分气愤（秀大不平），他坚持"惹不起、躲得起"，就不再回家（遂不复入）。后来，蒯氏有了"悔恨之意"，请皇帝司马炎出面劝说。时逢司马炎"大赦天下"，司马炎对孙秀说，我连天下的罪犯都原谅了，你还不能原谅蒯夫人吗？俗话说，不看僧面看佛面。司马炎给出个这么大的面子，孙秀也就只好"借梯下楼"（免冠而谢），于是这两口子又"夫妇如初"。

至于孙秀怎么跟赵王司马伦"搞到一起"的，史书上没有记载。那我们是不是也可以猜测，孙秀是看重司马伦的"皇叔身份"，主动投靠上去的呢。而且，作为司马伦的"首席谋士"，孙秀推着司马伦一步一步走上了"人生的巅峰"。在这个时候，很自然地形成了"伦秀体制"。对此，司马家的皇族们也不是"铁板一块"。那个齐王司马冏，曾经因"奉诏收后"（皇后贾南风）功高盖世，就非常不满司马伦的"篡逆之行"。前面说过，齐王司马冏娶的夫人是贾充第一个老婆李夫人的女儿，贾南风是他的"姨妹儿"。这次"奉命收后"，他也为自己的老婆"报了一箭之仇"。这个"仇"，就是贾南风不准"贾充与李夫人合葬"。当然，贾南风已经作古后，李夫人才得以"与贾充合葬"。

还有那个骠骑将军司马允，从贾南风的"倒杨运动"开始，他都是积极的参与者，他跟孙秀一样的是"性沉毅"，他跟孙秀不一样的是，知道功成身退、低调生活。在"倒贾风暴"后，司马允被封赏到红得发紫的地步，他仍然不"多言多语"。直言直语，容易"惹火烧身"；沉默不语，则更容易引起"猜忌之心"。这时的司马伦、孙秀就对司马允"很不放心"，因为司马允不仅"开府仪同三司"，更重要的是司马允还"领中护军"。于是，采取"明升暗降"的惯用伎俩:转允（司马允）为太尉。用意是"外示恩宠，实夺兵权"。司马允也不是"省油的灯"，对司马伦由"感恩戴德"到"势同水火"。因此,司马伦"废帝自立"引发"三王起兵":许昌的齐王司马冏，联合长安的河间王司马颙、邺城的成都王司马颖，乘机起兵讨伐司马伦，而担当"先锋部队"首领就是司马允，带着先头部队直接围攻"相国府"。

说来也怪，都当皇帝了，司马伦还住在"相国府"。其实也不怪，司马伦"自封相国"时，就在"相国府"部署了上万人的"卫戍部队"，与杨骏那个"虎贲百人以自卫"的做法，简直"不可同日而语"。战斗进行得很激烈，史书上说"死者十万"。对于战斗和战争，我是最不想细说的,但有两个细节我又不得不说。一是司马允围攻"相国府"，也是"箭如雨下"，司马伦等只有把大树当作盾牌，"紧贴大树"避免伤亡。这时，司马伦手下的司马眭秘却来了个"拼死护主"(以身蔽伦)，自己被"射成刺猬"，却让司马伦意外地活了下来。二是司马督护伏胤"将四百军士"且举着"白虎幡"去督战，可惜司马伦儿子司马虔代表父亲司马伦说了一句话:富贵与共! 伏胤马上被收买，直奔司马允的大营，把下车接旨的司马允一刀砍死，还把司马允的两个儿子一并砍杀。风向急转直下，小人改变"历史风向"，在西晋时是常有的事。但是，这并没有打垮"三王起义"的风头。最终，司马伦被"三王联军"打垮，后来被囚禁于"金墉城"，也被赐金屑酒而死。据说，司马伦喝下金屑酒，以发覆面（无脸见先帝),连说"孙秀误我！"是的，司马伦不投入"八王之乱"，他肯定还活得好好的。当然，孙秀的生命也在这时"画上了句号"。

史载，301年四月，齐王司马冏在金墉城毒杀了刚刚称帝的司马伦后，迎接"傻皇帝"司马衷复位,改元"永宁"。司马冏担任"大司马"，主理朝政。河间王司马颙、成都王司马颖都"封官晋爵"，各自拥兵自重。但是，历史的走向不以"傻皇帝"的意志为转移。改元"永宁"后，一点儿也没有"宁静的感觉"。司马冏独揽大权后"不可一世"，因为对"傻皇帝"有"复立之功"，根本没有把"傻皇帝"放在眼里（没有臣下之礼），俨然自己就是个"皇帝"。而且，现在的司马冏也提前过起了"皇帝的生活"，虽不像司马炎那样"由羊来决定夜生活"，但沉迷女色的程度甚至超过了司马炎，于是政事荒废。"三王起义"的其他两王愤愤不平，连复位不久的"傻皇帝"心中也"不安逸"。

接下来，"八王之乱"愈演愈烈，"城头变幻大王旗"。302 年底，河间王司马颙在"傻皇帝"特使的"深情劝慰"下，激情上表（述司马冏罪状），决定"兵锋直指洛阳"，策动当时驻军洛阳的长沙王司马乂为内应。司马冏闻讯而动，派遣部将董艾攻袭司马乂。司马乂打出"奉天子"的旗号，结果也没有悬念，司马冏战败被杀，他的"跟班"两千多人也被"斩立决"并"夷灭三族"。于是，司马乂得以"独揽大权"。河间王司马颙本有"首义之功"，但被长沙王司马乂抢占先机，心中也"点儿都不安逸"。于是，对司马乂展开"斩首行动"，不知是"刺客无能"，还是"防备森严"，暗杀司马乂都没有成功。又熬过一年，303 年，河间王司马颙联合成都王司马颖，合兵 27 万（颙军 7 万、颖军 20 万）奔袭首都洛阳。

"傻皇帝"这时也有了"政治敏感"，下诏司马乂为大都督，兴兵迎击"两王联军"。战事进行了几个月，双方各有胜负，但都没有"伤到元气"。304 年初，司空、东海王司马越乘司马乂军粮草缺乏、疲惫不堪，走了"特务路线"（勾结禁军将领），捕获了司马乂并交给河间王。结果，大权在握的司马乂被"火烤而死"。

司马乂变成了"烧烤"，河间王司马颙、成都王司马颖，都乘胜入朝来"瓜分胜利果实"。司马颖"分得大瓜"，增封二十郡，官拜相国。司马颙官升"太宰"，东海王司马越为"尚书令"。这种"三权分离"的格局，还是有一定的稳定性。哪知司马颙又首先出来"打破平衡"，他建议"傻皇帝"废除皇太子司马覃，以司马颖为"皇太弟"。可以看出，此时的司马颙、司马颖明显地"站到一边"，而且司马颖还可能因"皇太弟"的身份，成为"傻皇帝"的"接班人"。但是，"傻皇帝"司马衷对司马颙的建议也"不过脑子"，居然"照单全收"。司马颖得以专擅朝政，引起了司马越的极度不满，一场战事又"箭在弦上"。

第十一章

前面说到太子司马遹被贾南风毒杀，这时又说到太子司马覃。这个司马覃其实是"傻皇帝"的养子，跟曹魏时的曹睿（魏明帝）一样，自己的老婆和妃子都不能生养，收养的都是兄弟的儿子，用来作为皇家事业的"接班人"。这个司马覃，是"傻皇帝"兄弟司马遐的儿子。302年，年仅8岁的司马覃立为"皇太子"。司马覃的人生却"走得不顺"，屡遭废立。304年，为给"皇太弟"司马颖"让路"，司马覃被废并复位"清河王"。307年，陈颜等谋划"司马覃复太子位"，结果因事泄不成，司马覃被囚禁在"金墉城"。同年，"傻皇帝"突然去世（时年48岁）。是寿终正寝还是死于非命？史书都没有记载。也就是在这一年，"八王之乱"唱起了"片尾曲"，司马覃被东海王司马越杀害，他的生命就定格在14岁，而安葬规格也只是"平民身份"，让人们再次有了"可怜生在帝王家"的喟叹。而晋怀帝司马炽得以登基改元，成为西晋王朝的第三个皇帝，改元为"永嘉元年"。

司马颖成为"皇太弟"，是想实现"兄终弟及"的"人生梦想"。我们都知道，父死子继、兄终弟及，是古代"皇权授受"的两种方式，不能说哪种方式更好。"三皇五帝"的传说时代，普遍推行的是"禅让制"（择优）。夏启以后，普遍推行的是"世袭制"（父死子继、立嫡立长）。但是，有商一代，"世袭制"又"出现反复"，多实行"兄终弟及"。到了周代，由于"宗法制"的推行，"宗子制"（嫡长继承制）得以确立，"世袭制"基本采用"父死子继"的方式。当然，也有特例，这主要是因为政变的影响。"八王之乱"其实就是"政变不断"。因此，"皇权授受"就"没有规律"可言。

成都王司马颖立为"皇太弟"，其实是西晋"皇权授受"上的"一朵奇葩"。当然，赵宋王朝也开出了"两朵奇葩"：一是赵匡胤玩个"陈桥兵变"来个"黄袍加身"，开始了大宋王朝；二是弟弟赵光义与哥哥赵匡胤"雪夜喝酒"，玩个"同床共枕"来了个"离奇死亡"（烛影斧声），赵光义成为大宋的"国家主持人"。更有甚者，在朱明王朝还出现了立"皇太孙"的历史怪象。朱明王朝的开创者朱元璋，喜欢儿子朱标的儿子朱允炆。与司马炎喜欢司马衷的儿子司马遹"异曲同工"。不同的是，司马遹被"毒杀"，连"皇帝的板凳"都没有坐过；而朱允炆于明洪武三十一年（1398年）登上了皇位，成为朱明王朝第二个皇帝。朱允炆虽然创造了"建文新政"，但不久被"皇叔"朱棣强抢了皇位，朱允炆因此也下落不明，留下了令人难解的"历史之谜"。

司马颖被立为"皇太弟"后，由于"傻皇帝"不中用，司马颖就成了事实上的"西晋主持人"（专擅朝政），这让东海王司马越"羡慕嫉妒恨"，司马家族的内战也一触即发。304年7月，司马越鼓动"傻皇帝"来个"御驾亲征"，云集10多万士兵，讨伐邺城的司马颖。又有了好多战争故事，不想细说。"傻皇帝"司马衷被司马诸王"抢来抢去"，有时是"百王之尊"，有时又是"战争俘虏"，生活既不安稳，也不安逸。306年，"傻皇帝"终于回到首都洛阳。哪知道，第二年就去地下追寻父皇司马炎去了。有人说"傻皇帝"是被司马越毒死的，此处存疑不说。司马越在诸多战事中有胜有负，有时还狼狈不堪，但他最终因为"天意的眷顾",成为"八王之乱"中"笑到最后"的人。其间,司马繇、司马颖、司马颙等参战诸王都先后战死或被杀,太多血雨腥风的故事,也随着"傻皇帝"的突然离开,随着"八王之乱"的悄然终结,随着晋怀帝司马炽的登基继位,都隐进了"历史的风云"。

到这时,我们来看看西晋王朝那些"风雨飘摇的日子"。"傻皇帝"司马衷"走了",有道是"国不可一日无君",司马炽赓即坐上了"皇帝的板凳",又来了一回"兄终弟及"。这个司马炽,是司马炎第25个儿子(幺儿),也是"傻皇帝"司马衷的异母弟,母为王媛姬。"皇太弟"司马颖和他的两个儿子被斩杀后,司马炽又被立为"皇太弟"。司马颖是"有心栽花花不开",而司马炽却能"无心插柳柳成荫"。这真像《增广贤文》所说:"命里有时终须有,命里无时莫强求。"昨天与一同事闲聊上个世纪九十年代的乡镇选举,那些"票箱里飞出"的乡镇长,结局都有些黯然,大概也是这个道理吧。

这个司马炽,史书的记载是"天姿清劭,少著英猷",或许是史家的"诌媚之词"。因为他被册立为"皇太弟",其实是司马颖和司马颙"对立的结果",可谓是"鹬蚌相争,渔人得利"。据说,司马炽"本无此意"。《晋书》说:"(炽)专玩史籍,有誉于时。"但又说他无雄才大略。或许,司马炽是一个"两耳不闻窗外事,一心只读圣贤书"的读书人吧。"傻皇帝"和"丑皇后"期间,"八王之乱"纷纷攘攘,而司马炽总是气定神闲地过着"王爷的生活"(豫章王),低调地吃着喝着玩着。

据说,司马炽即位称帝也有些"波折"。这个波折来源于"傻皇帝"的第二个皇后羊献容。羊皇后认为跟当前的"皇太子"司马炽是"叔嫂关系",称呼"不好办",关系"不好处"。建议由"废太子"司马覃继位。这个司马覃,是"傻皇帝"司马衷的"养子"(侄儿),于人伦于辈分也都相称。但是,这时执掌大权的东海王司马越,哪里还会讲这些"人伦道德"。出于政治需要,他就把司马覃毒杀在"金墉城",司马炽才"拣了个漏件"(顺利登基)。司马炽即位后,把生母王媛姬尊称"皇太后",也还算"以德报怨",尊称羊献容为"惠帝皇后",让她居住在弘训宫。

这个"羊皇后"在历史上很有名,因为她曾经是两个皇帝册立的"皇后",这在帝王史上十分罕见。300年,"傻皇帝"的"丑皇后"贾南风被赵王司马伦废杀(司马冏实施),司马伦独掌大权。首席谋士孙秀建议为"傻皇帝"再立新后,羊献容得以"纳入视线"。据说,羊献容被册立为皇后,主要是因为她的外祖父孙旗与孙秀是同族,孙旗的几个儿子也都和孙秀是"拜把子兄弟",这样的"裙带关系"才有了羊献容的"母仪天下"。"傻皇帝"其实并不傻,羊皇后不久就"珠胎暗结",怀上了晋惠帝的"骨血",为"傻皇帝"生下了一个女儿(清河公主)。

如果羊献容不被孙秀"推荐入宫",或许她作为"大家闺秀"的生活还要安逸得多。"羊皇后"在皇宫的"幸福生活"也不长久,直接的表现就是屡遭废立。304年,成都王司马颖打败了司马乂,上表"废羊献容为庶人",将她幽禁在"金墉城"。当年(304年)七月,东海王司马越打败司马颖,恢复羊献容的"皇后地位"。但"好景不长",司马颖"反转战局",其部将张方进兵洛阳,再度揭下了羊献容的"皇后帽"(废黜羊皇后)。这还不算,张方把"傻皇帝"胁迫到长安,让"傻皇帝"和"羊皇后"有了"一种相思、两处闲愁"。皇帝被弄到西安,设置"西台"处理政务。留守洛阳的尚书仆射荀藩等,又在洛阳设置"东台",并恢复了羊献容的"后位"。

羊献容还没"笑出声来",时光才翻开305年的新历,前面说的那个张方又再次把羊皇后"废黜"了。在这一年,"羊皇后"还经历了两次"废立",不过都没有"性命之忧"。时光还在305年,河间王司马颙居然矫诏到东台"赐死羊献容",幸得东台诸臣拼死相救,她才得以"苟全性命"。306年,"傻皇帝"回到洛阳,再次"顾念旧情",

迎立羊献容，让"羊皇后"的生活重新进入正常轨道。只可惜，第二年"傻皇帝"就一命呜呼了。司马炽即位称帝，"羊皇后"的皇后生活"告一段落"，做"皇太后"的想法也"被迫中断"。

"羊皇后"的故事还没有完，后面再说。我们接着说说晋怀帝司马炽。他的"帝王生活"也过得十分悲苦。在位期间，皇室内斗"愈演愈烈"。311年，司马炽密诏苟晞讨伐东海王司马越，把司马越气得"发病而亡"，"永嘉之乱"又"接踵而至"。也就在这一年，汉赵将领刘曜率兵攻陷西晋首都洛阳。晋怀帝司马炽被汉赵帝国俘虏，成为中国历史上第一位向少数民族投降的皇帝。"惠帝皇后"羊献容被刘曜"强纳为妾"。虽然国亡家破，但羊献容又开始了一段"幸福的生活"。据说，刘曜觉得"三千粉黛无颜色"，就对羊献容"三千宠爱于一身"。史书记载："时曜妻羊氏有殊宠，颇与政事。""羊氏内有特宠，外参朝政。"318年，刘曜平定汉赵"靳准之乱"并夺得帝位后，于319年册立羊献容为"前赵皇后"。羊献容也不负盛情，为刘曜一连生下了三个儿子：刘熙、刘袭和刘阐。长子刘熙还被册立为"皇太子"。

322年，羊献容走完了"人生之路"。汉赵皇帝刘曜为表"痛惜之意"，谥号"献文皇后"，厚葬"羊皇后"于显平陵。大臣们都觉得规格"严重超标"，但刘曜仍不以为意，依然我行我素。据说，"羊皇后"死后，刘曜的原配卜氏所生的长子刘胤回到了刘曜身边。史书上说，刘胤"风骨俊茂，爽朗卓然。身长八尺三寸，发与身齐，多力，善射，骁捷如风云"。这么"异像异能"，很符合少数民族的"领袖标准"。刘曜一度想按照"立嫡立长"的规矩，改立年长的刘胤为"皇太子"。大臣们集体"投反对票"，刘曜又想起"羊献容的好"，最终放弃了"改立的决定"。而那个被俘虏的晋怀帝司马炽呢？刘曜与"羊皇后"缠绵得"如胶似漆"，司马炽投降两年后，于313年被前赵大将刘聪毒杀在异国他乡（终年30岁）。

说了这么多的历史人物和事件，都有些枯燥无味了，我马上"加点儿作料"。据说，刘曜曾经问皇后羊献容："我比起那司马家的小子如何？"羊献容回答："这不可同日而语，也不能相提并论。陛下是'开国圣主'，他不仅是'傻皇帝'，而且是'亡国之君'。自从侍奉君王以来，我才知道'天下真有大丈夫'啊！"

第十二章

羊皇后（羊献容）所说的"大丈夫"，指的是刘曜，他是汉赵帝国的第四位皇帝。311 年，汉赵帝国第三位皇帝刘聪带着他来打洛阳，俘虏了晋怀帝司马炽，这就是历史上的"永嘉之乱"，一说"永嘉之祸"。"永嘉"是晋怀帝司马炽的年号，311 年即"永嘉五年"。其时，刘曜还只是"汉赵帝国"驰骋疆场的一员猛将。"永嘉之祸"这一年，刘曜却有了意外收获，那就是"强行接收"了"惠帝皇后"羊献容。

一般说来，事情都有"两面性"，角度不同、看法迥异。从汉赵帝国来说，他们取得了"巨大战绩"，不仅抓走了西晋皇帝，还捣毁了首都洛阳。这时的西晋跟战国时的楚国一样，被敌国"直捣郢都"。然而，对西晋政府和人民来说，"永嘉之乱"则无异于"灭顶之灾"，几次你死我活的战斗，损失的军力不下 15 万，单是洛阳居民就被杀了 3 万多。据说，战后的洛阳，居民户数"竟不满百"。曾经繁华的洛阳古都，当时是何等萧条啊。甚至可以说，西晋遭遇的"永嘉之祸"，致使"神州陆沉"。

晋怀帝司马炽，虽然是战争俘虏。初期的"俘虏生活"也还是"过得去"的，刘聪"待他不薄"。那是因为司马炽本是个"读书人"（专玩史籍），刘聪来洛阳"游学"时，豫章王司马炽对他"礼遇有加"，还一起唱和诗文。因此，刘聪对司马炽还顾念着"哥们感情"。于是，他任命晋怀帝司马炽仪同三司，封"会稽郡公"。在那次"关于西晋内斗何其急"的交谈中，司马炽说："西晋不乱，君王何以得天下。"这句话让刘聪觉得"很对胃口"，说明我刘聪是在"顺应天命"。于是，刘聪"欣然决定"把小刘贵人"赏赐"给司马炽。这个"小刘贵人"，是汉赵名士刘殷的孙女。这个刘殷也不简单，两个女儿（刘娥、刘英）都是刘聪的"皇后"。自己是国丈，还"录尚书事"，也有点儿中原王朝外戚执政的味道。因此，刘聪在"赐婚"时，还责令司马炽一定要善待"小刘贵人"，并要求司马炽把"小刘贵人"立为"会稽夫人"。从这一点来看，汉赵皇帝刘聪对司马炽肯定不会"存心不良"。

但是，司马炽安逸的"俘虏生活"才过了两年，刘聪就把司马炽给"毒杀"了。这是因为，刘聪好表现，想展示"汉赵威风"，让曾经的西晋皇帝司马炽在宴会上"行酒"，也就是当"服务生"。司马炽倒没觉得什么，但西晋旧臣们觉得这是"奇耻大辱"，集体放声大哭。"这一哭"，引起了汉赵皇帝刘聪的"极度反感"。他看出司马炽还有较大的"影响力"，干脆"一杀了之"，以绝后患。这恐怕可以作为"好心办坏事"的一个历史范例吧。至于司马炽有什么政绩，也就是有点儿"勤勉之风"而已。登上帝位才过五个年头就当了"亡国奴"，在积重难返的西晋，估计也"翻不出什么花样"。至于当时的吏部郎傅宣所说的"今日复见武帝之世矣"的评价，也只能算是"过誉之词"罢了。"武帝"就是晋武帝司马炎，"永嘉之乱"时（311年），他已经死去21年了。

《晋书》说：汉赵帝国军队攻破洛阳，司马炽在逃亡长安的途中被俘虏（没跑脱），史称"宁平之劫"。但也有跑脱了的"皇室成员"，这当中就有后来西晋的"末代皇帝"司马邺（晋愍帝）。司马邺是司马炽的侄儿，自幼过继给伯父秦王司马柬，后袭"秦王位"。"永嘉之乱"

（311 年），晋怀帝司马炽被匈奴汉赵帝国俘虏到平阳城，群臣随后拥立司马邺为"皇太子"。晋怀帝被毒死（313 年）的消息传来。尚书、左仆射麴允，卫将军索琳、梁芬等人在长安（今陕西西安）扶立司马邺为帝，改元建兴。

其时，中原王朝（西晋）已经名存实亡，皇室贵族大都"衣冠南渡"。在长安称帝的司马邺也只是个"光杆司令"，几乎"没兵可用"，也"无粮可吃"。但是，司马邺却"年少轻狂"，也有些痴心妄想，居然下达了一道"口气比天大"的诏书：令幽、并州刺史王浚、刘琨等起兵 30 万攻打平阳；令左丞相司马睿带兵 20 万攻洛阳；令右丞相司马保带兵 30 万保卫长安。但是，这些地方军阀都"拥兵自重"，直接"抗命不遵"，让晋愍帝司马邺的诏令变成了"一纸空文"。这时，也有一个人"应声而起"，这个人就是"闻鸡起舞"的祖逖，但他受制于后来的东晋皇帝司马睿，尽管有"中流击楫"的雄心壮志，也始终难有大的作为，只能像后来的岳飞一样"空怀报国之志"。

316 年，汉赵军队攻打长安，采取"不战而屈人之兵"的战术（围攻＋围困），长安城内大闹饥荒，甚至出现了"人吃人"的惨烈景象。当年的十一月，司马邺"举手投降"。历史又记载了一次"投降仪式"：晋愍帝司马邺派侍中宋敞向刘曜送上降书，自己"肉袒舆榇"。乘坐羊车，脱去上衣，口衔玉璧，侍从抬着棺材，出城投降。群臣"哭天抢地"，御史中丞吉朗还"自杀殉国"。刘曜也表演了一次标准的"受降仪式"：烧了棺材，接受了玉璧，让宋敞侍奉晋愍帝"回宫待命"。随后，晋愍帝司马邺被送往平阳过"流亡生活"。在跪拜汉赵皇帝刘聪时，刘聪给晋愍帝加上"光禄大夫、怀安侯"的称号。麴允看到这种情景，伏地痛哭，又一个西晋大臣"殉国而死"。

由于刘聪跟司马邺没有什么旧情，或者还觉得司马邺"不懂事"。洛阳灭了，又到长安去建立新的朝廷，有负隅顽抗的嫌疑，还下达了大军"直捣平阳"的"诏令"。平阳，是"汉赵帝国"的首都，这真是让刘聪气不打一处来。于是，刘聪给司马邺的待遇跟司马炽就"不可同日而语"了，甚至百般羞辱。317年，刘聪外出打猎，命令司马邺穿着戎服，手执戟矛，在前面开路。甚至上厕所时让晋愍帝拿马桶盖。尚书郎辛宾抱住晋愍帝痛哭，被刘聪"一刀砍死"。318年，刘聪在平阳将晋愍帝杀害（时年19岁）。西晋就在这一年"画上了句号"，而社会动荡却势头正猛，匈奴人的汉赵帝国又首当其冲。

前面说过，刘曜是"汉赵帝国"（前赵）的第四位皇帝。说起来，318年后的中国，又逐渐形成了"三国鼎立"的局面。北方匈奴人的"汉赵帝国"（304年）就像"曹魏"；南边宕渠先人（賨人）创建的"成汉方国"（306年）就像"蜀汉"；"衣冠南渡"的司马睿建立的东晋（318年）就像"东吴"。

我们先说汉赵帝国，这是匈奴人建立的国家。这个国家的建立，也是拜司马氏所赐。三国时，魏武（曹操）挥鞭，统一北方，把匈奴"撵跑了"；司马懿平定辽东，大肆屠城，大量迁民，导致辽东赤地千里，又让匈奴人"拥进来"。曹操有雄才也有大略，把匈奴一分为五，化整为零，分而治之。而西晋的"开国皇帝"司马炎又把匈奴"合而为一"（整合起来）。到晋惠帝司马衷时，"八王之乱"把西晋弄得"残破不堪"。历史规律告诉我们，攘外必先安内，内乱必然导致外患。到晋怀帝司马炽永嘉五年（311年），声势浩大的匈奴军队"趁人之危"，先后攻破洛阳与长安，成为西晋的"历史终结者"，两任皇帝（司马炽、司马邺）被俘被杀，西晋的旗帜"轰然倒下"。若从"三国归晋"算起，西晋王朝就只有38年的光景（280—318年）。若从司马炎接受"禅让"算起，也才建国53年就被灭亡（265—318年）。

远的不说，从刘渊说起。刘渊就是"汉赵帝国"的第一位皇帝。正是刘渊这位"草原英雄"，拉开了社会动荡的历史大幕，让中华大地又来了个百年动荡。刘渊本不姓刘，他是西汉时期匈奴首领冒顿单于的后裔，他的刘姓，来源于汉高祖（刘邦）的和亲政策。当时，刘邦将一位宗室女嫁给冒顿单于，并与冒顿单于相约为兄弟。此后，冒顿单于的子孙都以刘氏为姓。这时，刘姓是"国姓"，冒顿的子孙姓刘，是一件十分荣光的事情。但经过"三国时期"，刘姓不再是"国家名牌"，早已"泯然于众姓矣"。

这个冒顿单于也不是盏省油的灯，或者说是匈奴历史上的一个狠角色。他的父亲头曼单于因为喜新厌旧，意欲废长立幼。把嫡长子冒顿送到相邻部落去"当人质"，而后又发兵侵略"邻居"。头曼单于的目的很明确，就是想借刀杀人，幸运的是冒顿却侥幸逃回。父子的对立情绪陡然升级，难以化干戈为玉帛。头曼单于由于对儿子内心有愧，又交给冒顿一支军队。从后来的历史看，这无异于"自掘坟墓"。冒顿采用多种"冷血手段"，把这支部队训练成了"敢死队"，在父亲出猎的时候，率领他的"敢死队"把头曼单于"射成刺猬"。这件事发生在一个重要的历史节点，那就是"千古一帝"秦始皇"东巡而死"，秦二世胡亥"阴谋而立"。公元前209年，冒顿单于也终于"杀父自立"。

冒顿单于的"狠招"我们见识了，但他的"忍耐功夫"也很了得。"单于板凳"还没坐稳，东胡王又"趁人之危"，遣使索要"千里马"。冒顿不顾群臣反对，将千里马"拱手让人"（东胡王）。东胡王又"得寸进尺"，向冒顿索要"单于阏氏"（相当于汉族的皇后）。冒顿左右皆觉得"是可忍孰不可忍"，请求出兵攻击"东胡"。我们都知道，人生有"两大仇恨"刻骨铭心，这就是"杀父之仇"和"夺妻之恨"。历史上好多这样的"基督山恩仇"，也产生了好多的悲剧记录。但是，冒顿还是满足了东胡王的"无理要求"。这都能忍，足见冒顿单于的"忍耐功夫"确非常人能及。但是，冒顿的忍，却是为了"以退为进"。冒顿不断示弱，被东胡王看成了一枚"软柿子"。哪知，这个"软柿子"没几年就变成了"下山虎"。他发兵突袭猝不及防的东胡，东胡王被杀，其民众及畜产尽为匈奴所得。送出的阏氏回来没有，史上没有记载，估计冒顿也"恢复了产权"。灭了东胡，冒顿单于又西攻河西走廊的月氏，逼迫他们"西向远行"。冒顿单于越杀越勇，征服了一大片少数民族的国家（部落），南起阴山、北抵贝加尔湖、东达辽河、西逾葱岭的广大地区都插上了"匈奴的旗帜"，成为北方草原"控弦之士30万"的"头号军事强国"。

说到了刘渊的祖先，弄清了匈奴刘姓的来源。我们就按上历史的"快进键"，直接说刘渊的父亲刘豹。三国时，曹操分匈奴为五部，刘豹被任命为"左部帅"。这时，刘渊被派遣到洛阳"当人质"。这个刘渊，少而聪慧，孝顺有名。七岁时，母亲去世，刘渊悲伤得"没有人形"。稍长，又拜上党人崔游（魏晋名士）为师，逐步"名满师门"，也就开始恃才放旷、目中无人。按他自己的"文武双全"标准，居然鄙弃随何、陆贾"缺乏武功"，又批评周勃、灌婴"缺少文才"，何其狂也！

　　说到"人质"现象，它一直活跃在世界历史的舞台上。作为我国最古老的"保证忠诚"的手段，人质的起源可以追寻到《左传》记录的公元前720年。在这一年，郑国和东周互换人质，这是周王室"逐渐崩盘"的代表性事件。所谓"人质"，在古代又叫"质子"（一说"侍子"）。"质"就是"质押"，"人质"就是"抵押物"。"人质"，按"授受"方式分类，有两种类型：一是双方互送人质（向对方保证忠诚），二是只有一方送人质（弱者向强势者表示忠诚）。无论是双方互换，还是单向要挟，人质其实是一种担保，"人质"就是表示忠诚的"保证书"。

　　若按"人质"的国籍划分，又分为"国内人质"和"国外人质"。一般说来，"国外人质"多在战国时期，尤其是弱国，还需要向多个强国"输送人质"（投诚）。也有例外，在盛唐时期，投诚的外邦很多，送来的"质子"多，大唐还专门建设"质子馆"安置来自120个少数民族部落的"质子"。在两汉时期，西域五十多个国家（部落）归附汉朝，也有较多的"国外人质"。在封建王朝，更多的是"国内人质"。重臣或强藩，都会向中央输送"人质"。这些"人质"，多半在京城当官（闲职）。大宋"开国皇帝"赵匡胤是个典型的例子，为有效控制

"十节度使"，就把他们的"衙内"（嫡子）全部留在京城当官，实际上也是一种"人质"。

"人质"无论在本国，还是在他国，没有重大事件发生是不能回国或回家的。若有重大事件发生，"人质"也往往成为牺牲品，这样的"人质"看似身份特殊，实则无异于"王朝囚徒"。最憋屈的"人质"有两个，都在宋朝。一是北宋末年的康王赵构，后来逃回建立南宋；二是南宋末年的文天祥，后来英勇不屈、慷慨赴死。他的《过零丁洋》，说尽了人生的多少辛酸。尤其是"人生自古谁无死，留取丹心照汗青"，还成了千古名句。历史也总有例外，藩属北魏的各部人质，由于受不了首都洛阳"夏天的酷热"，被允许在夏天返回部族，冬天再回到洛阳。史书上把这些人也称为"雁臣"。相对说来，西晋时期的"外国人质"的待遇就好得多。内附的"五部匈奴"，派出的"人质"就是刘渊，也是"汉赵帝国"的"开国皇帝"。

刘渊虽为"人质"，但他贯通经书、武艺超群、相貌非凡，无论在曹魏，还是在西晋，都拥有强大的"朋友圈"。"圈内人士"都对他非常尊敬。《唐会要》中说，魏晋以贾诩之筹策、贾逵之忠壮、张既之政能、程昱之智勇、顾雍之密重、王浑之器量、刘惔之鉴裁、庾翼之志略，合称"魏晋八君子"，身死之日，并"谥"曰"肃"。伐吴总指挥之一的王浑，也赫然在列。但他也把刘渊当成"哥们兄弟"，还让自己的儿子王济拜望他。这个王济，是晋武帝司马炎的女婿。一说是晋文帝司马昭的女婿，资料匮乏，不能确说，但"皇亲国戚"的身份是可以认定的。

也就是说，在当朝权贵和"皇亲国戚"中，刘渊的人脉广、能力强、威信高。晋武帝司马炎与王济的一次对话可以作为依据。司马炎说："刘渊的容颜、仪表，即使春秋的由余、汉代的金日磾也不能高出他。"王济说："他的文武才干又超出由余、金日磾很远。"于是，王济建议晋武帝把"东南地区事务"（伐吴重任）交给刘渊，但是两个小人（孔恂、杨珧）"非我族类，其心必异"的建言，又让司马炎"默然不语"。这个重任，就这样与刘渊"失之交臂"了。也正因为"非我族类、其心必异"这一古训，"平定凉州"的重任，又一次"无声地滑落"。后来，有人向司马炎"大进谗言"，让刘渊有了"性命之忧"。

据说，王弥路过刘渊的领兵之地，刘渊就在九曲黄河边给他"摆筵行酒"。英雄无用武之地的刘渊"借酒浇愁"，不断向老朋友"诉衷情"。后来，感情"控制不住"，居然慨当以慷、长歌当哭。这一哭，有了"好结果"，王弥后来归附"刘渊阵营"。这一哭，也有"坏结果"，被路过的齐王司马攸听见了。司马攸肯定没在刘渊的"朋友圈"，但他懂得"敌人越能干越有害"的道理，十分阴险地说"你娃摊上大事了"。他跑到司马炎的面前，直接建议"杀掉刘渊"，后被王浑等重臣和皇亲鼎力相救，刘渊才得以"保全性命"。

当然，司马炎和司马攸早年有"嫡庶之争"，闹得很不愉快。近年他两个也始终"搞不拢"，因为司马炎最怕他篡夺"傻皇帝"司马衷的皇位，弄得"心火往上蹿"，最终被司马炎逼死在"归国途中"。对于这样的司马攸，司马炎当然"绝不信任"。于是，司马炎对司马攸的话不仅"不以为意"，反而把话说得"理直气壮"：刘渊是少数民族的精英，是西晋的"团结对象"；杀之肯定会惹下"大祸事"，不杀可以塑造西晋的"好形象"。我想，这可能才是刘渊得以保命的原因。

司马炎不仅不杀刘渊，还让他逐步"手握军权"。279年，在伐灭东吴（280年）的前夕，刘渊的父亲刘豹"去了阴间"。刘渊却有了"好运气"：西晋朝廷任命刘渊为"代理左部帅"。九年之后（289年），在他"圈内人士"的强力推荐下，晋武帝司马炎任命刘渊为"北部都尉"。刘渊的"超强能力"就迸发出来，匈奴五部的豪杰都纷纷投奔到"刘渊阵营"，就连幽州、冀州的"知名大儒"和青年才俊，也不远千里来"游学其间"。又过了一年（290年），司马炎也去"向阎王报到"了，"傻皇帝"司马衷继位，由其外公杨骏辅佐朝政，刘渊也是"好运连连"，杨骏为了"收罗人心"，任命刘渊为建威将军、五部大都督，封爵为"汉光乡侯"。从这个任命可以看出，刘渊在西晋"拜将封侯"，身份的显贵"非同一般"。更重要的是"五部大都督"的职务，不仅说明匈奴五部已经完成统一，更为刘渊建国称帝奠定了"坚实的基础"。

刘渊的人生说顺也顺，说不顺也不顺。300年，刘渊因为部众"叛逃出塞"而被免去官职。幸得成都王司马颖（镇守邺城）的器重，上表推荐刘渊担任宁朔将军、监五部军事。虽然没有"官复原职"，但职责和任务还是与以前"基本一致"。俗话说，识时务者为俊杰。匈奴的左贤王刘宣（刘渊堂祖父）就是这样一位"匈奴俊杰"。西晋"八王之乱"愈演愈烈，司马氏亲骨肉间相互残杀，天下一片动荡。刘宣就此做出"精准判断"：我们（匈奴）建立国家、复兴祖业的时机到了！为此，他就为左部帅刘渊"大造舆论"：姿貌风仪和统领才能都"超凡绝世"，符合单于的"规定标准"。于是秘密集会，共同推举刘渊为"大单于"，派使者呼延攸（刘渊党羽）到邺城，将这个"天大的喜讯"秘密地告知了刘渊。

刘渊给成都王司马颖"打了个报告"：请求回故地"为父送葬"，司马颖却没有"批复同意"。于是，刘渊让呼延攸先回去请刘宣"暗召五部"，会同宜阳的"诸多胡人"，表面上响应司马颖，实际上"图谋叛变"。时光演进到304年，司马颖击败司马乂，成为"皇太弟"并执掌大权，惹起东海王司马越的"不满情绪"，带着"傻皇帝"司马衷御驾亲征。司马颖连续战败，有些"抵挡不住"。也正因为这个"抵挡不住"的战况，给了刘渊"返回匈奴"的良好机会。于是，刘渊就给司马颖做了"战略分析"，还不断给司马颖"戴高帽子"。提出"回匈奴搬兵"的请求，并表达了"剿杀仇敌"的必胜信心。司马颖"龙颜大悦"，任命刘渊为"北部单于"，还"参丞相军事"，刘渊得以"猛虎归山"。一回到"左国城"（今山西省方山县），刘宣等人便拥立刘渊为"大单于"（相当于汉族皇帝）。于是就开始"招兵买马"，旬日之间聚众五万，就把"左国城"作为五部匈奴的首都。

我们说的"汉赵帝国"，他的"国号"开始是"汉"，第四位皇帝刘曜（318年）把"国号"改为"赵"，史称"汉赵"或者"前赵"。前面说过，刘渊的刘姓，是因为西汉的"和亲政策"。刘渊把"国号"定为"汉"，体现的是浓浓的"大汉情结"。他尊崇的却是蜀汉的两个皇帝：刘备和刘禅。刘渊认为，既然汉高祖刘邦与匈奴"约为兄弟"，匈奴又有"刘氏血统"，"汉"的旗帜，就应该由我们匈奴人"高高举起"。所以，他们就尊崇"兴复汉室、还于旧都"的两个祖先。据说，因为刘备以一州之地，就可以与天下抗衡，是当世的"正统皇帝"。还因为刘禅是"蜀汉"最后"刘姓皇帝"，此后也没有人再举起"大汉旗帜"。因此，刘渊在建立"汉国"时，还追封刘禅为"孝怀皇帝"，以表示自己是"大汉的正统"，建国具有先天的"合法性"。

见到刘渊对建国还犹豫不决，他的左右还进一步说明"满满的理由"，司马氏"骨肉相残"，理应受到"天谴"，单于积德在身，连晋人都佩服，于是上天将"皇天后土"授予我们。俗话说"天予不取、自取其祸"，我们建国称帝其实是在"顺应天意"。刘渊被这些道理鼓舞得"热血沸腾"。信誓旦旦地说："大禹出自东戎，周文王出生在西夷，我们匈奴人完全可以建立自己国家，来实现'天下一统'的宏图伟业。"在即位登基时，还激情表达了"击鼓进军，消灭晋朝"的坚定决心。

304年，刘渊在南郊筑坛设祭（祭天），自称"汉王"，建立年号"元熙"，立妻呼延氏为"王后"，署置百官，任命了一大串"执政大臣"，最有趣的是，让他"名满天下"的老师崔游还当了他的"御史大夫"。那个与刘渊在九曲黄河"互诉衷肠"的东莱人王弥，也被他拜为"司隶校尉"，迁"征东将军"，还被封为"东莱郡公"。

刘渊的匆匆建国，惹起了西晋的"满腔怒火"。东嬴公、并州刺史司马腾闻讯，派将军聂玄讨伐刘渊。历史的规律往往是"农耕民族打不过游牧民族"，而且"文明民族打不赢野蛮民族"，匈奴军队几乎所向披靡，点燃了"直捣洛阳、消灭晋朝"的火热激情。308年，刘渊正式称帝，又搞了一次"大赦天下"（境内囚犯），改年号为"永凤"，并接受"太史令"宣于修之的建议，做出了"迁都平阳"的重大决定。刘渊任命刘和为"皇太子"，为"皇家事业"选定了接班人。

刘渊建国、迁都、称帝，这"一揽子"工程推进得十分顺利。伴随这些重大历史事件的，是你死我活的战争。这些都不细说了。但是，刘渊也有"不顺心"的事，那就是 308 年，委派儿子刘聪、侄子刘曜两度攻打洛阳都"铩羽而归"。据说，刘聪还上山去"求神拜佛"，结果神灵"不买账"。太史令宣于修之说："洛阳紫气（帝王之气）尚旺，还需等待三年（311 年）晋朝才会'寿终正寝'。两战皆败，此乃天意。"于是，劝刘渊撤军回平阳。大军回时，刘渊还"着白衣"（示意战败）迎接。310 年 8 月，刘渊还没有等到"晋朝覆灭"的消息，就在光极殿"咽下了最后一口气"。"皇太子"（梁王）刘和接下了"汉赵帝国"的"接力棒"，成为"汉赵帝国"的第二位皇帝。

刘和，是刘渊的"嫡长子"，身高八尺、相貌刚毅、气宇非凡、学识广博，几乎跟刘渊"一模一样"，很得刘渊的器重，将他作为"皇家事业接班人"加以培养。但是，这个刘和却有个"坏毛病"：生性猜忌。也正是这个"坏毛病"，让他登基不久就被弟弟刘聪"一刀砍死"。这时，刘渊还没有"入土为安"。要说，刘渊死后的这场"内战"应该"负主要责任"的是呼延攸。呼延攸也"不是个好人"，他的姑姑是刘渊的第一任皇后，"皇亲国戚"的身份，理应"封侯拜将"。但刘渊始终看不上这个外甥，因为他"素无才行"，只给了个"宗正"的闲职。还下了一道诏令：终身不得升迁。

刘和的"胡床"（汉族的龙椅）还没坐热，呼延攸就起了"歹毒心肠"：进言皇帝刘和，消除诸王势力。当时拥兵十万的楚王刘聪成为打击的"首要对象"，还有齐王刘裕、鲁王刘隆、北海王刘乂被一起列入"黑名单"。刘和本就多疑，又觉得呼延攸"言之有理"，于是疑忌"一点就燃"，一场"骨肉相残"的大战就这样"拉开帷幕"。刘和兵分四路，攻打四王。刘锐为主将，马景为副将，攻打楚王刘聪；呼延攸为主将，永安王刘安为副将，攻打齐王刘裕；刘乘为主将，安邑王刘钦为副将，攻打鲁王刘隆；尚书田密、将军刘璿攻打北海王刘乂。战事还没开始，安昌王刘盛就"公车上书"劝谏刘和"以大局为重、以团结为重"。刘和却怒火中烧，下令呼延攸以"大不敬"的罪名斩杀了他。

仗还是照常"开打了"，但战火还没"烧热"，田密、刘璿就当了"刘和的叛徒"，投奔到楚王刘聪的旗下。其他三路将领各自都有"小算盘"，又互不理睬，最后被"各个击破"。"政府军"也就"兵败如山倒"，迅速全线溃败。刘聪攻入南宫，将那个生性猜忌的刘和斩杀，然后让刘渊"入土为安"。读过历史，你就越来越坚定地相信"性格决定命运"的道理。刘和就是一个典型的例子。如果没有猜忌，兄弟之间团结一心，"汉赵帝国"就不会经历这一场劫难，刘和或许也不会死于非命，成为中国历史上"不满月"的皇帝之一。

刘聪，是刘渊的第四子，文武才干不逊于刘和。于是，大家就推举刘聪"坐胡床"（龙椅），但刘聪却推荐北海王刘乂。因为刘乂的母亲是刘渊册封的"单皇后"，刘聪的母亲只是刘渊的"张夫人"。但是，刘乂却极力推辞，又劝刘聪登基。史载，刘聪勉力继位。我在想，刘聪或许"在心中偷着乐"也。不过，刘聪还是有"正统观念"，给"单皇后"一顶"皇太后"的桂冠，而自己的母亲张夫人则称为"帝太后"，还把"单皇后"的儿子刘义册立为"皇太弟"。册封时，刘聪说：今后要把"皇位"还给他"归于正统"。刘聪把儿子刘粲封为河内王、抚军大将军、都督中外诸军事。又一个"皇太弟"的封号，也惹起了一场"是是非非"。

"单皇后"成为"皇太后"不久就"驾鹤西去"。史称，单太后在刘渊驾崩之时（310年）才进入"而立之年"，仍然貌美如花。好色的刘聪就与"单太后"发生暧昧关系。史载："单氏年少美色，聪烝焉。""烝"，本意是指"火气上行"，引申义是指"冬天祭祀"；也指娶父亲的妻妾及兄长的妻妾。还有一个词语"上烝下报"就是指这种"乱伦现象"。"报"指的是长辈与晚辈的婚姻或性行为。这种"妻母妻嫂"的现象，在古代少数民族中算正常现象。但是，在有浓厚汉文化背景的"汉赵帝国"，却属于为人所不齿的"乱伦行为"。"皇太弟"刘义知道后，激愤地规劝母亲，"单太后"就"羞愧而死"。这时，呼延皇后搬出"父死子继"的古今常道，试图为儿子刘粲夺取"太子宝座"，但是刘聪却不为所动。

这个"皇太弟"刘义的美好生活也不长久。317年，刘粲（刘聪子）和靳准（刘聪岳父）"联手诬陷"刘义叛变，刘聪也就对皇太弟"废而杀"。在这一年（317年），刘聪顺势把儿子刘粲立为"皇太子"。据说，让刘聪对刘义"表示反感"的事件是，312年刘殷家的一对"姐妹花"被刘聪封为"左右贵嫔"（后均为皇后），还把刘殷的四个孙女封为贵人，这在历史上也是"奇葩一朵"：姑侄六人"游戏龙床"。"皇太弟"刘义以"同姓不能通婚"加以劝阻，惹得"敢于妻母"的刘聪心里"一点儿都不安逸"，这才有了刘义后来的"废而杀"。这个刘殷就是前文说到的"小刘贵人"的爷爷，他也是这段奇葩历史的"创造者"。

刘聪是个个性鲜明的皇帝，一是擅杀无辜，二是好色至极。朝中大臣，无论是刘姓，还是他姓，只要他稍不顺意，就只有"死路一条"。他究竟杀死了多少无辜的生命，史书上没有给出"准确答案"。文武百官在朝堂都"两股颤颤、几欲先走"，或可以作为刘聪"冷血残忍"的证据之一。据说，废杀"皇太弟"刘乂的同时，刘聪趁机诛除一批"自己讨厌"的官员，还坑杀平阳城中一万五千多名士兵。前面说的"姑侄六人同戏龙床"不再重复，刘聪在历史上的"创造发明"，是"扩大皇后规模"，在皇后的上下左右都设置了不同称谓的"皇后"，待遇则与皇后相同。以致一时之间，后宫有"皇后配饰"的达到七人，更别说后宫各种等级的"娘子军"们了。

站在"汉赵帝国"的角度看，刘聪是重要的"开国功臣"，他骁勇善战，为父亲刘渊建国立下了"汗马功劳"。杀死哥哥刘和继位称帝后，他派兵攻克了西晋的两个首都，先是洛阳，再是长安。俘虏了西晋的两个皇帝，先是晋怀帝司马炽，再是晋愍帝司马邺。他还亲手杀死了西晋的两个皇帝，使得西晋王朝到"知天命"的时候就"丢掉了天命"，被汉赵帝国"撵出了历史舞台"。

这个刘聪，跟西晋开国皇帝司马炎有惊人的相似之处。登基才不到三年，就对"军国大事"失去了兴趣。于是，314年，他把儿子刘粲提拔为"相国"，并把国事"一托了之"。自己则成为"司马炎第二"，专管和后宫的女人嬉闹去了。不知道刘聪是否把"夜生活"的决定权"交给羊"，也不知道是不是刘聪"纵欲过度"，体格健壮、力大如牛（挽弓三百斤）的刘聪"身体垮了"。刘粲少年时是位英俊豪杰，文武双全。担任"相国"以后，"人一阔脸就变"，疏远忠贤、亲近奸佞，任性严苛、毫无恩惠，又喜欢兴造宫室，模仿皇宫修建"相国府"，以致劳工饥饿穷困，不断有人累死或饿死，刘粲对死者家属毫无"抚恤之意"。就在废杀"皇太弟"（317年）的第二年（318年），刘聪在为"皇太子"刘粲建立"辅政班子"后，就不想"再食人间烟火"。由于史书上没有记载刘聪的"生辰八字"，所以我们就无法说清刘聪"人生几何"。

在这个"辅政班子"里，有一个人最重要，他就是外戚靳准。他的两个女儿都"一笑倾城、再笑倾国"（国色天香），因而被刘聪册立为皇后，成为刘聪后宫的第三枝"姐妹花"。刘聪死后，继位的刘粲把这两姐妹封为"皇太后"。俗话说，有哪样的老汉，就会有哪样的儿子。史载："靳太后等皆年未盈二十，粲多行无礼，无复哀戚。"老汉死了也"不流几滴眼泪"，是严重的不孝行为。不仅如此，老汉床上的"姐妹花"，又成为儿子床头的"双飞燕"。

历史上总说"女人是祸水"，让褒姒、妲己等绝色美女背上了"千古骂名"。这是极不负责的认知，真正该谴责的还是那些亡国之君。但是，刘粲床上的靳氏"双飞燕"，就真的成为"红颜祸水"。老爸刘聪为儿子刘粲指定的"辅政班子"成员靳准，为了大权独揽，就造谣说：闻诸公将欲行伊霍之事（指废立皇帝）。他的目的是"借刀杀人"（诛杀大臣）。刘粲这时还算清醒，坚持"不信谣不传谣"。靳准造谣不成，又生一计，派刘粲所恋的"姐妹花"（靳氏两姐妹），在承欢时"继续造谣"。这个"枕边风"发挥出"巨大威力"："辅政班子"几乎被"集体诛杀"，一批靳准"心里不舒服"的王公大臣也"掉了脑壳"。靳准收获了"好结果"。史书说："以靳准为大将军、录尚书事。粲荒耽酒色，游宴后庭，军国之事，一决于准。"正在这时，石勒拥兵自重"闹独立"，刘粲大发"雷霆之怒"。318年，刘粲在上林举行了盛大的"阅兵式"，命令靳准率兵出征石勒，这又给靳准一个"好机会"。靳准矫诏任命了两名将军：以从弟靳明为"车骑将军"、靳康为"卫将军"，为"靳准之乱"奠定了坚实的"军事基础"。

读过"靳准之乱"的历史记录，你可以看出靳准对刘氏的"刻骨仇恨"，但无法找到这种仇恨的"历史来路"。时光还在318年逗留着，靳准拉开了动乱的序幕。《晋书》说，靳准带领亲信禁卫兵马，登上光极殿，让甲士捉住皇帝刘粲，数落"种种罪状"，当场杀死了这个即位还不到一年的皇帝，给了他一个谥号"隐"。或许，靳准"杀红了眼"，把平阳城里刘氏家族的男女老少，都拉到东市"集体处斩"。觉得"还不解恨"，又发掘了"汉赵帝国"的"皇帝陵"，还把刘聪的尸体搬出来斩首，并焚烧了他的宗庙。

自此，靳准自称"大将军"和"汉天王"，称制任命百官。可能由于惧怕"汉赵帝国"两员骁将刘曜和石勒的报复，他就决定向东晋的"开国皇帝"司马睿"投诚示好"，先把"传国玉玺"归还"晋朝"（东晋），还将扶持二帝（晋怀帝、晋愍帝）的梓宫到东晋。这一年（318年），琅琊王司马睿开创的"东晋王朝"还未满周岁。

　　318 年的"靳准之乱"在"汉赵帝国"的腰上"砍了一刀",但"汉赵帝国"并没有因为靳准自称"大汉天王"而走上绝路。这时,那个娶了"羊皇后"(羊献容)的刘曜,成为"汉赵帝国"的"末代皇帝"。

　　这个刘曜,是我所见到历史记载"最高的人",史书说他"身长九尺三寸",文武才能"当世无双"。少年时父母双亡,孤苦无依的他成为"开国皇帝"刘渊的养子。他出身匈奴贵族,跟养父刘渊一样,博览群书却有些"不求甚解",但写得一手"好文章",还精通"书法艺术",草书更是"笔走龙蛇、气象万千";研习各类兵书则"熟稔于心"。据说,他对孙(子)、吴(起)的兵法都能"倒背如流"。更为重要的是,刘曜继承了匈奴"善于骑射"的优秀传统,素有"神射手"的称誉。史书说:一寸厚的铁板,刘曜也能"一射而过"。诸多优点的集成,让刘渊"喜不自胜"。协助刘渊建立"汉赵帝国",刘曜与刘聪被称为"乱世双雄"。刘聪称帝后,刘曜更成为"汉赵帝国"的"第一悍将"。作为西晋的"历史终结者",皇帝刘聪"徒有其名",而骁将刘曜和刘粲(刘聪子)"才有其实"。

　　看看"汉赵帝国"的发展历程,那个刘粲死得最冤。至死都不明白靳准（刘粲岳父）为啥要杀他。那个刘曜是获益最多的，终结西晋他得到了"羊皇后"，平定"靳准之乱"，他还被拥戴为"汉赵帝国"的皇帝。我们说他是"汉赵帝国"的第四任皇帝，其实没有把"任职不满月"的皇帝刘和"计算在内"。"汉赵帝国"的国号，也有刘曜的功劳。318年，刘曜称帝，把国号由"汉"改为"赵"。汉赵并称，才有了"汉赵帝国"的称号。历史学家们习惯把"汉赵帝国"称为"前赵"，是与石勒建立的"赵"国（史称"后赵"）相对应的。

"石勒自立"也是在318年。因为"靳准之乱"后，刘曜从长安（今陕西省西安市）、石勒从襄国（今河北省邢台市）带兵去平阳城"平定叛乱"，而刘曜先在西安登基称帝（318），改"国号"为"赵"。石勒也"不客气"，负气回到襄国，自立为王（赵王），史称"后赵"。因此，引发了刘曜的"前赵"和石勒的"后赵"十余年血雨腥风的"争夺战"。到328年，"前赵"和"后赵"展开了一场"巅峰对决"（洛阳之战）。这场战争"规格高"，都是国君"御驾亲征"；"规模大"，两国都是"尽锐出战"；"影响远"，这是北方两大军事强国的"大决战"，战争的结局决定着中原地区的"最终归宿"。

说起羯族人石勒，完全可以用"从奴隶到将军"来概括其人生经历。石勒出身社会底层，当过佃农、奴隶，大字不识一个。据说，就是"石姓"也是因为"辍耕之陇上"的他"喜欢坐在石头上"。西晋的"永嘉之乱"，匈奴的刘曜"有份儿"，羯族的石勒"也有份儿"。石勒的天资不错：一是壮健有胆力、雄武好骑射；二是状貌奇异、气度非常；三是为人忠厚、智虑单纯；就像我们常说的"一根筋"。据此，父老乡亲都认为，石勒将来会成为"大人物"。哪知道，西晋的"八王之乱"导致"天下纷攘、民不聊生"，并州刺史、东嬴公司马腾为了"补充军费"，大肆抓捕胡人，其后"卖为奴隶"。这样，石勒未成为"大人物"却先成了"小奴隶"。

因此，"反晋思想"就在石勒心里扎下了根。他曾经跟随公师藩攻破邺城、杀害了司马腾。不承想，307年石勒所在的部队，又被西晋名将苟晞击垮。石勒做出了"生死抉择"：投奔刘渊。刘渊也"独具慧眼"，给石勒"赋予重任"，让其自领一军、独当一面。就这样，"学得文武艺、货与帝王家"的石勒，终于有了"从奴隶到将军"的"人生逆袭"。石勒也不是"孬种"，他带兵报复苟晞，活捉了苟晞和他的盟友王赞。这两个人"身在曹营心在汉"，居然密谋投奔琅琊王司马睿，被石勒安排的暗探一箭射死。

回到"洛阳之战"来。316年，刘曜攻破长安、灭亡西晋。此后，刘曜就以"相国、都督中外诸军事"的身份镇守长安。318年，石勒"不安逸刘曜称帝"，于是，"火烧平阳城"；刘曜只有"迁都长安"，回到自己的"大本营"。正所谓"乱世出英雄"，石勒的军事才华"充分涌流"。311年，作为"汉赵帝国"的悍将，追袭并歼灭了西晋的十万大军，为灭亡西晋"扫除障碍"。312年，石勒移镇襄国（今河北省邢台市襄都区），开始"经营河北"。他连战连捷，把西晋的幽州和并州"收入囊中"，"称雄河北"。刘曜和石勒，本可以"井水不犯河水"。但是，"靳准之乱"（318年），又让两位"乱世英雄"有了交集。结果是刘曜称帝、石勒自立，都觉得自己与对方"不共戴天"。这才有了328年被称为"巅峰对决"的"洛阳之战"。

本来，石勒"近水楼台先得月"，在平定"靳准之乱"时"抢得头功"。而刘曜得知平阳城的"刘姓宗室"已被全部杀光，于是就在行军途中，来了个"就地称帝"。更让石勒"不安逸"的是，刘曜抵达平阳后，已向石勒投降的靳氏，又转向刘曜投降。两件事"组合起来"，打破了石勒的心理平衡。于是，石勒带兵杀进平阳城，烧毁所有建筑，把皇室仪仗、乐器等全部搬回"襄国"，以表明自己的"正统身份"。平阳城被毁了，刘曜的"汉赵帝国"就只好到长安去安营扎寨了。

第二年（319年），石勒和刘曜都耍起了"政治花招"。石勒为了"打探虚实"，派人向刘曜"献捷报"；刘曜"龙颜大悦"，将石勒晋爵为"赵王"。这时，石勒的一个使者向刘曜"告密"，说此行的目的是"打探虚实、以便偷袭"。刘曜大为光火，随即派人追杀回程途中的"石勒使者"。从此，刘曜、石勒这两个"乱世英雄"就"彻底翻脸"，都把"消灭对方、称霸中原"作为"战略目标"。无论是刘曜，还是石勒，都懂得"攘外必先安内"的"千年古训"。各自都忙于"安内"，为"攘外"打基础。

刘曜"安内"的主要任务是"扫平关陇"，以稳固退居关中的"汉赵帝国"。刘曜的"安内动作"一路高歌猛进，平定了羌、氐、巴、羯的各族叛乱，降服了杨难敌的"仇池国"，击败了"自称凉王"的陈安，战胜了张茂的"前凉政权"。一时间，刘曜在关中大地"武功赫赫、威名远播"。与此同时，刘曜还在长安"开办太学"、推行"儒家教育"，实行"汉胡并治"（请汉人为官）。结果，"形势一片大好"。当然，石勒"也没闲着"，他击败鲜卑段氏、消灭割据青州的曹嶷。石勒的"开疆拓土"也进展顺利。更让石勒"心中窃喜"的是，那个让后赵"头疼不已"的东晋名将祖逖，北伐的愿望落空，在321年黯然去世，解除了石勒的"心腹大患"。这时的石勒愈战愈勇，黄河以北的所有州郡也就所向披靡。

接下来，势不两立的前赵和后赵，开始了不断的"军事碰撞"。324年，后赵司州刺史石生攻击"汉赵帝国"的新安，拉开了"两赵争战"的历史大幕。史载："日相攻掠，河东、弘农之间，民不聊生矣。"再接下来，双方展开"你死我活"的"拉锯战"，结果互有胜负，"谁也征服不了谁"。这些战事，不想细说。到了328年8月，石勒派"头号干将"石虎率兵4万，袭击"汉赵帝国"的重镇蒲阪（山西省运城市永济县）。蒲阪位于河东，是"汉赵帝国"的"东北门户"，也是关中地区的"防御屏障"。刘曜觉得"是可忍孰不可忍"，决定"亲自出马"，迎击石虎。最终在高侯（今山西省运城市闻喜县）爆发大战。后赵却败得"一塌糊涂",将军石瞻被斩首,上万士兵被杀,尸体塞满道路(绵延200里)。自认为"敢捅马蜂窝"的石虎,也狼狈地逃向朝歌(商朝古都)。

到了328年11月,刘曜尽起精锐,挥师洛阳。还分派诸将进攻汲郡、河内郡,后赵荥阳、野王望风而降,驻扎在襄国的后赵"朝野震动"。石勒觉得"是祸躲不脱",于是准备孤注一掷,决定跟"汉赵帝国"来一次"宿命式的决战"。有了"孤注一掷"的心态,石勒也调集全国的精锐之师救援洛阳。石勒"最担心"的是,刘曜重兵屯守"虎牢关"。但是,石勒到了"虎牢关"才惊喜地发现,"虎牢关"前竟然没看见"兵的影子"(刘曜的兵)。喟叹道:"感谢上天啊!"其实,石勒应该感谢的,是那个有了自大心理的刘曜。他以为拿下洛阳就如"探囊取物",就像"张飞大战八濛山"(宕渠之战)那样,日夜在城外"饮酒作乐",压根不戒备"石勒的举动"。直到前哨来报,石勒大军"倾巢而来",这才"慌了手脚",又来了个"临战移阵",在洛阳城西"扎营御敌"。"临战移阵"本就是"兵家大忌",这就给了石勒良好的战机。

两赵(前赵和后赵)的"终极决战"就此展开。石勒头脑清醒地指挥战斗,而刘曜却喝醉了,只能"醉里挑灯看剑",却不能"梦回吹角连营"。据说,刘曜从小就喜欢喝酒,称帝后酒瘾更是与日俱增。即便大战在即,也往往是"狂饮不已"。从历史大剧中,那些嗜酒如命且作长夜之饮的君与王,几乎都没有好下场。大敌当前,或许刘曜想"酒壮英雄胆",豪放地饮酒数斗,然后与石勒开始"生死一战"。结果不难预料:洛阳一役,"汉赵帝国"皇帝刘曜落马重伤被俘,五万多将士殒命沙场,本有兵力优势的"汉赵帝国"却败得一塌糊涂。刘曜被后赵军队用马车载回襄国,石勒让他招降其太子刘熙(刘曜子)。刘曜却在信中说:"与大臣匡维社稷,勿以吾易意也!"真还有点儿"英雄不气短"的味道,让我们想起了"楚汉相争"时的刘邦,让项羽杀了太公(刘邦父),也想"分一杯羹"。不知道是刘邦的"强盗逻辑"征服了项羽，还是项羽本来就不敢杀刘太公。总之，被项羽俘获的刘太公及刘邦的妻子儿女都得以"完璧归赵"。但是，刘曜就没有刘邦这么幸运了。石勒看信后，就表示"很生气"，不久就杀了刘曜。喝酒误事、喝酒误命、喝酒误国，刘曜又给出了"生动的注脚"。

尚在首都长安的太子刘熙，远没有刘曜的那份胆识，见"大势已去"就选择"跑路"（逃奔上邦）。这一逃，"汉赵帝国"的人心顿时就散了，导致"关中大乱"。其将领蒋英、辛恕占据长安，来了个"献城而降"，石勒兵不血刃就占领了长安。无论是刘渊的"汉"，还是刘曜的"赵"都从此走向"历史的深处"，"汉赵帝国"的"天命"终结了，石勒基本上控制了整个中原地区，成为北方最强的"军事集团"。而司马睿建立的东晋，却还处在懵懵懂懂的"少年期"。

　　刘渊、刘曜的"汉赵帝国"（前赵），被石勒的"后赵"撵出了历史舞台，让人嘘唏不已。与"汉赵帝国"同年出生的"成汉帝国"这时还活得好好的，让东晋的统治者头痛不已。

　　"汉赵帝国"与"成汉帝国"，这两个"老庚"有三个相同点：第一，都是由少数民族建立的。304 年，"汉赵帝国"是汉化程度很高的匈奴人建立的，刘渊是"开国皇帝"，刘曜是"末代皇帝"；也是在这一年（304 年），"成汉帝国"由宕渠先民、古代英雄民族賨人建立。李特、李雄父子都可算"开国皇帝"，李势是"末代皇帝"（347 年投降东晋）。因为李雄称帝是在 306 年，而刘渊称帝是在 308 年，因此，賨人李雄是中国历史上第一个少数民族皇帝。第二，"国号"都是由后来史家"组合的"。"汉赵帝国"，先叫"汉"（刘渊创立），后叫"赵"（刘曜改），史称"汉赵"或"前赵"；"成汉帝国"先叫"成"（李雄创立），后叫"汉"（李寿改），史称"成汉"。第三，都因为"归还正统"的做法导致了内部动荡。"汉赵帝国"刘渊死后，刘和继立，后被刘聪斩杀；刘聪立刘乂为"皇太弟"，但后来被废杀；刘聪死后，刘粲继立，又被靳准杀死。"成汉帝国"李雄对"归还正统"是说到做到的，但从此拉开了"成汉帝国"骨肉相残的序幕，也成为"成汉帝国"由盛及衰的历史转折点（334 年）。

"汉赵帝国"和"成汉帝国"也有三个不同点。第一，"汉赵帝国"（前赵）被石勒的"后赵"所灭，是少数民族之间的"争战"，北方的混乱日甚一日，这里不细说；"成汉帝国"是被东晋大将桓温所灭，是汉族帝国对少数民族的征战，实现了南方的短期统一。第二，他们的建国，都与"傻皇帝"和"丑皇后"有关，都是拜"八王之乱"所赐。"八王之乱"让刘渊猛虎归山；而"八王之乱"出现了民不聊生的惨景，才有了"流民潮"，给了李特、李雄割据益州"建国称帝"的机会。第三，他们的"寿命"也不一样。二者都建国于 304 年，"汉赵帝国"亡于 328 年，"成汉帝国"亡于 347 年。

在这里，我们把历史的眼光回溯到"三国时代"。张鲁的母亲（史书没载名），是"五斗米教"的宗教领袖，也是"益州牧"刘焉府上的"座上宾"。张鲁正是因为这层关系，被任命为刘焉手下的"督义司马"（驻汉中）。从后来"成汉帝国"把"五斗米教"当作"国教"来看，刘焉与张鲁母亲的交往，不是因为"男欢女爱"，而是因为宗教信仰。由此也可初步判断，道教已在益州地区普遍流行，信奉者众。我们都知道，"问道青城山、拜水都江堰"，是四川的"旅游名片"。这个青城山，是道教圣地。在李雄落难时期出手相救的人，正是青城山的"道主"范长生。正是他的帮助，李雄才有了割据益州的"兵马粮草"。我有个估计，张鲁驻扎汉中，其实是道教向北蔓延的一种趋势。史载，张鲁在汉中传播"五斗米教"，賨人"敬信之"，以李虎为首的宕渠先民趋之若鹜，有五百余家还"集体搬家"去了汉中。还要说明的是，这个带队的李虎就是李特（李雄父）的祖父。

这时，就该说到曹操这个"乱世奸雄"了。魏武挥鞭，兵锋直指汉中（征张鲁）。是不是"宗教战争"，史无所载，不妄说。但汉中是"益州门户"，史书上说："无汉中则无蜀矣。"这样的战略位置，曹操肯定"要来抢"。张鲁战败，毫无疑问。有趣的是，张鲁逃到巴中（今四川省巴中市）待价而沽。他这一"待"，也"待"出了"好价钱"，曹操一口气给他封了个"万户侯"。这在曹魏历史上算是个奇迹，只有曹植"封万户"，但是封了两次，才达到了"邑万户"的规模。或许，曹操也见识了"賨人的勇武"，又将追随张鲁的李虎等賨人迁徙到略阳（今甘肃省天水市秦安县），与当地的氐族人居住在一起。因为这些賨人都来自巴郡，于是当地人就把他们叫作"巴氐人"，以表示他们与本地的氐人"不是一路人"。就这样，《后汉书》或《三国志》等史书，把这群来自"宕渠县"的"外地人"称为"巴氐"。有些读史的人，就此否定这群人的"賨人身份"，这是不妥当的。也有人说，这群人就是"巴人"，同样也是错误的。因为"巴氐"的"巴"，只是个地域概念。

据说，"迁居略阳"的队伍中，有两个賨人脱颖而出。先是李虎，就是后来"流民领袖"李特的祖父，被曹操任命为"将军"。其实就是迁居略阳这群人的"领头人"，平时负责管理，战时才带兵参战。这就是曹魏时代的"军屯"。賨人在略阳"亦兵亦民"。还有一个人就是王平，他的"规整的仪态"入了曹操的"法眼"，被任命为"校尉"，这就是后来蜀汉"镇北大将军"王平。《王平传》也说王平是"巴西宕渠人"。这个王平，在曹操与刘备的"汉中之战"时，从曹操阵营"负气出走"，投奔到刘备的麾下，为刘备"夺得汉中"立下了汗马功劳，很受刘备的器重与喜爱。后来，马谡"错失街亭"，王平再次脱颖而出，成为诸葛亮身边的首席"军事参谋"（参军）。后来，王平还拜将封侯：镇北大将军、安汉侯，现在的"南充市"是西汉的"安汉县"。

费了这么多的口舌，主要是为了证明"成汉帝国"的缔造者（李特、李雄父子）的"賨人身份"。宕渠在历史上有名，缘于秦惠文王时"张仪和司马错伐蜀"。公元前316年,秦灭巴蜀。史载,张仪"贪巴之富，浮江灭巴"。公元前314年,设立"宕渠县"（隶巴郡），也有人说是"宕渠道"。因为秦在少数民族聚居区所设的"县"都叫"道"。这也充分说明,"宕渠"是"賨人聚居区"。那时的"秦",还不是秦始皇的"秦王朝",是秦始皇祖先统领的"秦国",而且距离"秦灭六国"还有近百年的时光。而关于賨人的传说有"助武伐纣"(商代)、"射杀白虎"(秦昭襄王时期)、"平定三秦"(秦汉时期)。这些千古流传的故事,也组合成了"賨人勇锐"的历史形象,更让"賨人兵团"成为两汉时期的"政府雇佣军"。

我认为,能把賨人"武王伐纣"联系起来的,是刘邦的"一句话"。"賨人兵团"帮助刘邦"平定三秦","又歌又舞",所向披靡。刘邦欣喜地说:"此武王伐纣之舞也。"从此,"賨人武舞"进入西汉宫廷。有人说"賨人武舞"就是"巴渝舞",我没有掌握"铁证材料",在此不乱发议论。"巴渝舞"的演变轨迹,我最近有幸看到,从西汉到西晋,"巴渝舞"都是"宫廷舞",而且是规模最大的"宫廷舞"(魏晋时达到64人)。到东晋时,"巴渝舞"就基本失传了。在"射杀白虎"的传说里,我们看到了秦国与賨国的"刻石为盟":"秦犯夷(賨国),输黄龙一双;夷犯秦,输清酒一钟。"这有点儿像盟约的"违约责任"条款。说明当时的賨国种植业发达,还有余粮用来烤酒。有人说,这就是"渠县呷酒",而且是"中国酒文化的活化石",已经有5000多年的历史。我想,但愿如此吧。

賨人聚居区,就是"宕渠县",这是有"铁证材料"的。常璩《华阳国志》在"宕渠县"名下说:"长老言,宕渠盖为故賨国,今有賨城、卢城。"此外,2018年在渠县"城坝遗址"出土了"宕渠瓦当",说明了"宕渠城"(賨城)的存在。看来,常璩没有说假话。当时的史官常璩,就是"成汉帝国"(賨人王朝)的"散骑常侍"。把皇帝的家乡写清楚,也是史官最大的责任。有广安的文化学者说,广安曾设置过"賨城县",应该是"賨城"所在地。无独有偶,我们达州的开江县,居然也有"賨城街"(冲城街),有史可考的最早的书院,还叫"宕渠书院"。这只能说明一个问题，那就是"賨人聚居区"应该是一个较大的区域。《渠县志》说，宕渠县最早的区域是 5 万平方公里，确实不小哇。

我想起了东汉的许慎，他在《说文解字》中说："賨，南蛮赋也。"我们都知道,赋和税其实是两种东西。"赋"在古代主要指"田赋"（实物),"税"在古代主要指"捐税"（货币）。了解中国古代货币的发展流程，我们得知,"賨"实际上指的就是"賨布"。所以，渠县税务局在"税史陈列馆"里，把"賨布"作为"税的起源"，放在首要位置，这是很有道理的。而"賨布"作为"国家赋税"，也充分说明了賨国纺织业的发达。又能酿酒、又能织布，充分说明賨国"农耕文明"已经达到"很高的水平"。

位于"城坝遗址"的"宕渠城"，作为"古賨国都"，其历史上限，已追溯到了"东周"（还会推衍）。"宕渠城"的毁掉，也跟宕渠人有关。"成汉帝国"皇帝李雄的兄弟李寿"引僚入蜀"，其实无异于引狼入室。据（宋）郭允蹈《蜀鉴》，因为战争和天灾，蜀地人口锐减，几乎"十室九空"，于是有大量僚人入蜀。李寿本想"引僚入蜀"，充实蜀地人口，却是自取其祸。"僚人"都是"矮打杵"，但异常凶猛，又不可理喻。其他不说，就是李寿的家乡"宕渠县"，賨人被僚人追杀而北迁，仅存人口不到 5%；賨城就此荒废。此时是 322 年,"成汉帝国"才建国 18 年,"开国皇帝"李雄都还健康地活着，而他的家乡"宕渠城"却开始"荆棘丛生、虎狼出入"。

在这之前的六百多年，"宕渠城"一直是川东地区的政治、经济、文化和军事中心，渠江对岸的六处七尊"汉家陵阙"，占全国汉阙总数的四分之一，也是宕渠城乃至宕渠县辉煌历史的见证。宕渠县地灵人杰在东汉"表现突出"，冯焕、冯绲父子，还有庞雄、元贺、李温都是"东汉将星"。就连当过"宕渠令"的第五伦，也一路高升，官至宰辅。东汉"四朝元老"的"车骑将军"冯绲，也曾"增修其城"

（宕渠城）。近年，考古学家已经发现了冯绲的"增修的痕迹"。只可惜，考古发掘的进度太慢，因为有人认为文物埋在地下才是最好的保护。这种说法也有道理，有些文物也会"见光死"，长沙"马王堆汉墓"的那钵"藕片汤"，出土的瞬间就"由白变黑"了。

回来说"成汉帝国"。东汉末年，黄巾起义、军阀割据，最著名的历史大剧是"三国鼎立"。最好的结局是"司马氏篡魏"，史籍上说的是"三国归晋"。没想到，西晋"开国皇帝"司马炎认定的是个"傻皇帝"司马衷，皇后杨艳认定的"太子妃"成为"丑皇后"。错误的决定，导致了"杨家灭族"的惨剧，更为可悲的是，诱发"八王之乱"，暂时统一后，又举国动荡，这是"成汉帝国"的历史背景。297年，雍秦大旱，米价飞涨（一斛万钱），民不聊生，汉、氐各族难民流入关中，关中连年饥荒，已经自顾不暇。298年，巴氐（賨人）首领李特率流民入蜀就食，从此揭开了"成汉帝国"的序幕。

继"八王之乱"之后，上演了"群雄逐鹿，天下大乱"的历史大戏。这是一个狼性十足、血腥满天的时代。西晋灭亡，"衣冠南渡"（南逃），以"避胡人锋锐"。"东晋王朝"虽有"北归的壮志"，却无"恢复中原"的实力，历史进入"社会大动荡"时代。

第十七章

前面，我们说到了"新三国格局"：汉赵帝国、成汉帝国和西晋。刘渊、刘曜的"汉赵帝国"（前赵）灭了西晋（316 年），石勒的"后赵"又把"汉赵帝国"撵出了历史舞台（328 年）。而后，"酷似东吴"的东晋也由琅琊王司马睿建立（317 年）。在中国西南方"陪伴两晋"的王朝，就是"成汉帝国"。宕渠賨人后裔李特、李雄家族，在益州（成都）称王称帝，于 304 年建立了"成汉帝国"。这是建立最早的，而且在南方是唯一的。这个"南方"，主要是"益州"。

按照古代流行的"五行说"：东方属阳、西方属阴，南方属阳、北方属阴。它们还有各自的"方位神"：东青龙、西白虎，南朱雀、北玄武。"益州"地处"华阳之地"，因此东晋史学家常璩把他的"历史记录"，取名为《华阳国志》（中国最早的地方志）。常璩，是蜀郡江原（今四川省成都市）人，但在巴郡（宕渠）人手下当官。因此，他的《华阳国志》把《巴志》列为第一，对皇帝的故乡（宕渠县）也有较为详细的记载。甚至还记载了秦始皇时"宕渠巨人"的传说："有长人二十五丈见宕渠。"意味着"五百年后宕渠有人称帝"，这也为李雄在益州"称王称帝"找到了历史渊源。这个渊源，肯定是史学家编造的，或许是采信的民间传说，因为历史上好多的帝王降生都有"异常的天相"。

北边的战火、旗帜的变换、王朝的更替，那些风起云涌、血雨腥风的故事，暂且不去管它。我们需要"话归正传"，在说完"汉赵帝国"的时候，把目光聚焦到"成汉帝国"。李特祖父李虎（赍人）及"五百余家"，因为敬信张鲁的"五斗米教"（道教），追随张鲁来到汉中，他们落脚的小地方叫"杨车坂"。史载：他们"抄掠行旅、百姓患之"，号为"杨车巴"，也就是说他们好像当时的"车匪路霸"，也就是"砍路板子"的。

查看常璩《华阳国志•汉中志》，发现了"五斗米教"的发展脉络。东汉末年，沛国丰邑（今江苏省徐州市丰县）人张陵（一名张道陵），学道于蜀郡鹤鸣山（今四川省成都市大邑县境内），造作道书（符箓），以惑百姓。张陵死，子张衡传其业，张衡死，子张鲁传其业。张鲁，字公祺，以鬼道见信于益州牧刘焉。前面，我们说到刘焉任命张鲁为"督义司马"驻扎汉中，与张鲁同行前往的，还有刘焉手下的"别部司马"张修。史载：191年，刘焉命督义司马张鲁、别部司马张修合兵攻杀汉中太守苏固。张鲁到汉中"战略目标"，就是攻占汉中。

张鲁到汉中，派张修袭杀了"汉中太守"苏固，消灭了南郑和城固豪强的"地方武装"。在利益面前，张鲁也不讲"兄弟情面"（袭杀张修），继而占领汉中。还将"汉中郡"改为"汉宁郡"，再伸手向朝廷要官。汉中平原，夹在秦岭和大巴山之间，无论对于东汉朝廷，还是益州政权，都是"山高皇帝远"。东汉朝廷把张鲁"没奈何"，只好"顺水推舟"拜张鲁为镇民中郎将（一作镇夷中郎将）、领"汉宁太守"。但张鲁并不接受"中央管制"，创立了政教合一的新政权，史家称为"张鲁政权"。等待"挟天子以令诸侯"的魏武（曹操）稍稍安定了北方，于是"兵锋直指张鲁"。在这时，李虎被曹操任为"将军"，并迁居到略阳，成为"巴氏首领"。略阳，是氐族人的聚集地，而李虎就统领着略阳的"异族人"（巴氏）。

读过《晋书》，我发现李特的父亲李慕也不简单：东羌猎将。这个"东羌猎将"具体职责是什么？不得而知。但从字面上来分析，是负责监管"东羌部族"的将领，可能跟曹操"分匈奴为五部"时，刘渊父亲刘豹的"左部帅"有些相近。李特更是了得："少仕州郡，见异当时。身长八尺，雄武善骑射，沈毅有大度。"具体做过些什么政绩，《晋书》的《李特载记》也"没有详文"。298 年，略阳、天水等六郡数万家"外出逃荒"。外出逃荒的人，时称"流民"。这股"流民潮"流向汉中，李特、李流两兄弟也在其中。由于他们任侠好性，喜欢扶弱济困，很快成为"流民领袖"。后来"流民潮"演变成益州的"流民军"，也是以宕渠人为统领或主体的。

汉中士民也"饥馑难耐"，于是推举李特向朝廷上书，请求"寄食巴蜀"。鉴于北方的"流民起义"已经风起云涌，让内乱不断的西晋朝廷感到十分头痛。西晋朝廷马上做出反应，派侍御史李苾"持节慰劳"。这个"持节慰劳"只是其表。随文下达的还有个"秘密指示"：监察流民，不让其入剑阁。"流民潮"就"流不动了"。有道是"活人不被尿憋死"。李特他们熟知"逢官必贪"的社会现实，就采用"众筹法"向李苾展开"贿赂攻势"。果不其然，李苾就对流民产生了"同情心"，主动向朝廷上表。大意是，流民"这么多"（10 余万），汉中"也没奈何"（非汉中一郡所能赈赡）。同时，还为朝廷"想办法"："蜀有仓储，人复丰稔"（天府之国）。为此提出建议：宜让流民入川就食，给流民一条生路。有这么理由充分的"上书"，西晋朝廷就只有"准了"。"流民潮"，也就迫不及待地拥向蜀地。

这个李特，也有点儿像"二冲客"。他带着流民来到"一夫当关、万夫莫开"的"剑门雄关"，看到"蜀地形胜"，想起"三国故事"，讥笑"蜀后主"刘禅：有如此地方，却面缚而降于人，难道不是庸才吗？我们都知道，曹魏于 263 年派钟会、邓艾灭蜀，邓艾大军在"剑门雄关"

受阻，于是偷渡"阴平小道"，大军才得以"军到绵竹"、威逼成都，继而刘禅"举手投降"。李特、李雄父子割据益州建国称帝，首都也在成都。我看了一下，剑阁县在347年由"晋寿县"改置。这一年，"成汉帝国"末代皇帝李势向东晋大将桓温"举起双手"，也曾经"面缚而降于人"，这怕是李特压根也没有想到的吧。

有次去剑阁、苍溪作"文化考察"，连夜翻阅他们的《县志》，发现都有"賨人"的记载。证明那里的古老居民，跟我们宕渠先民一样，都是"賨人后裔"。有次去阆中作"文化考察"，有个兜售自己作品的作家，我用一支"派克钢笔"换了他的一套书，结下了"一面之缘"。我问他的先祖是不是賨人，他居然没有听说过賨人。我说："古文献说：'阆中有渝水，賨人多居水左右'，该怎么解释呢？"他说："我无言以对。"关于"渝水"，有人说是流经阆中的"嘉陵江"，也有人说是流进渠县的"流江河"。文化学者们往往不置一词。昨天看见渠县流江河湿地生态公园，居然有了"渝水广场"的招牌。这是"不够严谨"的行为。当然，从"渝水广场"的命名，我也看到了当地对"宕渠文化"的重视。

我经常在思考，巴和蜀边界在我们川东地区的分界在哪里？我高兴地看到，春秋战国时，剑阁大部分是蜀国辖地，东南小部是巴国领域。公元前221年，秦始皇扫灭六国、统一中国后，实行郡县制，剑阁境大部属蜀郡葭萌县，东部属巴郡阆中县。剑阁县"分属巴蜀"，肯定是巴蜀的边界之地，"巴南蜀北"的嘉陵江流域，可能是巴蜀在川东地区的分界线。这个"葭萌县"，也有历史故事。《华阳国志》中记载，蜀王迫害居住在葭萌县的"苴侯"，苴侯就向巴王求救，巴王又求救于秦国。只不过，秦国的"救援"变成了"侵占"，这才有了公元前316年的"秦灭巴蜀"之战。

300年，是个特殊的年份。孙秀怕"太子司马遹复位"对赵王司马伦不利，于是通过贾谧"传话"，让"丑皇后"贾南风把太子杀死在"金塘城"。为此，"丑皇后"贾南风却"授人以柄"，她又被赵王司马伦"送上了黄泉路"，废杀在"金塘城"。"傻皇帝"司马衷还在，赵王司马伦执掌朝政，听说益州刺史赵廞与贾南风有"姻亲关系"，就想给赵廞"换个位置"，让他到京城当"大长秋"。这个"大长秋"，是后宫的"属官"，一般都用"宦官"。虽然都是官轶"二千石"的官员，但实权与"益州刺史"简直不可同日而语。为此，益州刺史赵廞当然心中不安逸。赵廞更不安逸的是，朝廷任命"成都内史"耿滕接任"益州刺史"。"下级接替上级"，让赵廞觉得肯定是耿滕"捣的鬼"。

按照当时的惯例，"益州刺史"的官署在"成都太城"，"成都内史"的官署在"成都少城"，这相当于现在的"四川省"和"成都市"的关系。属官接替上级，只有西晋朝廷才能做出这种决定，而益州刺史赵廞也不傻，他或许看出了"西晋朝廷的意图"。也知道这个调任，对于他来说或许是凶多吉少，甚至因为贾南风的关系，还可能会"掉了脑袋"。于是，"益州刺史"赵廞假意举行盛大的"权力交接"仪式，李特、李流兄弟就成为"雇佣杀手"，"成都内史"耿滕就这样不明不白成为赵廞的"刀下鬼"。赵廞马上自称"益州牧"，开始反叛西晋王朝，走上了割据益州的第一步，并以李庠为"威寇将军"，带兵去北方防御西晋朝廷的征伐。

李特的兄弟李庠，是个"无事找事"的人。他马上"依窦融故事"，对"益州牧"赵廞进行劝进（自立为帝）。这个"劝进"，其实很对赵廞的"心思"。"三国"时的刘焉，就是知道"益州有天子气"，所以才申请来益州做了"益州牧"，一直都想"为王称帝"。后来，刘焉没有这个运气，还没称帝就"一命呜呼"了。但是，官场就是这样，也不讲什么"仁义道德"。因为李庠等"勇毅有才"，又在诛杀耿滕时发挥了重要作用。赵廞怕今后不能制服李庠等"一帮兄弟"，突然"大发雷霆"，把李庠（李特弟）及其子侄30多人以"大不敬"的罪名诛杀于成都东市。还把这个消息告诉了李特兄弟，说是李庠"说了不该说的话",杀掉他也是罪有应得。

我们知道,在西汉末年,有皇帝刘盆子"诛杀刘縯"的故事。因为刘縯(刘秀哥)功高盖主,有抢夺胜利果实的危险。于是,刘盆子设计诛杀了他。那时刘秀还没有成气候,只是"敢怒不敢言",装着"没事儿一样"(有大丈夫气度),继续为刘盆子这个"放牛娃"卖命,最终成为东汉的"开国皇帝"。这时的李特,处境也跟刘秀一样。他说:"庠大逆不道,真是该杀。"心中虽有愤恨,也只能"隐忍了事"。于是,李特等带兵退回绵竹,去继续履行"北部防守"的使命。

　　赵廞的成长，也是"超常规"的，初为西晋"长安令"，因为贾南风的"裙带关系"，于296年以扬烈将军加折冲将军迁为"益州刺史"。这一年，是西晋王朝十分头痛的一年，先有郝元度起兵反晋，后有氐人首领齐万年称帝，导致关中扰攘。所以，赵廞从长安到成都，居然走了两年，直到298年才得以到任。同样是这一年，李特兄弟和六郡流民也正在"入蜀的路上"。这个赵廞，跟"三国"时的刘焉有一样的心思，也想趁王室衰乱（八王之乱），割据巴蜀"称王称帝"。与刘焉"称帝未成、含恨而死"不同，赵廞的"皇帝梦"虽然短暂（3个月），但还算是如愿以偿。

　　古语有云："天下未乱蜀先乱，天下已治蜀未治。"四川，史称巴蜀。《四川简史》说，秦灭巴蜀后，先有秦始皇"扫灭六国"，后有刘邦"一统天下"，都是因为据有巴蜀这个雄厚的"战略后方"。之后，除了刘备的"蜀国"（享国42年）外，还曾经产生过六个"割据政权"：西汉末年，公孙述割据四川12年；社会大动荡时代，李特家族割据四川43年；"五代时期"，王建、孟知祥的前蜀、后蜀割据四川共59年；元朝末年，明玉珍割据四川6年；明朝末年，张献

103

忠割据四川2年。这些"割据政权",虽然都冲着"益州有天子气"而起,但都少不了覆亡的命运。这些"短命王朝",对于历史长河也不过是"短暂的一瞬"。四川,还总是显示着"天府之国"的傲然气质。虽然"分久必合、合久必分"是《三国演义》的"卷首语",但我认为,走向统一,才是最好的历史趋势。

益州刺史赵廞有了割据的"新想法",他就开仓放粮、赈济灾民,以赢取民心。又因为赵廞是巴西安汉(今四川省南充市)人,与巴西宕渠人李特是同乡,李特手下的部众又剽悍劲勇,于是把他们都发展为"爪牙"。六郡流民的勇武者也顺势组织起来,成为地方武装"流民军"。"爪牙"这个词,本来是指人或动物的爪脚和牙齿。比喻卫士、武臣,有褒义的成分。再后来,"爪牙"成为"帮凶"的代名词,这才有了贬义的指向。就是因为这件事,让成都内史耿滕抓住赵廞的"小辫子"。扳掉上司,就可能有晋升的机会。于是,耿滕就迫不及待地向西晋朝廷打了个"小报告"。

300年,司马伦、孙秀"政变成功",废杀了"丑皇后"贾南风,顺藤摸瓜地清洗"贾后阵营"。他们想收拾赵廞(贾后姻亲),却找不到理由,耿滕的"小报告"就成为"重大依据"。这个"小报告",迅速催生出"征赵廞为大长秋"(300年)的一纸调令,也才有了耿滕"命丧黄泉"的严重后果。从实质上看,这是一场官场的相互倾轧。当时的官场凶险,由此也可见一斑。

"收拾了"耿滕,赵廞顺势扩大打击范围,跟着耿滕被"砍了脑壳"的,还有犍为太守李密、汶山太守霍固、西夷校尉陈总。敌对势力消灭干净后,300年冬,赵廞就在成都举起"反晋的旗帜",自称大都督、大将军、益州牧,建元太平(史称"太平王朝")。但这个"太平王朝"的寿命很短,第二年二月的日历还没翻开,就被李特、李流兄弟打得粉碎,终结了赵廞"称王称帝"的人生梦想。"益州有天子气",这个说法害了好多人,不像"金陵有天子气"那样来得实在,成就了好多人,至少是"六朝古都"。

赵廞的战败被杀，也算是咎由自取。赵廞以"大逆不道"诛杀了李庠及其亲族，本就差点儿让李特、李流兄弟"忍不住"。当他们带着怨恨来到绵竹（今四川省德阳市）不久，赵廞就在石亭屯兵万人。赵廞的本意，是防御西晋朝廷部队的征伐，加上李特兄弟的部队，为成都上个"双保险"。但李特兄弟却有不同看法，石亭守军无异于李特兄弟入蜀的"拦路虎"。为此，李特兄弟真是"气不打一处来"，"杀廞报仇"的敌意油然而生。有道是哀兵必胜。李特兄弟密聚七千余人，偷袭赵廞的"石亭守兵"，用火烧他们，大获全胜。史载石亭军被烧死者十有八九。于是，他们连夜奔袭成都。赵廞猝不及防，手下将领顿作"鸟兽散"。赵廞带着妻儿乘一叶小舟顺江而逃。逃到广都（今四川省成都市双流区），被手下人杀死。

李特入成都后，纵兵大掠。"杨车巴"的本性又展露无遗，无辜的成都市民遭到了一次"大洗劫"。他们还不想善罢甘休：杀了西夷护军姜发，又杀了益州长史袁治，还把赵廞委任的郡守和县令"集体捕杀"。在血腥的屠杀和洗劫之中，"赵廞之乱"就这样被平定了。这时，李特就反客为主，以"胜利者的姿态"，派牙门将王角、李基到洛阳陈述"赵廞罪状"。就这样，本是"赵廞之乱"帮凶的李特兄弟，却因为"攻杀赵廞"有功，进入"政府序列"，得以"拜将封侯"："拜（李）特宣威将军、封长乐乡侯，（李）流为奋威将军、武阳侯。"

让我不能理解的是，在李特兄弟"拜将封侯"的同时，西晋朝廷又任命罗尚为"益州刺史"（301 年）。这是对李特兄弟"不放心"？还是认为他们"不够格"？或许兼而有之吧。正是这项任命，又激发了益州的新矛盾。这个罗尚"下车伊始"，就勒令"流民返乡"，而且"限于七月上路"。也是在这一年，李特的兄长李辅为躲避"八王之乱"来到蜀地，告诉他"中原已经大乱，千万不要回去"。这时的李特在"走留之间"产生了"新想法"：干脆留在益州谋求发展。因为汉中或略阳，只是他们的"第二故乡",益州才是他们自己的地盘。这时的李特是否有"称王称帝"的想法,我们不得而知。

史载,李特他们"在梁、益,为人佣力"。又说,他们有时还干些"打家劫舍"的勾当。两种说法,都不得其详。从"杨车巴"的本性来分析,"打家劫舍"也或者会时有发生,但这个都不重要了。作为"政府序列"的李特兄弟,对新任的"益州刺史"罗尚,虽然心中不快,但也得"做出样子"。其实,李特他们还是"懂得起",对罗尚的到来,不是"远道迎候",就是"暗中贿赂"。据说,为人贪婪的罗尚也真是"拿了人家的手短",居然暗许流民"迁延期限"。但广汉太守辛冉等却发表了不同意见":流民在蜀地"反客为主恐不能制";李特兄弟"勇武有才,恐为后患"。这条意见,让罗尚想起了"赵廞故事",立马又"改变看法"。于是,催逼流民"限期上路",又成为益州新任刺史罗尚"落实朝廷政策"的意见。

这时,蜀中大雨,秋收还没开始。"散在益州,为人雇佣"的六郡流民愁眉难展,因为雇主还没发工钱。一方苦求延期,一方催逼上路,双方的矛盾成胶着状态。但罗尚、辛冉等做得"更为过分"的是,在流民返乡路上设立关卡,企图劫掠六郡流民"洗劫成都"的金银财宝,引起流民的强烈反对。为此,李特在绵竹设立大营,聚集六郡流民。正所谓应者云集,很快就聚集到 2 万余人,组建了一支像模像样的"流民军",李特、李流自称"大将军",部从都"封以官号"。这就是历史上说的"李特起义",时间是 301 年。李特为了争取蜀人支持,还对蜀人"约法三章":贷赈穷人、礼敬贤人、提拔受压抑的能人。李特"军政肃然、蜀民大悦。"当时,益州地区的民谚"李特尚可,罗尚杀我",也充分说明"约法三章"产生了良好成效。就在这一年,李特家族与罗尚、辛冉等的"地方武装"以及宗岱的"中央军"的战斗,就拉开了历史的帷幕。

不想说这些战争,我们采用"快进"的演绎手法。李特的"流民军"

成立的当年，就击溃了广汉太守派来偷袭的军队，并砍下敌军三位将尉的脑袋（枭首），还传首罗尚，让罗尚感受到了"流民军"的"威风"。302年，"流民军"占领成都以北偏东的大片土地，把罗尚的军队打得落花流水。在这一年，李特自称"大将军、益州牧"。303年，李特"挥师南下"进逼成都，蜀郡太守徐俭"举少城降"，李特入据成都。但是因为"缺乏粮草"，暂时停止攻打"太城"，让罗尚还能在"太城"苟延残喘。这时，西晋朝廷见"益州危急"，派晋州刺史宗岱率三万军队从水路入蜀征讨李特。罗尚心中又燃起"新的希望"，联络诸多村堡，对李特的"流民军"内外夹击。"流民军"也是"双拳难敌四手"，只好节节败退。李特、李辅、李远等"光荣牺牲"，李流和李特儿子李荡、李雄等勉力收集余众，还保赤祖（今四川省绵竹市东北）。

还是在303年，罗尚想把"流民军"斩尽杀绝，不想却败得一塌糊涂，只得退保成都"太城"。"流民军"也有重大损失：李荡（李特长子）"中箭而死"。接下来，李雄隆重登场。叔父李流见李雄"沉毅有大略"（军事奇才），把带领"流民军"的重任交给他。这一年即将结束的时候，李雄率军"直捣黄龙"（成都太城），罗尚落荒而逃（潜逃出城），先逃到江阳（今四川省泸州市），后逃到巴西（今四川省阆中县），李雄得以入据成都。

304年10月，李雄自称"成都王"。改元"建兴"，废除"晋朝制度"，标志着西晋朝廷把益州"没奈何"了。又过了两年，李雄在成都称帝，改元"晏平"，国号"大成"。这样，"成汉帝国"就在西晋"风雨飘摇的日子"里隆重地登上历史舞台。在李雄"称王称帝"的过程中，我们不得不提一下"范贤"（范长生），也就是青城山的"道长"。在李雄落难时伸出"温暖的手"，李雄称王前想起"旧日的恩情"，想让尊位给范贤。范贤"固辞不受"，直接跑回青城山去"重操旧业"，李雄只好"勉力称尊"。两年后，范长生又来到成都，对李雄"劝进"（称帝）。李雄欣然接受，于是登基即位，并把范长生礼聘为"丞相"，封他为"四时八节天地太师",免除了他在青城山的"徭役和赋税"。当然,范长生的儿子范贲,在东晋大将桓温灭蜀后,也曾经"称王称帝",这是后话了。

　　306 年，李雄在成都称帝，成为中国历史上第一个少数民族（賨人）皇帝。这一年，"傻皇帝"司马衷才从征讨前线回到帝都洛阳，刚刚恢复了"羊皇后"（羊献容）的"后位"，就"食饼中毒"而死（终年 48 岁）。司马衷的暴死，传说是被司马越"毒杀"，但没有明确的"历史依据"。我想，作为"八王之乱"的"终结者"，不喜欢"傻皇帝"，欲行"伊霍之事"，司马衷也只有死路一条。于是，晋怀帝司马炽"登基即位"，与"成汉帝国"皇帝李雄成为"皇帝老庚"。这个司马炽，是晋武帝司马炎的"幺儿子"（第 25 子）。他的皇帝生涯也是"苦字当头"，内有皇室权力的你争我夺，外有"五胡"的"春心萌动"。在皇帝的龙椅上才坐了五年，就被"汉赵帝国"俘虏到平阳城，两年后，被"生前好友"刘聪杀害。

　　306 年，"汉赵帝国"的刘渊，还行走在"称帝的路上"。直到 308 年，刘渊才正式称帝，成为西晋"永嘉之乱"的"罪魁祸首"。我们前面说的"新三国"格局，也就在这时全面形成。"永嘉"，是晋怀帝司马炽的"年号"。虽然，史书上把刘聪杀害晋怀帝的 313 年，记为"永嘉七年"，但这个"年号"真正终止在"永嘉五年"（被俘时）。"永嘉之乱"，是晋怀帝"永远的痛"，更是西晋王朝"最后的挽歌"。后来的晋愍帝司马邺，称帝时才13岁。300年，也正是他出生的那年，"丑皇后"被赵王司马伦"废杀在金墉城"。晋愍帝这个"偏安皇帝"的日子也不好过，几乎就是一个"光杆司令"。四年后，又被刘聪俘虏到平阳城，西晋就此画上了历史的句号。

308年，是"新三国"的"底定之年"。"汉赵帝国"北方称雄，"成汉帝国"南方割据，西晋王朝"风雨飘摇"。也是在这一年的"上巳节"，建邺（今江苏省南京市）唱响了"东晋的序曲"。不过这个序曲有点儿长，唱了9年，琅琊王司马睿才走上"龙床"（那时还没有龙椅）。上巳节那天，南京官民到江边"修禊乞福"。琅琊王司马睿乘肩舆、具威仪，大张旗鼓地列队出来观禊。而王敦、王导等"衣冠南渡"的中原名士，都满怀敬仰地作为"司马睿的跟班"。"王驾光临"，立刻吸引了万千江南士民（本土居民），当地豪族"惊讶得不得了"，纷纷"拜伏在道左"，以示礼敬。这场好戏，王敦、王导兄弟既是编导又是演员，而"男一号"就是后来的东晋"开国皇帝"司马睿。所以，我说"东晋的序曲"从此唱响了。

回来说"成汉帝国"。李雄称帝，"国号"是"大成"，李寿篡位，改"国号"为"汉"。那时北方的"汉赵帝国"，"国号"也是"汉"。从形制上看，"虚弱的西晋"身边有两个"彪形大汉"，这日子过得都有些心虚，甚至于"冷汗直冒"。西晋身边的两个帝国，这时都在"茁壮成长"。李雄的"成汉帝国"，在追封了李特、李流兄弟后，又采纳"尚书令"阎式的建议，设立了文武百官，编制了典章制度，成为一个像模像样的"赏人王朝"。

建国称帝之后，"成汉帝国"的主攻方向就是"开疆拓土"。在晋怀帝、晋愍帝觉得日子难熬的时候，李雄就消灭了西晋在巴蜀的残余势力，完全控制了巴蜀地区。他们还北上汉中，占领了"益州门户"。史载，"成汉帝国"全盛时期疆域控制范围："东到建平（今湖北境），北达汉中、仇池（今陕、甘南部），西到汉嘉、沈黎（今雅安地区），南到宁州（今云南大部、贵州部分）。"这个帝国，地理方位跟"三国"时的"蜀汉"差不多，其势力范围比"蜀汉"还要大。这些"地盘"，都是从先前的"西晋王朝"和后来的"东晋王朝"手中抢过来的，也都付出了血的代价，正所谓"一将功成万骨枯"。当然，这些"地盘"也不是一成不变的，尤其是边界州县，上演的往往都是些得而复失、失而复得的历史大戏。

有趣的是，340年，后赵皇帝石虎对东晋有了"觊觎之心"，命人打造水军，学学昔日的"王濬楼船"（西晋灭东吴）。折腾来折腾去，石虎发现后赵没有"训练水军的地方"。于是，遣使"成汉帝国"，给皇帝李寿送来一封"邀请函"，请求联兵攻晋（东晋）、中分江南。李寿见信，龙颜大悦。一面遣使回访，以示"就这么高兴地决定了"；一面大修船舰、练兵聚粮，燃起"吞噬江南"的激情，还在成都搞了一场盛大的"阅兵仪式"。但是，当时的"成汉帝国"经过多年内乱（骨肉相残），综合国力已大不如前，成汉军民皆"无心作战"，文武百官都"跪求停战"，皇帝李寿也只好作罢，城外士兵都"高呼万岁"。一场闹剧，就这么草草收场。不知道李寿是否给石虎作了通报，不知道狂妄自大的石虎是否有"深深的失望"。历史没有记载这些情节，我也就不妄说了。

"成汉帝国"的"开国皇帝"李雄，还可以算得上是一个好皇帝。史载，李雄称帝之初，"成汉帝国"发生了财政困难（用度不足），采取了一项"卖官措施"，诸将多有"献金银得官"的现象。卖官鬻爵，古已有之，先秦时期，就有"入粟拜爵"（实物）的先例，汉灵帝刘宏则直接把官位"公开标价出售"（现钱）。而在"成汉帝国"，中书令杨褒却"麻起胆子"、犯颜直谏。还好，李雄"愧而止之"。乱世英豪，都有狂喝滥饮的坏毛病。一次，李雄喝得"眼中有重影子"，竟然手推"中书令"、杖击"太史官"。还是这个"好直言"的杨褒，讲了"喝酒误国"的一堆"远古往事"。这个"以案说法"起到了明显的效果：李雄居然戒酒了，直到"一命归西"也真正滴酒不沾。李雄善于纳谏，导致"言路大开"，一些建设性的意见都得以集中起来，作为"成汉帝国"的治国方略。当时海内大乱，而单单蜀地平安无事，被时人誉为"世外桃源"。

有史家总结说，李雄执政31年（304—334年），采取宽政、慎刑、薄赋等"与民休息"政策，开创了"政治清简、政风务实、生产发展、社会稳定"的良好局面。常璩在《华阳国志》称赞说："闾门不闭、路不拾遗。"李雄有好学精神，听政之余手不释卷。还兴办学校，推行教化。有一次，有人把我称为"文人"。我说只是个"文化人"，是被别人文章教化了的人，这样来解释"以文化人"就比较好懂了。说到李雄的宽厚，《晋书》上也有一个故事：氐人苻成、隗文投降李雄后又背叛，还伤了李雄的母亲罗氏（刺瞎一只眼）。这事搁在我们一般人身上，一定会满腔仇恨。但是，待到这两个家伙再次归降时，李雄却宽宏大量，不仅高兴地接纳，而且优厚地对待。这要多大的胸怀和格局才能做到啊！正是这样的"大格局"，才取得了"好效果"：归附的人一批接着一批。

每次去成都，我都要去游览"武侯祠"。个中原因，或许很多人不知道，因为这个"武侯祠"跟"成汉帝国"有关。据说，"成汉帝国"的开国皇帝李雄，是诸葛武侯（诸葛亮）的"铁杆粉丝"（血粉）。从后来李雄的"治蜀模式"中，也可以看出"诸葛亮的影子"。但是，武侯祠究竟建于何年，还尚未找到历史记载。从"李雄治蜀31年"来分析，武侯祠当初建于306年至334年。不过，那时的武侯祠还在成都"少城"内。到南北朝的时候，开始从城内迁出。我们都知道，成都又称为"锦官城"。所以，为避"安史之乱"来成都"结庐而居"（茅草房）的杜甫，才会吟出"丞相祠堂何处寻？锦官城外柏森森"的诗句。当然，我们现在看到的"武侯祠"，是中国现存唯一"君臣合祀"的祠庙。早先，"武侯祠"和"刘备庙"只是一对"友好的邻居"。约在南北朝时期，"武侯祠"外迁时，庙（昭烈皇帝庙）、祠（武侯祠）才"合二为一"。

第二十章

　　有道是"人无完人、金无足赤"，"成汉帝国"的开国皇帝李雄，在执政期间的"最大失误"，就在"册立太子"的问题上。正是这个错误的决定，让"成汉帝国"开始走起"下坡路"（由盛及衰）。李雄是李特的次子，他的长兄李荡，也是一个"英雄人物"。李特在绵竹设立"流民军"大营，李荡就跟父亲李特"各领一营"。父亲李特兵败牺牲后，"流民军"退保"赤祖"，李荡又带着弟弟李雄，与叔父李流"各领一营"。不承想，303年，也就是李雄称王的前一年，李荡在乘胜抵近成都的战斗中"壮烈牺牲"。如果长兄李荡不死，按照"立嫡立长"的封建传统，后来"称王称帝"或许就不会是李雄了。

　　李雄出生于274年，刚满"一个花甲"就"驾崩"了。有趣的是，这两个年份都"属马"。从"成汉帝国"的创建，到"成汉帝国"的治理，可以看出，李雄确实是飞腾在两晋之际的"一匹骏马"。315年，也是一个有趣的年份。这一年，"成汉帝国"的皇帝李雄，册立任氏为"皇后"，"汉赵帝国"的皇帝刘聪纳靳准家的"姐妹花"（月光、月华），册立月光为"上皇后"，刘贵妃为"左皇后"，月华为"右皇后"。西晋琅琊王、东晋开国皇帝司马睿，在这一年也有"好运气"，得到了一连串的任命：丞相、大都督，都督中外诸军事。这个任命，是"永嘉之乱"的紧急状态下发出的。

抛开其他的不忙说，专说"成汉帝国"的事儿。不知道什么原因，李雄册立的任皇后终身未育。史载，李雄有10个儿子，皆为侍妾所生。这就像我们平时"开玩笑"：责任不在男方。也就是说，李雄的儿子们都是"庶出"的。按照"立嫡立长"的原则，"庶出"的皇子，可以"拜将封侯"，但不能立为"皇太子"。任皇后虽然不能生育，但是身份高贵。于是，那些"庶出"的儿子，都被李雄放在任皇后身边，作为任皇后的"养子"。"皇后养子"就可以册立为"皇太子"，这在三国历史上有先例。魏哀帝曹芳，就是魏明帝曹叡"抱养的儿子"。曹魏的皇帝有5个，曹芳谥号为"哀"，可见日子过得实在太苦。但是，戎马倥偬的李雄并不喜欢这些儿子，认为他们都"不堪大任"。或许，这正是李雄在"册立太子"问题上久拖不决的原因。

李雄也有浓厚的封建正统思想，本该"称王称帝"的李荡（李特长子），却又英年早逝。基于"归还正统"的考虑，李雄就把目光聚焦在李荡诸子身上。首先"进入视线"的是李荡的长子李玙。李雄认为李玙"颇有武略"，是李家的"千里驹"。可惜天不遂人愿，323年，李玙奉命率军讨伐"仇池国"杨难敌时，不幸牺牲。李雄为此伤心欲绝（数日无心饮食），心中更增添了对长兄的愧疚。于是下定决心：立李荡儿子为太子。他遍观李荡诸子，最终选定了李班。

324年正月，李雄在新年的"第一次朝会"（收心会）上，不顾后宫与廷臣的强烈反对，态度坚决地册立李班为"皇太子"。李雄的理由是"我兄李荡，是先帝的嫡统，可惜早逝。况且李班仁孝好学，必能承担先帝基业"。也就是说，在李雄的心目中，李班已经是"皇太子"的"不二人选"。其实，李雄的想法也不无道理，这样的事在古时也有先例，就是要"归还正统"。李雄遍观"李荡诸子"，却将目光聚焦在李班身上，说明李雄已经暗下决心。所以，他要"执意而为"。

但是，"成汉帝国"的文武百官却集体投了"反对票"。司徒王达就说："先王立嗣必立亲子者，是明身份而防篡夺。如果'执意而为'，国家难免会有'专诸之祸'和'宋督之变'。"但是，李雄不管不顾，就真正地"执意而为"了。于是，太傅李骧（李雄叔父）哭着说："祸乱从这里开始了。"从后来"成汉帝国"的兴亡历程来看，确实是"不听老人言，吃亏在眼前"。李班被册立为"皇太子"，成为"储君"。李雄的儿子们，是什么态度？史书上没有记载。但肯定是心中"点儿都不安逸"。尤其是李班跟随李雄左右，参与朝政又多有建言，李雄又总是对他言听计从，心中简直是"羡慕嫉妒恨"。但是，毕竟有父皇在那里"压着"，李雄的儿子们对此也"不敢妖艳"（造次）。

时光演进到334年，李雄已经"年满花甲"，头部伤口化脓，其臭无比。后妃"掩鼻走"，亲子"无孝意"。或许李雄的庶子们，因继位无望不但没有孝意，而且暗暗"恨在心头"，理所当然地不再关心李雄的死活。只有其兄之子李班（已早为太子）昼夜侍奉，不脱衣冠，还亲口吸脓。至纯至孝感天动地，被戏称为"成汉王莽"，给李班继位找到了一个充足的理由。李班的继位，拉开"权力争夺，内部残杀"的序幕。李班还在李雄灵前"哭丧"，随即被李雄的儿子李越刺杀，后推"多才多艺、贤而有能"的李期（李雄庶子）为帝。李雄的儿子们，用刺刀表达了"心中怨恨"，还给了李班一个"哀皇帝"的"谥号"。确实有点儿让人哀伤。李雄精心培养的"储君"，才刚刚继位就被杀身亡。

李班是一个好人，所以被李雄立为"储君"。儒学的耳濡目染，教化出李班的"好人要素"：知礼节、纳贤言，为人至善。若是在太平年间，李班不失为一位优秀的"守成之君"。在这个"狼性十足"的年代，李班就显得"温文有余"，而"勇武不足"。不仅如此，李班对诸皇子来京奔丧的危险毫无知觉，而且对明眼人提出的"遣散离京"的建议也不采纳。认为其父皇还没入土为安，就遣散皇子"有违人伦"。

虽然是"其言也善"，但也真是"好人命不长"，李班才刚刚"坐上龙椅"，就被刺杀在"哭灵现场"（李雄殡宫）。那时，李班才47岁。

杀了李班的李越（李雄庶出长子），也还算是个有自知之明的人。因为弟弟李期聪颖好学且"善属文"，被时人称为"文曲星"。不知出于什么目的，抑或就像李雄认定李班一样，李越也认定李期"必能承继先帝基业"。李雄"不按规矩出牌"，李越也想"模仿一把"。于是，李越这么凶残的人也有了礼让之举，把李期送上"皇帝宝座"。那时，李期才20岁。要说，李期也算是个"能人"。据说，李雄在位时，曾让诸多儿子"以恩信合众"，比一比谁"笼络的人才多"，结果"多者不至数百"，而李期"独致千余人"。李雄认为李期"出类拔萃"，心中对李期也"有了好感"。

有史家分析，发动政变刺杀李班，李越是主谋，也是操刀者，李期只是同伙；再者李越是李期的兄长，无论是看功劳还是看次序，李越最有资格当皇帝，李期和众人也想立李越为皇帝（众欲立越）。但李越不干，"越奉期而立之"，李期就白白地捡了个"皇帝座位"。

《晋书》说："（李）班以宽爱罹灾，（李）期以暴戾速祸，殊涂并失，异术同亡。"李期即位改"年号"为"玉恒"，"杀人凶手"李越，也得到了实惠（封为相国）。李期毕竟只是"一介儒生"，他居然把"军队大权"交给了李寿，给自己"埋了个地雷"。由于自己的皇位"来路不正"，难堵"悠悠众口"。李期就党同伐异，用人导向也严重错位，重用的都是"奸妄之人"。致使朝政黑暗、纲纪紊乱，"成汉帝国"形势江河日下，逐步露出了衰败景象。据说，李期继位前后判若两人。史载，"李期自以谋大事既果"，也就"轻诸旧臣"。李期还有个"坏毛病"：嫉贤妒能。一旦发现有强过自己的人，一定要设法除掉，甚至加上"莫须有"的罪名，给自己杀人一个充足的理由。到了后期，李期搞起了白色恐怖（多所诛杀），甚至还干起"杀人越货"的勾当。他杀掉文臣武将，借机没其资财、妇女，用来充实后宫。除了杀旧臣、杀能臣，李期还把毒手伸向"亲兄弟"。

杀这个、杀那个，李期想杀汉王李寿则千不该、万不该。李期的擅杀，引起了朝野的恐慌，都有些朝不保夕的感觉。汉王李寿是"三朝元老"，李雄患病时（334年），急召李寿入朝，命其为李班的首席"辅政大臣"。说明李寿在堂兄李雄的心目中，还是很有地位的。李期被李越"拥上皇位"，又改封李寿为"汉王"，命令他去镇守涪城。朝野之间，对李期擅杀的"恐慌程度"日益高涨，李寿也早有所闻。因此，李期召见时，李寿总是以"边防有事"来推脱。尽管如此，李期还是诱杀了李寿的"养兄弟"（李攸）。

李寿觉得忍无可忍，338年，李寿召集文武官员，一起喝"鸡血酒"（盟誓）。此次盟誓形成了一致目标："与其坐而待亡，孰若起而振之。"于是，李寿带着部队直扑成都（偷袭）。兵临城下，李寿的儿子李势（末代皇帝）趁机打开城门。攻克成都后，李寿、李势父子俩又纵兵抢掠，甚至强奸了李雄的女儿们。不知道李寿、李势这父子俩当时是怎么想的。我们知道的是，攻克成都三天后，李期就被李寿废为"邛都公"，自己即位称帝。李寿不仅改了"年号"，还把国号改称"汉"。李寿的这个"汉"与李雄的"大成"一起，被后世史家合称为"成汉"。李期被废，心情郁闷，说："天下主乃为小县公，不如死。""不如死"这句话，说明了李期的郁闷程度。于是，他也就自寻短见，自缢身亡。李期在位仅4年，死时也才24岁。

　　李寿称帝，是政变的结果。这个过程虽然简单，但并不顺利。首先起来反对李寿"称尊"的是解思明（巴西太守）和罗恒（李寿长史），其次是"两晋名士"龚壮。他们的共同意见是劝李寿"称王"（成都王）不"称帝"（归附东晋），请求朝廷任命其为"益州牧"。因为在他们看来，现在的"成汉帝国"已经积贫积弱了，被东晋伐灭只是"时间问题"。"称帝"只是"一时之尊"，"主动附晋"（东晋），则可享万世荣华。这个龚壮，是巴西隐士。李寿被李期威逼时，曾向龚壮请教"全身之计"。龚壮献了一计：攻克成都，以"成汉帝国"归顺东晋王朝。后来李寿取了成都又执意称帝，惹得龚壮"肝火上升"。固辞"太师"之命，回到巴西，决定"终生归隐"（不再到成都）。史载，龚壮的父亲和叔父都被李特杀死，"杀父之仇"始终没有报回来。于是，就以"劝汉归晋"来报"杀父之仇"。我想，作为"两晋名士"和"巴西隐士"，应该早已放下了"人间恩仇"。而龚壮的计策，只不过是看清了由乱入治的天下大势，并非什么"报仇之举"。

　　李寿的妹夫任调，还有司马蔡兴、侍中李艳却都对李寿称帝"举双手赞成"，而且还极力劝进。因为李寿称帝，绝不会亏待这些开国功臣。让李寿下定决心的是"占卜结果"。占卜结果说的是可做数年天子。这个结果，让任调"备受鼓舞"，他对李寿说："一日为帝，已足称威。况多至数年呢。"解思明却反驳说："数年天子，何如百世诸侯？"李寿引用孔老夫子《论语》的章句"朝闻道，夕死可矣"，表达了称帝的急切心情和坚决态度。我在想，可能李寿对这个"章句"并没有理解到位。其实，"朝闻道，夕死可矣"的"道"，指的是儒家的"仁义之道"；"死"是动词的"为动用法"，意思是"为……而死"。孔子的"杀身以成仁"、孟子的"舍生而取义"，才是"朝闻道，夕死可矣"的最佳注脚。

李寿是李特弟弟李骧的儿子，也是"成汉帝国"的第四位皇帝。读过《晋书》，你会发现，皇位在李特、李骧两家传来传去，却始终没有让李流一家"沾上边"。要说，李流在"成汉帝国"的创建中也做出了不可磨灭的贡献。是李流死得早（303年），还是李流一脉后继无人？我们都不得而知，那就抛开不说。史家评价李寿说："是贤相而非明君。"这是对李寿人生相当精确的"盖棺定论"。据《晋书》说，在李氏的众多孩子中，李寿是"最独特"的一个，不仅聪敏好学，而且雅量大度，更为崇尚"礼仪容止"。李雄对他"青眼有加"（非常喜欢）。

我们都知道"青眼白眼"表示了对别人的好恶。有个"竹林七贤"的故事，对它做了形象的说明。阮籍是"竹林七贤"中"最年轻"的一个，也是"最狂放"的一个。有一天，阮籍的母亲"驾鹤西去"。嵇康（七贤之一）的弟弟嵇喜前去"表示悼念"。阮籍认为他"不入流"（非七贤），便心生厌恶，就冷漠地以"白眼相待"。嵇喜回去向哥哥嵇康"叫苦"。嵇康带上酒与琴前去吊丧，知音相见，阮籍心中大喜，马上热情地"待以青眼"。

正如诸葛武侯（亮）"挥泪斩马谡"（错失街亭）时，宕渠先民王平跳进了"诸葛亮的法眼"，王平迅速代替马谡成为诸葛亮的"首席参军"，继而成为蜀汉后期"柱石"（镇北大将军）。有了李雄的"青眼有加"，李寿 19 岁时就被拜为"前将军"（督巴西军事）。他在巴西恩威并施，因"军政卓异"，一路"拜将封王"。后李雄"一病不起"，便遗诏由"李寿辅政"，还"录尚书事"，成为"成汉帝国"的"首辅大臣"。《晋书》中记载，此时朝廷政事皆由李寿和司徒何点、尚书王瑰决断。也是在这一时期，李寿就有了"贤相之名"。李雄的儿子李越杀了李班，推举李期为帝。李期以猜忌能臣闻名，贤相李寿自然被列入"黑名单"。这时的李寿，不敢再在京城工作，请求去"守涪城"。俗话说，"是福不是祸，是祸躲不过"。李寿居然被"诬为谋反"。这才有了李寿举兵成都的"夺位之举"。

据说，李寿最先也没有什么篡逆之心。李雄的兄弟李始（庶出），也被李期猜忌得"忍无可忍"，一心想要"除暴安良"。但自己又"心有余而力不足"，于是就想找李寿"打帮锤"。李寿为此"退避三舍"。李始对李寿"联合不成"，就对他反咬一口，上书说李寿要谋反篡位，请求"杀掉李寿"。这个李期居然"不辨真伪"，直接听信了谗言。对李寿的猜忌则"更上层楼"，导致李寿"真的反了"，带兵攻克成都，废李期为"邛都公"。这个历史事件，还真有些官逼民反的味道。

"夺位"其实也不算什么，这在中国历史上数不胜数。但李寿并不"珍惜岗位"。还记得"成汉"李寿与"后赵"石虎那次"联兵攻晋"的事吧。虽然，在一片反对声中，李寿终止了错误的决定。但是，"回访"的使者回来说起"后赵"宫殿的奢华程度，便使李寿"心向往之"。于是大兴土木、修造宫室。我们都知道，要搞建设最主要的是解决"钱从哪来"的问题。有道是"尔俸尔禄、民脂民膏"，要解决"钱的来路"就只有"横征暴敛"。史载，李寿执政后期，是"成汉帝国"历史上"人民负担"最重的时期。加之，益州地区这时又"暴雨成灾"，"人祸"与"天灾"并行不悖，导致"成汉帝国"民不聊生。"成汉帝国"本是"流民军"建立的，在李寿时期却又形成了新的"流民潮"。十数万益州民众或逃亡、或迁徙到荆扬地区，导致"成汉"帝国出现了"十室九空"的现象。李寿"引獠入蜀"的好意，却收获了"引狼入室"的恶果。就连他家乡的宕渠城和宕渠人（賨人），都是毁在"獠人"手里的。

李寿后期，更为昏庸无道。他竟然相信"杀人立威"的屁话，对文武大臣擅杀无度。有一次，他听人说"任颜可能谋反"，就"不分青红皂白"残忍地杀死了任颜。还实行"穷究法"斩草除根。因为任颜是李雄的"舅老倌"（任皇后弟），为此还把"李雄诸子"及其亲族一起杀掉。看过《晋书》，你会发现。"成汉帝国"的这些皇帝，除了开国皇帝开创了"太平盛世"，当了 28 年皇帝（从称帝算起），把益州变成了"世外桃源"。之后的这些"守成之君"，要么死于非命，要么前后判若云泥。难道"权力真是魔鬼吗"？做过"贤相"的李寿，成了"成汉帝国"中"最冷血"的暴君。

好在这个暴君没有"活太久"。343 年，李寿走完了他的一生，终年 44 岁。也是在这一年，东晋做出了"先灭蜀、再灭胡"的军事计划，但"成汉帝国"还浑然不知。344 年，李势顺利即位称帝，按照惯例，改元、大赦、分封，也一如平常。这个李势，就是李寿举兵攻成都时打开城门的那个人。这一对父与子，上演了一场里应外合的好戏，导致皇帝李期被废为"邛都公"。"堂堂国主"与"小小县公"的强烈反差，让李期忧愤而死，还被给了"幽公"这样的"恶谥"。

据说，李势的"来路"也有"血腥的味道"。318 年，"成汉帝国"平寇将军、梁州刺史李凤占据巴西（治阆中）反叛，李雄派太傅李骧征讨李凤并将其斩杀。由于李寿的妻子阎氏"生不出儿子"，父亲李骧看到李凤的女儿有"天然之姿"，是个"生儿子的料"。于是，强行让李凤的女儿给李寿做"妾"。前面我们说到"三国时代"，"杀其夫、娶其妻、养其子"都是"时代现象"。在这方面，曹阿瞒（操）表现"稳居第一"，刘备"屈居第二"，孙权"只好垫底"。当然，我们不应该谴责"李凤的女儿"。按照当时的法律规定，罪臣之女，要"充公为奴"（没入掖庭）。还因为，在男权社会里，女人都是"弱势群体"。于是，李寿和李凤的女儿生下了儿子李势。

这个李势，长相很有特色。"身高七尺九寸"不算什么（刘曜"九尺三寸"），而"腰粗十四围"，却是我看见历史记载中"腰最粗"的人。在我们的记忆里，"身长一丈、腰带十围"的人就是"巨人"。何况李势"腰粗十四围"，更让人觉得"怪异"。所以，史载"时人异之"。他的长相，有点儿像我读过的小说《老宽》的主人公"老宽"，他的衣服可以同时包住"两个女人"。路卫兵《五胡乱》说，李势站立时"更像一堵墙"。这样的一个人却"善于俯仰"（动作灵活），实在也是怪事。李势长相怪，性格更怪。史载，李势称帝后"骄狂吝啬，贪财好色，杀人夺妻，不理国事，残害大臣，滥用刑法，弄得天怒人怨，国破家亡"。李势在皇位上作威作福，导致内外离心。这时，"成汉帝国"又出现了"皇太弟"事件，更增强了这种"离心力"。

李势荒淫无道，但总是没有"播下龙种"（没有儿子）。345 年，也就是东晋的"永和元年"。李势的弟弟李广（大将军、汉王）请求封为"皇太弟"。李势心想，我还"活得好好的"，你就有了非分之想，就发起雷霆之怒（坚决不同意）。李势一生气，便想废了李广的"汉王"爵位。马当、解思明这两个元老大臣却"不懂窍"，执意劝说李势答应李广的请求。这个"执意劝说"，却"帮了倒忙"。让李势怀疑他们是想行伊霍之事（让李广取代自己）。于是，马当、解思明"因言获罪"，一下子就实现了"由忠臣到叛臣"的身份转变，不仅自己被杀，还被"夷灭三族"。紧接着，李势又将李广贬为"临邛侯"。李广羞愤无比，饮剑自杀。"皇太弟"事件黯然收场，士民的离心却在"疯狂地成长"。346 年冬天，太保在李奕"晋寿县"（今四川省剑阁县）起兵反叛。

　　这个"晋寿县"当时还不叫这个名字，是"成汉帝国"的"剑阁县"。叫"晋寿县"还要等到347年东晋桓温消灭"成汉帝国"之后。李奕在"成汉帝国"很有威信，随之反叛的多达数万。大军"直捣黄龙"（成都），李奕单身匹马冲击城门，"壮烈牺牲"（中箭而死）。

第二十二章

李奕冲击成都城门"中箭而死"（346 年），与李荡冲击成都城门"中创而死"（303 年）的形象，"何其相似乃尔"。但是，也有不同的"形象意义"。李荡为"成汉帝国"冲锋陷阵，死在敌人之手，有高大的"英雄形象"；李奕为"争夺皇位"冲锋陷阵，死在亲人之手，只有强烈的"悲剧色彩"。也就在这一年，东晋安西将军桓温带领的"伐蜀大军"已经行进在路上，而李势还浑然不觉。李奕的反叛，并没有引起李势"内心的震动"。反而，李奕的溃败，却让李势觉得"真心的鼓舞"。于是，李势也玩起了"改元"的把戏。改元为"嘉宁"，还大赦天下。表达的是"天下太平"的良好愿望。然后，继续淫乐在宫中，既少见公卿，又不恤国事。

343 年，父皇李寿"一命归西"，太子李势正为李寿守灵。东晋就定下了"伐蜀大计"（成汉帝国），而"成汉帝国"还在"一路下滑"。东晋定下大计的"御前会议"上，分析天下大势时说："国家的祸患胡（石虎）、蜀（李势）二寇而已。"进一步分析后认为："蜀虽险固，较胡为弱。"按照"先易后难"的原则，做出"先灭蜀再灭胡"的重大决定。大家对"伐蜀"充满信心："李势无道，民心不附"，可"一战而擒之"。同时，大家都认为，蜀地是块"大肥肉"，秦国得之"横扫六国"、刘邦据之"平定三秦"，诸葛武侯凭之"抗衡中夏"。

我想起了"秦灭巴蜀"的那次"御前会议"。会议的历史背景是，公元前316年，蜀王出兵攻苴（蜀王弟），苴侯出奔到巴，向秦求救。这给了"秦灭蜀"的"表面理由"（伐蜀救苴），而秦王（惠文王）的心思却是以"救苴之名"行"灭蜀之实"。秦王欲攻蜀，韩又来攻。为此，秦王犹豫不决，遂问计于臣下。在这次"御前会议"上，出现了"伐韩伐蜀"的对立意见：张仪主张进攻韩国，劫持周天子，挟天子以令天下，建立王业；司马错主张借机灭蜀。司马错阐述了灭蜀的两大好处：一是"得其地足以广国，取其财足以富民"；二是"得蜀则得楚，楚亡则天下并矣"。张仪的主张确实有些"不合时宜"，因为那时已是"战国时代"，还有哪个人去"追求王业"呢？"追逐霸业"才是"人间正道"。因此，司马错的建议对上了"秦王的胃口"。司马错的意见明显"占了上风"，作为带军的首领，地位低的司马错的名字，却放在了地位高的张仪前面。于是"金牛道"上，行进着秦国的"黑衫军"。"金牛道"，是西蜀经广元到汉中的一条道路，又称为"秦蜀古道"。道路虽然艰险，但"石牛粪金"和"五丁开山"的传说，还是"颇具美味"，而且都跟蜀王的"荒淫和好色"有关。李白《蜀道难》曾说"地崩山摧壮士死，然后天梯石栈相钩连"，也讲的是"金牛道"的故事。

秦国灭巴蜀（前316年）与东晋征讨"成汉"（346年），时间上相差了662年，但不同时代的两次"御前会议"的结论却惊人相似。不同的是，秦国灭巴蜀，走的是山路；东晋灭成汉，走的水路。史载，永和二年（346年）十一月，桓温率"益州刺史"周抚伐汉（成汉帝国），拜表即行，使袁乔率2000人为先锋。好个"拜表即行"，让我们看到了桓温的胸有成竹和意气风发。前面我说过，历史事件的时间都采用公元纪年，不再说"年号"。但是，"永和"这个"年号"却给我留下了深刻的印象，不只是因为賨人建立的"成汉帝国"在"永和年间"被东晋灭掉，更重要的是王羲之的《兰亭序》开篇就说了"永和九年"（353年）。

王羲之是东晋著名书法家，有"书圣"之称。他的代表作《兰亭序》，被誉为"天下第一行书"。世人常用"翩若惊鸿，婉若游龙。荣曜秋菊，华茂春松。仿佛兮若轻云之蔽月,飘飘兮若流风之回雪"这样的句子，来赞叹《兰亭序》的"书法之美"。这些句子，出自"建安文学"代表人物曹植的《洛神赋》（初名《感甄赋》）。"文人雅集"，是当时的一种社会风尚。史载，永和九年（353年）三月三日，王羲之和谢安、孙绰等41人在绍兴兰亭"过节"（上巳节）时，众人饮酒赋诗，汇诗成集，王羲之即兴挥毫为此诗集作序，这便是有名的《兰亭序》。看过我手头的字帖《兰亭序》，多有"涂改痕迹"。一查才知道，这个字帖仅仅是个"草稿"。

虽然是个"草稿"，但它的书法艺术"遒媚劲健"、绝世无双，唐太宗李世民就"喜欢得要命"，临死之时，还要用《兰亭序》陪葬。这也是一桩"绝世无双"的历史事件，我们今天看到的只是"摹本"而已。王羲之是"书圣"，他又"师出何门"呢？史载，王羲之的首任老师，是出生于"书法世家"的卫铄（女）。她是卫瓘的侄女、汝阴太守李矩的妻子,世称"卫夫人"，也是两晋时期的著名书法家。《唐人书评》评论卫夫人的书法说："如插花舞女，低昂美容。又如美女登台、仙娥弄影；红莲映水、碧沼浮霞。"

我们都知道，王羲之又称为"王右军"，因为他曾任"会稽内史"，领"右将军"。我们至今耳熟能详的"入木三分"和"东床快婿"两个成语，都是发生在王羲之身上的故事。王羲之出身名门"琅琊王氏"（琅琊古代写作琅邪，后期亦作琅玡，今作琅琊。——编者注），东晋开国皇帝司马睿的"封号"就是"琅琊王"。这个"琅琊王氏"，尤其是王敦、王导兄弟，可以算东晋最大的"开国功臣"，后面再说。传说，王羲之从小爱好书法，七岁时就已经"闻名州郡"。有一次，晋明帝司马绍到北郊去"祭祀后土"，让王羲之把"祭词"写在木板上，再派工人雕刻。刻字者嫌弃木板太厚（笨重），削了一层又一层，发现还有书写的"墨迹"，直到削进"三分深度"才见底。木工惊叹于王羲之笔力竟能"入木三分"。

王羲之16岁那年就走上了"桃花运"。太尉、书法家郗鉴的"掌上明珠"郗璿"年方二八"，做起了"怀春梦"。父亲郗鉴考虑再三，决定请王丞相王导帮忙择婿。当然，这里面有"攀附名门"的嫌疑。王导却对郗鉴的"政治取向"欣然应允，让郗鉴到王家门上去任意挑选。郗鉴就叫他的心腹管家，先行去王府"探视"。王府子弟听说"太尉觅婿"，个个精心装扮。管家看来看去，都"不尽如人意"，就准备"打道回府"。王府管家让他去"相相羲之"。来到书院，就见靠东墙的床上一个"袒腹仰卧"的青年人，也觉得有些不如人意。管家回到郗府禀报太尉说：王府年轻的"公子哥们"，听说"太尉觅婿"，都"精心收拾"，希望被我相中，唯有东床上有位公子名叫"羲之"，袒腹躺着若无其事。郗鉴心中一惊，决定亲自出马。来到王府，见羲之"既豁达又文雅"，当场宣布了"择婿结果"。"东床快婿"就从王羲之身上传扬开来，成为一个约定俗成的成语流传后世。

"成汉帝国"已经割据益州40余年，然而在东晋王朝"伐蜀"的队伍里，居然有"益州刺史"周抚。当时的益州并没有在"东晋的版图"内，周抚有"益州刺史"之名，而无法到益州去"开展工作"。这里，涉及到一项兴盛于三国时代的"遥领和虚封"政治制度。也就是"有其名而无其实"。遥领，是以不属于本国的州郡设置"刺史太守"；虚封，是受封的诸侯王"只有虚号"，其封土则在他国境内。这是在分裂时期形成的"特殊制度"。魏蜀吴"三国鼎立"各据一方，但都有"拥有天下"的想法。在愿望"尚未成为现实"或"不能成为现实"时，便以"遥领与虚封"来"满足自己的虚荣"。

"遥领与虚封"，不只是为了"徒有虚名"，还有"虚张声势"的政治目的。这种现象，在孙刘联盟签订"瓜分曹魏协议"后表现得尤为突出。据《三国志》，孙刘"平分天下"的协议是，"天下九州"的豫州、青州、徐州、幽州属吴，兖州、冀州、并州、凉州属蜀。其司州之土，以函谷关为界。此后，吴、蜀两国就大肆开展了"遥领与虚封"。"三国归晋"实现了天下一统，"遥领与虚封"随之消亡。但是西晋是个"短命的王朝"，短暂的统一后，动荡与分裂成为"时代主题"。"遥领与虚封"又重新抬头，在南北朝时期更是"满血复活"。我们前面说到周抚的"益州刺史"，不过也就是"遥领与虚封"的一个例子。但是，这个周抚，却把"虚封"变成了"实领"，跟随桓温，成功灭掉了"成汉帝国"，成了真正意义上的"益州刺史"。

战争就不细说了。史载，桓温大军直抵成都，纵火烧了城门，"成汉帝国"将士惊惧，丧失了"斗争精神"。李势趁着夜色开东门逃跑，来到葭萌，也就是他爷爷李特嘲笑刘禅"面缚于人"的地方，感到"成汉帝国"已经危在旦夕，派遣散骑常侍王幼把"投降文书"送给晋军主帅桓温，自称"略阳李势叩头请罪"，并下令部队"放下武器"（不抵抗）。然后，抬着棺材、面缚衔璧，到晋军辕门投降。桓温大度地"解其缚"，命令士兵"焚其棺"，表明"成汉帝国"已"宣告死亡"。把李势及其宗室十余人送到建康（东晋首都），"儿皇帝"（4岁）晋穆帝司马聃把李势封为"归义侯"。"面缚衔璧"这个词语出自《左传·僖公六年》，说明这个"投降标准仪式"已经很古老了。"面缚"是指两手反绑而面向前，"衔璧"（口含碧玉）以示"不生"。所以，在发掘古人墓葬的时候，"衔璧"是个普遍现象。

李势"亡国没成奴"，被东晋"封了侯"（归义侯）。他爷爷李特嘲笑的"蜀汉皇帝"刘禅，投降后被西晋封为"安乐公"（263年）。刘禅在洛阳"过得不错"，8年后"长眠地下"；李势在建康（今江苏省南京市）当了14年"归义侯"才寿终正寝（361年），是"成汉帝国"后期唯一"得以善终"的皇帝。史上没记载李势生年,但从"318年李寿强娶李凤女儿生下李势"这件事来分析,李势或出生于319年,李势死时或为42岁。桓温灭掉"成汉帝国",在东晋的"人气指数"得以飙升。但他却不急着回军,又在成都"逗留了一月",为啥?为了李势那个"倾国倾城"的妹妹。

其实，桓温伐蜀，也不是"御前会议"所说的"一举可成"那么简单。有史家说，"桓温伐蜀"，堪称"史上最阴差阳错的胜利"。首先，桓温伐蜀，就没有得到"中央支持"，属于地方军政长官桓温的"个人行为"。在东晋王朝"主流意识形态"有两类：要么偏安江南，要么北伐中原。对于"衣冠南渡"的大臣、名士、贵族们来说，"光复中原"（北伐）才是真正的"还我山河"。当桓温提出西征（伐蜀）时，朝廷里立即"唾沫星子乱飞"，反对的声音不绝于耳。因为，桓温选择的是"第三条道路"（灭蜀），显然不符合"主流意志"，遭到"质疑和反对"也是正常现象。但桓温就是桓温，他"不畏浮云遮望眼"，在质疑声中却下定了"西征的决心"。

他的考虑有三个方面，一是有驸马的身份（皇亲国戚）。"南康公主"是晋明帝司马绍嫡长女，有个奇怪的名字：司马兴男。她自小"巾帼不让须眉"，颇具"男儿气概"，下嫁桓温后，灭了桓温的威风。史载桓温尚公主而"敛威"。虽然桓温"惧内"，但皇亲国戚的身份，还是让他在朝廷有一定的"话语权"。二是有荆州刺史的权力（手中有兵）。我们都知道，西晋司马炎的"封建"都是"实封"，地方"王国"里都有"枪杆子"（军队）。到西晋后期,这些郡国的"军事操控权"逐步转移到州刺史、郡太守的手里。到了东晋,州刺史或郡太守也大都"拥兵自重",无异于分裂时代的"军阀割据"。所以,桓温能尽起荆州之兵 7000 人参与西征。三是有精准的分析（灭蜀必胜）。朝廷"最大的担心"是后赵的石虎会趁机偷袭东晋。但桓温认为,"一州之兵"无关大局,东晋的"国防力量"仍然很强,而且后赵石虎必定以为东晋有"重防"而不敢轻举妄动。因此,他决定以自己的"荆州之兵"去夺得"灭蜀之功"。我们前面提到的"拜表而行",其实是他给朝廷"打了个报告",未等"朝廷批复"就"提兵远征"。这样看来,桓温伐蜀,真的就是他的"个人行为"。

当然,按照当时桓温个人的"政治需要",他也需要用"一将功成"来提高"人气指数"。"北伐",对于东晋来说只是一个凝聚人心的"政治口号"。正如诸葛亮,矢志北伐,六出祁山,累死在"五丈原",也终无所获。后来的历史上,桓温也曾有两次北伐,除了"树犹如此,人何以堪"的"名言",也没有"多大搞头"。抢得的地盘也多是得而复失。东晋也有个"坏毛病":无论是名士,还是战将,谁的"人气指数"高,谁就可能"官高权重"。这个"人气指数",成了文臣武将的"人生追求"。据说,桓温伐蜀的决心这么大、信心这么强,是他的下属袁乔劝他要"惜千古良机,建不世之功"。于是,"益州刺史"周抚随军,袁乔则成为桓温伐蜀的"急先锋"。

巴蜀处在长江上游,桓温率领的晋军逆流而上,大军伐蜀的消息还是传到了成都。"成汉帝国"派出两员大将李福和昝坚,到前线御敌。但这两员战将"意见不一致",探到晋军"兵分两路"的消息,也决定"分兵截击"。哪知,袁乔的一番战略分析改变了桓温的"错误决定",不仅没有"分兵出击",而且采取"破斧沉舟"的战术以鼓舞士气。我们都知道,项羽"破釜沉舟",收获了"百二秦关终属楚"的辉煌战绩。桓温呢？要的就是这个效果。但是,晋军"战略改变","成汉军队"

没有"及时知道"。导致御敌的路线和晋军进军路线"不在一条线上"。桓温大军"一路高歌",抵进成都附近的"十里陌"(原成都南十里),准备夹击敌军的昝坚部队也"全线溃败"。晋军迅速推进,直逼成都西南的"笮桥"。

在这里,双方开始"生死对决"。东晋最坚定的"主战派"袁乔担任前锋,一马当先,然而左冲右突、死伤无数、毫无进展。这是桓温和袁乔等都始料未及的。不是说"李势无道、民心不附"吗?李势组织的抵抗,咋还是这么"坚强有力",在数量上也占"绝对优势"。桓温孤军远悬,又遇坚决抵抗。蜀军乱箭齐发,晋军"荆州兵团"却进退失据。据说,一支箭居然落到了主帅桓温的马前(一说射伤马首)。冲锋在前、主帅在后,这一支桓温的"马前箭"说明了晋军的"危险指数"(在敌军射程内)。为此,晋军军心动摇。桓温看大势已去、建功无望,为避免全军覆没,无奈地下达了"撤退的命令"(鸣金收兵)。

我们都知道,进军"擂鼓",退兵"鸣金"(敲钲)。巴蜀地区出土的"虎钮錞于",其实就是"战鼓"。出土的"钲",就是"鸣金"的"金"(作用近于锣)。哪知传令官见部队骚动就"慌了神",本该"鸣金"却把战鼓"擂得山响"。奇迹就这样意外地发生了。在隆隆的战鼓声里,晋军个个精神振奋,"拼了老命"扑向李势的队伍,发起最疯狂的攻击。读过《曹刿论战》,大家都知道,战斗的输赢最关键的是"士气"。晋军士气满满,而蜀军就军心大乱,于是,就有了"兵败如山倒"的惨痛结局。史载,桓温灭蜀,历时 5 个月。这是桓温人生经历中惊心动魄的"豪赌"。本来"命悬一线",不料却能"绝处逢生",而且还能"大功告成",这样的结局,却是传令官"阴差阳错"造成的,历史也会跟人"开玩笑"。而且历史的转折,也往往是因为小人物或小事件,在历史长河中,也是不鲜见的"浪花一朵"。

在名著《红楼梦》里,贾母对林黛玉最爱说的一句话是"可怜见的",表达的是对林黛玉的"怜爱之情"。而桓温取得伐蜀的全功,却不及时"归军江陵",又在成都留镇一个月。说是"留镇"（军事术语），有人又说是"盘桓"（民间语言）。我想，在刚刚取得伐蜀胜利的时候，桓温在成都"逗留一月"，发挥的作用更多的是"留镇"。我们发现，过渡时期的政府都是"军政府"，需要军队发挥"稳定政权、安抚民心"的作用。在桓温"留镇成都"期间，一个"我见犹怜"的新词，就发生在桓温与李势妹妹的"香艳故事"里。"我见犹怜"，用以形容女子的娴雅可爱，令人望而生怜（爱）。桓温灭了"成汉帝国"，又在成都"逗留了一个月"（留镇），直到把"益州"完整地交给"益州刺史"周抚手中。有人却说起"趣历史"，说桓温胜利后不"振旅而归"，而是"盘桓蜀中"，为的是一个女人，这就是"成汉帝国"末代皇帝李势的妹妹。为了给说史增加点"作料"，我也来说说这个故事。

说来也奇怪，成汉的"末代皇帝"李势生得"奇形怪状"，尤其是"腰带十四围"的记载，给后世的读史者留下了深刻的印象。真正是"一模二样"，刘义庆《世说新语》说，李势的妹妹，生得"珠圆玉润"，国色天香、长发委地、倾国倾城。李势"衔璧舆榇"向桓温投降时，桓温看到了李势的妹妹，眼睛都直了，也有人说"眼睛都绿了"。为此，桓温做出了两个大胆的决定：一个是把李势妹妹"收为偏室"；另一个是"赦免李势宗室"。说他"大胆"，一是因为他"惧内"，居然敢"私纳偏室"；二是因为他只是"权臣"，"赦免"的权力却在"皇帝手里"。我在想，桓温之所以赦免李势宗室，肯定跟李势妹妹"长得乖"有很大的关系。美丽，有时真有"摄人心魄"的力量。

前面我们说过，"桓温惧内"，是个典型的"粑耳朵"。在南康公主面前，更是只得忍气吞声。这样的夫妻有表面的风光（显贵），却没有实在的幸福（温情）。有个历史故事，证明了他们夫妻生活并不正常。据说，谢奕是桓温的"毛根朋友"，桓温为"荆州刺史"时被任为"司马"。这个谢奕，特别喜欢找桓温"狂喝滥饮"，桓温实在违拗不过，就躲进南康公主司马兴男的寝室。谢奕不敢擅闯"公主寝宫"，桓温庆幸逃过一劫。哪知南康长却非常高兴，说："如果没有这个'放荡的司马'，我怎么才能见到你啊！"说这句话的时候，南康公主的心里肯定是"酸溜溜"的吧。我这时想起了宋玉的《登徒子好色赋》："东家之子，增之一分则太长，减之一分则太短；著粉则太白，施朱则太赤。"这是描绘"女性之美"的"经典之笔"。这还不算，宋玉文还以登徒子娶了个"典型丑女"，却生了"一堆儿女"的事实，说明"登徒子更好色"的道理，也让人忍俊不禁。

桓温把李势妹妹"纳为偏室"，在当时本是一个十分自然的事情。无论是一夫一妻多妾制，还是"三妻四妾"的现实，都说明桓温"纳偏室"，是符合当时的"婚姻规制"的。在与"赘人"有关的"白虎复夷"的典故里，还有"十妻不算"的政策规定。有人不能正确理解"算"，说"赘人娶十个老婆也不算多"。其实这个"算"，指的是"人头税"。也就是说赘人娶十个老婆，都可以不向政府缴纳"人头税"。说明秦昭襄王时期，赘人享受的优惠政策，是何等的优厚啊！

远的不说，西晋开国皇帝司马炎，还专门给贾充发了一个诏令，允许充有"两个正妻"（李氏和郭氏）。虽然贾充因为郭氏"醋性大发"，没有与"结发之妻"（李氏）团聚。但司马炎的真情，还是让贾充涕泪横流。桓温害怕南康公主，不敢把李势妹妹带回家，就安置在书房里（书屋藏娇）。南康公主豪爽又泼辣，闻此不禁妒火中烧，赓即"兴师问罪"，一场"仇杀的惨剧"即将发生。然而，事情却又意外地发生了逆转。此时李娇娘正临窗梳妆，女人最美的姿态是"梳头"（搔首弄姿），李娇娘当时"美得不要不要的"。她揖拜了南康公主后说："我国破家亡，并不情愿到这里来；今天如果能被杀死，这倒是我的心愿。"南康公主说道："我见汝亦怜，何况老奴（桓温）！"后来，南康公主居然与李娇娘成为一对"好姐妹"，这算不算一段"历史佳话"呢？

第二十四章

　　虽说桓温消灭了"成汉帝国"，但也还有些"残兵败将"。"成汉帝国"旧将隗文、邓定拥立范贲（范长生子）为帝，又重新夺回成都。史载，范贲"以妖异惑众"（道教符箓），蜀地归附者甚众。但是，这个"小政权"的"寿命不长"，于349年，被新任"益州刺史"周抚剿灭。范贲被斩杀，益州也才基本归于平静。

　　前面说到，范长生到成都劝李雄称帝（306年），被李雄礼聘为"丞相"。318年，范长生"死在任上"（终年100岁），他的儿子范贲"接了班"。这样算来，范长生当丞相时已是高龄（88岁）。这让我想起了垂钓渭水之滨的姜子牙。博学多闻而又穷困潦倒的吕尚（姜子牙），年老时也还胸怀天下，就在渭水边"垂纶而钓"。"姜太公钓鱼，愿者上钩"，流传了三千多年，是因为他钓鱼的方式很奇特：鱼钩是直的，还在水面之上悬空两寸；他钓到的"鱼"也很特别：西伯侯姬昌。因此，有人说，姜太公钓的不是鱼，他钓的是"王侯"。正如当今一些"酒徒"，他们常说"哥饮的不是酒，哥饮的是寂寞"。

　　其实，在古代缺乏传媒的情况下，"特立独行"才是最好的广告方式。因为"怪异"，才容易引人注意；因为"怪事"，才能激发起人的传播欲望（人传人）。所以，姜子牙就有了"人望"，积累起来就是"名望"，这样才有西伯侯姬昌到渭水边的寻访，成就了一段君臣佳话。远的不说，就说魏晋时期的"竹林七贤"吧，他们个个都"狂放而怪诞"，因此才得以"美名传扬"。他们的"名望"不只是因为"有才"，更多的是因为"怪诞"。范长生是"三国时代"的涪陵郡人，生于建安二十三年（218年）。到318年，在"成汉帝国"的丞相任上去世，刚好是"百岁老人"。有的记载说，范长生活了130多岁，其为"虚妄之说"，就此予以否认。"成汉帝国"李雄"称王成都"（304年），范长生已是85岁高龄。史载，248年（范长生30岁），涪陵郡"反叛蜀汉"，（蜀汉）"车骑将军"邓芝率军平定。为避免发生"次生灾害"（再生事端），蜀汉朝廷将涪陵五千余户强行迁往成都，范长生一家也在其中，这才有了后来青城山的"天师道主"范长生。

有史家说，先主刘备征之不起，封为"逍遥公"。这或者只是"想当然"，因为223年刘备驾崩时，范长生才五岁（还是儿童）。又有史家说，后主刘禅敬其贤，易其宅为"长生观"，这或有可能。因为到263年蜀汉灭亡时，45岁的范长生或早已成为"天师道主"。到李雄入据成都，范长生家拥有大片土地，还有千余家部曲（军队），在当时的成都地区是响当当的"豪强大户"。如果"益州刺史"罗尚采纳了参军徐舆"联合范长生对付流民军"的建议，"成汉帝国"或只有"胎死腹中"。还是这个参军徐舆，跟罗尚提建议不成，就干脆反叛，投奔李氏为首的"流民军"。不料，徐舆建议一出即被采纳，范长生也向李雄伸出了"援助之手"，让李雄们度过危难，"成汉帝国"才得以登上历史舞台。从范长生、范贲相继出任"成汉帝国"丞相来分析，道教或是"成汉帝国"的"国教"；从李雄治蜀模式来分析，道教和儒教的融合，才是他们的"致治之道"。

史载，李雄称帝后（306年），给了范长生"丰厚的回报"：政治上，是丞相，当朝一品；经济上，他的部曲（军队）不负担徭役，他的土地也不输纳租赋。范长生这位"天师道主",俨然成为"成汉帝国"的封建贵族(西山侯)。"主少臣老"的政治格局,很像"刘禅与诸葛亮"。诸葛亮"鞠躬尽瘁、死而后已",范长生也"死在丞相任上"。在这里,我找到了李雄建立"武侯祠"的真正用意,是在借祭祀诸葛武侯,祭奠耄耋之年还在辅政的范长生吧。"主少臣老"的政治格局,在东晋更多的表现为"主弱臣强",这是东晋最鲜明的"政治特色"。

349年,"成汉帝国"的残余势力才被东晋彻底消灭。这时的东晋王朝,已走过"而立之年","皇位"传到了第五个皇帝"晋穆帝"司马聃。这是"东晋王朝"唯一的一个"儿皇帝"(2岁继位)。我们将把目光从"成汉帝国"转向"东晋王朝",去看看东晋(317—420年)的"百年故事",欣赏东晋"主弱臣强"起起落落的"慢时光"。

桓温、周抚消灭了"成汉帝国",把益州纳入东晋的"国家版图",也迅速改变了"天下大势","新三国"格局不复存在,更多的是"南北对峙"。北边确实很乱,南边相对安定。如果从严格意义上说,"南北朝"的格局在这时已经初步形成。但为了方便说"两晋历史",史家们把"南北朝"正式形成的时间确定为"420年",也就是刘裕"代晋自立",建立"刘宋王朝"那一年。

北方的乱,主要表现是民族冲突不断。但在这社会动荡纷乱如麻的时代,大都走上了"融合的道路"。虽然这种融合,带有强烈的"战争植入"性质,毕竟融合一体了,符合民族发展的大趋势。但有个民族(羯族),却遭受了"灭族"之灾。史家说,"五胡"进入中原"反客为主",北方大地的"汉人"基本上过着"奴役般的生活",甚至出现了"烧烤汉人"的历史怪事,激起了汉人的"激烈反抗"。这是羯族人被"灭族"的历史背景。而且,羯族的灭亡时间,刚好跟"汉赵帝国"和"成汉帝国"有着重大关联。

我们都知道,羯族将领石勒跟汉赵帝国的"末代皇帝"刘曜"闹翻了"(318年),自立为"赵国"(史称"后赵")。石勒虽然是个文盲,又是个奴隶，却经过十年的"东奔西突"和"南征北战"，于328年灭掉了刘渊、刘曜的"汉赵帝国"（前赵），成为北方最强的军事帝国。333年，称霸五年的石勒"不豫"（逝世），石虎登上了皇帝宝座。《晋书·石季龙载记》说:石虎是个"假豹姿于羊质，骋枭心于狼性"的人。这句话的意思，我的理解是"色厉内荏、生性残暴"。有史家说，石虎是历史上"最荒淫、最变态"的皇帝。据说，西晋开国皇帝司马炎已经算是"花心大萝卜"了，除了自己的后宫佳丽，再加上收编"东吴后宫"，也才突破"万人大关"。而石虎的后宫，一次性就征集了"美少女"三万人。这个规模，怕是要创造古代世界的"吉尼斯纪录"。我在想，石虎的祖先石崇都有"金谷庄园"来装美女，石虎把这么多的女人，都装在哪里的呢？没有看到历史记录。按当时的发展水平，陡然新增3万的"城市人口"，这个城市规模也装不下啊，何况只是后赵的皇宫呢。

石虎"爱美人"，石勒却"爱贤能"。石虎，就是石勒的"最爱"，因为"石虎砍人"获得了当世无双的称号，石勒对其表现出了极度的欣赏和依赖。正是石勒对石虎的"这种爱"，后赵的军权就被石虎轻易地抓在手上。后赵皇帝石勒死了，"皇太子"石弘居然吓得不敢登基，石虎就把刀架在石弘的脖子上,逼其继位。你不要以为石虎是"良心发现"，其实好戏还在后头。石弘在"皇帝宝座"上战战兢兢地坐了没多久，又出现"刀架在脖子上"的情况，石弘就这样被"禅让"了，石虎成为后赵第三个皇帝。石虎甚至说，什么"禅让"，其实是我把他"废黜了"。不像东晋的晋恭帝（司马德文）禅位给刘裕时（420年），还要专门强调"我是自愿的"。

写到这里，你还相信尧舜禹之间的"禅让"，都是在真正"让贤"吗？反正我不信。我相信的是，历史上的每一次"禅让"其实都是"以强凌弱、仗势欺人"的结果。尧舜禹时代，还接近"传说时代"，有些权力交接的"美丽传说"也不为怪，不用我们去多嘴多舌。史家说，是夏禹这个家伙破坏了"禅让制",把国家变成了"家天下"。夏商周以降,还有"春秋战国"两个时代,"禅让"的事儿都鲜有所闻。秦汉以来,赵高逼迫秦王子婴"禅让"也只是昙花一现。这之后,"禅让"的历史事件就"时有发生"。

为西汉和东汉打上"间隔号"的王莽,还比较温柔,由"摄皇帝"而"真皇帝","孺子婴"不让位也不行啊。东汉"末代皇帝"(汉献帝刘协),把曹操、曹丕爷俩都培养到"加九锡"的位置,"加九锡"也就是"享受皇帝待遇",好在曹操立志只做"周文王",要不然汉献帝的"禅让"就没有曹丕的"份儿"了。可笑的是,曹丕接受汉献帝"禅让"登基时(220年),给曹操"追谥"仍然是"魏武帝"。这父子俩也真是好笑,都不想"背上骂名",结果都在历史上"留下了骂名"。西晋的开国皇帝司马炎,让魏元帝曹奂"禅让",理由也就更充分。通过司马懿、司马师司马昭兄弟、司马炎祖孙三代的"打拼与运作",魏元帝的皇帝也只是徒有其名,"让"与"不让"还不只是司马氏的"一句话"吗?石虎说,"禅让"其实是"废黜"。还有我们后来要说到桓玄(建国"楚")、刘裕(建国"宋")都是想要皇位的人"一声吼",坐在皇帝位子上的人"打抖抖","禅让"也就只有"风风光光",而且"顺理成章",其实有多少的辛酸和无奈在禅让者的心头啊。

前面,我们说到了后赵皇帝石虎的"荒淫"。接下来,我们说说石虎的"变态"。石虎册立的首任太子石邃,就不能适应石虎的"怪脾气"。石虎后宫有3万人的"娘子军",估计有点儿"应接不暇",就让"太子监国",自己逍遥后宫。当太子有事汇报时,石虎说"这样的小事也要汇报"(无决断能力);当太子有一段时间都没汇报时,又说"你为什么不汇报"(竟敢擅自做主)。无论汇报还是不汇报,石虎对石邃都只有"鞭子伺候"。石邃对父皇无所适从,就想装病来"杀了老东西"。哪知道,事情泄露,石虎杀死石邃和妃子张氏,连同小妾等共26人,合葬在一口棺材内。这个"棺材"该有多大,史书上没有记载。同时，石虎还把"太子东宫"的同党200多人，活埋在一个大大的土坑内。

石虎又立第二个儿子石宣为太子。按照"立嫡立长"的传统，原太子石邃被杀掉了，立石宣（石虎次子）为太子也没什么，也算是顺理成章。曹操立曹丕为世子（诸侯王之子），也是因为长子曹昂早早地死在征张绣的战场上，于是曹丕顺利地被立为世子。但是，石虎立石宣为太子，却对石韬（石虎第三子）的喜爱溢于言表，石韬就"狗仗人势"，不把太子石宣放在眼里。好戏就这样开场了，精彩还在后面。

第二十五章

在"三国时代",东吴大帝孙权也犯过"同样的错误"。我们都知道,孙权是"三国时代"的"长寿皇帝"(终年 70 岁)。241 年,他的皇太子孙登(长子)去世,此时的孙权还"活得好好的",而他的第二个儿子孙虑也早在 20 岁时就病故了(232 年)。为此,孙和(第三子)成了"皇太子"的"不二人选"。孙和,在孙权诸子中"较为优秀":爱好文学、善于骑射,也就是说"文武双全",因而"宠冠诸子"。这样看来,把孙和立为"太子",也是一个不错的选择。但是,孙权的最大错误在于,册立孙和为"皇太子"的同时,又"节外生枝",册封自己同样宠爱的孙霸(第四子)为"鲁王",让他们都留在京城里,还"享受同等待遇"。"二宫之争"成为东吴朝廷的"时代闹剧",各有依附的大臣和宗室,两宫之间相互诋毁、相互倾轧,这样的明争暗斗进行了八年,鲁王孙霸就有些缺乏耐心了,想直接把太子孙和"结果算了"(谋杀)。孙权有些烦不胜烦,甚而高度震怒。结果呢? 250 年,鲁王孙霸被赐死、太子孙和被废黜。

前车之鉴,并没有成为"后事之师",石虎真像"孙权的学生"。立了石宣,又偏爱石韬,不出事就肯定是个例外了。348 年,石韬恃宠而傲，觉得自己不可一世，就想"搞点儿动静"。他居然修建了一座宫殿，叫"宣光殿"，违反了"避讳规矩"，潜台词还是想"石宣死光光"，而且"梁长九丈"，超过了"皇太子"石宣的"东宫规制"。石宣是"太子"，也就是"储君"，当然不想被石韬"压住风头"，也就不依不饶，派人强行拆毁了"宣光殿"。哪知道，石韬也"不输这口气"，修复的"宣光殿"居然"梁长十丈"。

石韬与石宣就这么"结下梁子"，这个"梁子"很快得到解决，石宣一怒之下就把石韬"暗杀"了。到这时，杀人如麻的石虎痛失爱子，也流下了"鳄鱼的眼泪"。史载，石虎"哀惊气绝，久之方苏"。石宣却在石韬的丧礼上嘻嘻哈哈，毫无哀色。如果石宣只是"偷着乐"也没什么事，但他在弟弟石韬丧礼上的异常表现，引起了石虎的深深怀疑。这一怀疑，石宣的后果就很严重了，不仅"摊上事"，而且"摊上大事"了。

史载："虎悲怒弥甚，囚宣于席库，以铁环穿其颔而锁之，取杀韬刀箭，舐其血，哀嚎震动宫殿。"这还不算狠的，更狠的是，石虎命人挖掉石宣的双眼，割下石宣的舌头，拔掉石宣的头发，卸下石宣的四肢，然后把石宣放在火堆上烧成灰烬，再把骨灰撒在京城的街道上。意思是让石宣的灵魂"永世不得超生"。石虎带着文武百官和后宫佳丽，全程观看了石宣的受刑过程。我看过莫言先生的《檀香刑》，就觉得够惨了，看到石虎"刑杀石宣"，真的就只有用触目惊心来形容了。石宣够惨了，更惨的是石宣的妻儿、东宫的大臣和仆从，他们虽然是无辜的，但都被"车裂而死"。东宫的"卫戍部队"还被"强制戍边"，后赵也为自己埋下了一颗"定时炸弹"。

349 年，无论对于偏安江南的东晋，还是对于扰攘北方的后赵，都是极不平凡的一年。东晋把割据一方的"成汉帝国"全部消灭了，朝野之间都弥漫着喜庆气氛。而后赵却在权力争夺、血腥屠杀中度过了这一年。"杀人恶魔"石虎死了（349 年），太子石世继位，在位仅

33 天，就被石虎的第九子石遵杀死；石遵在位才不到 180 天，又被石虎的第三子石鉴杀死；石鉴在位仅 103 天（与袁世凯同），又被后赵汉族将领冉闵杀死。俗话说："说人前、落人后。"石虎一向讥讽西晋"骨肉相残、天下大乱"，但他的儿子们为了一个皇位"前赴后继"，不知他在九泉之下作何感想。西晋"八王之乱"，使社会动荡，狼性英雄、逐鹿中原，把西晋送到历史深处。"新三国"格局中，东晋最大的两个"玩伴"都有了历史性转折。在"成汉帝国"最终灭亡的时候，"后赵帝国"也走到了历史尽头。虽然石祗 350 年在襄国（今河北省邢台市襄都区）称帝，但"后赵帝国"也只能是苟延残喘了。

350 年，冉闵建国"大魏"，史称"冉魏政权"。这个冉闵，他的父亲冉良 12 岁时成为石勒的养孙、石虎的养子，改名"石瞻"。因此，冉闵还有个名字叫"石闵"。冉闵"身长八尺、有勇有谋"，深得后赵皇帝石虎的器重，最终成为"后赵悍将"。杀死石鉴后，他想起谶书说"李继赵"，想让好朋友李农登基称帝。李农气得要"逃奔山林"，冉闵只好硬着头皮上。虽然，这个"冉魏政权"很快被剿灭了（352年），但冉闵的"灭胡令"却成为一段"奇崛的历史"。冉闵的"灭胡"，主要对象是"羯族人"，这是后赵军民的主体。

冉闵的"灭胡"，有背景、有原因、有过程、有结果，史书的记载又"差异很大"，毕竟是我们民族历史上的"一道伤疤"，不愿意过多地提起。有趣的是，冉闵"灭胡"后，给东晋王朝写了一封信。大意是，北方的"胡人"（羯族）被我消灭了，请你们（东晋）带兵前来"占领北方"。东晋居然没有一点儿反应，错失了"北伐的良机"。冉闵的"灭胡"却加强了"北方少数民族的联合"，把"冉魏政权"迅速剿灭在"后赵的大地上"，而真正斩杀冉闵的，却并不是后赵，而是慕容家族的慕容儁，他是"前燕"的皇帝，这个国家军民的主体是"鲜卑族"，后面再说。从后来的历史看，最后留在中国少数民族"大花园"的只有一个民族（羌族）。至于哪些民族融合成哪些民族，我就搞不清楚了。这也不是本文的主题所在。

但是，对于匈奴人，我还想在这里说一说。你知道那个"汉赵帝国"刘渊，他就是匈奴人。他改姓"刘"、建国"汉"，都源于西汉的"和亲政策"。据说，刘邦想亲征匈奴，被匈奴的"冒顿单于"围困在白登城"七天七夜"，史称"白登之围"。刚解了"白登之围"，刘邦就答应冒顿单于"求婚请求"。冒顿单于要的"鲁元公主"（刘邦独女），但皇后吕雉坚决不同意，最后只有选一位宗室女做了鲁元公主的"替身演员"。这件事，发生在公元前200年。据史家粗略统计，从公元前200年（汉高祖时期），到公元前33年（汉元帝时期），共有17位皇帝女儿或宗室女走上"和亲路"而远嫁他乡。我们都知道，开创了"文景之治"的汉文帝刘恒、汉景帝刘启，为赢取"边关的稳定"，也多次采取"和亲政策"，送出多位"宗室女"嫁给匈奴。汉景帝刘启还把亲生女儿嫁给了匈奴的"军臣单于"（前152年）。即使是汉武帝刘彻，曾派遣卫青、霍去病征伐匈奴，使得"单于夜遁逃"，但到了后期（前140年），也不得不把自己的"亲生女"嫁给"军臣单于"。西汉"和亲政策"最有名的故事是"昭君出塞"。这个历史事件，发生在汉元帝时期（前33年）。

史载，公元前54年，匈奴呼韩邪单于被他哥哥郅支单于打得落荒而逃，南迁至长城外的"光禄塞"下，向西汉伸出"橄榄枝"（结秦晋之好）。呼韩邪单于三次进长安"朝见"汉元帝刘奭，并"请求和亲"。王昭君（王蔷）不愿过"白头宫女在，闲坐说玄宗"的深宫生活，主动请求"出塞和亲"。她到匈奴后，被封为"宁胡阏氏"（皇后）。意思是，她将给匈奴带来和平、安宁和兴旺。后来，呼韩邪单于得到西汉的"鼎力支持"，控制了匈奴全境。匈奴同西汉，也就有了长达半个世纪的"秦晋之好"。

当然，还有汉武帝时期的"细君公主"（前108年）和"解忧公主"（前103年），也曾"前赴后继"远嫁"乌孙王国"，她们都可以作为北方

"丝绸之路"的开创者来敬仰。他们远嫁乌孙,是为汉武帝远征匈奴寻求"打帮锤的"(乌孙王国)。远嫁他乡,作用很大,但生活很苦。细君公主曾作《悲愁歌》:"吾家嫁我兮天一方。远托异国兮乌孙王。穹庐为室兮旃为墙。以肉为食兮酪为浆。常思汉土兮心内伤。愿为黄鹄兮归故乡。"表达了浓浓的思乡之情,这就是中国诗歌史上著名的《乌孙公主歌》。细君公主,贡献突出,但却身死他乡;解忧公主曾"两度出塞",最后得以"魂归故里"。我还想说到冯嫽,她是随"解忧公主"来到乌孙的侍者,嫁给了乌孙右大将为妻。可以说,冯嫽是一位杰出的女政治家和外交家,还是我国书法史上最早出现的女书法家和西域史上的第一位书法家。《汉书·西域传》记载冯嫽"能史书"。

说得更远一点,秦始皇时开始修筑的"万里长城",现在是世界文化遗产。在当时,也是为了抵御北方游牧民族侵袭的一道长墙。这些游牧民族包括匈奴。说得近一点,"魏武挥鞭"北征乌桓,把匈奴撵得远远的,司马懿"远征辽东",又将匈奴"引进来"。其实,撵走的是"北匈奴",拥进来的是"南匈奴"。后来曹操"分匈奴为五部",都是分解的"南匈奴"。西晋时期,建立"汉国"的刘渊,就是南匈奴"左部帅"刘豹的儿子。其实,汉武帝才真正是"匈奴的克星",北匈奴的远遁,居然远得杳无音信。91年,东汉汉和帝刘肇联合"南匈奴"向"北匈奴"发起致命一击。此后,北匈奴就隐进历史的烟云。不承想,在三百年后,他又在欧洲大地上"冒出来"(匈奴帝国)。消灭了好多民族帝国不细说,罗马帝国都颤抖在他们的"铁蹄下"。"匈奴帝国"国王阿提拉,更被誉为"上帝之鞭",让欧洲人的日子过得心惊胆战。可惜的是,这个阿提拉,死在胜利后的"新婚之夜"。或许是"胜利的酒"喝多了,或许看见"洋新娘"血压升高了,或许是"新娘"对这个恶魔般的男人"下了毒手"。目前,还没有人来解读"阿提拉之死",成为"世界之谜"。

其实,冉闵并没有把后赵的羯族人杀完。北方的混乱、动乱、战乱我们暂时不要去管它。349 年以后,东晋的"两个玩伴"要么"彻底完蛋"(成汉帝国),要么"离死不远"(后赵帝国)。"南北对峙"的格局下,东晋成为北方的唯一劲敌。北方的诸国,你争我夺,鹿死谁手,还等待着历史结论。这时,我们把时光回溯到西晋末年,聚焦在"东晋建立"这些历史事件上。

第二十六章

　　有人说，东晋建于 317 年；又有人说，东晋建于 318 年。因为琅琊王司马睿在这两个年份先"称王"（晋王）再"称帝"，这是出现分歧的主要原因。其实，这都不重要。一年的时间，在历史长河中也只是"弹指一挥间"。正如西晋的灭亡，有人因首都洛阳陷落、晋怀帝（司马炽）被俘（313 年），就说西晋已经灭亡；有人因首都长安陷落、晋愍帝（司马邺）出城投降（316 年），才说西晋彻底灭亡。我认为，只要"晋的旗帜"还在，哪怕就是负隅顽抗、苟延残喘，都证明"它还活着"。要说西晋的灭亡，开国皇帝司马炎负有很大责任，毕竟三个"重大决定"都是他的"金口玉言"。

　　一是变态的分封制。司马炎认为，"秦二世而亡"主要是因为实行郡县制。自己让曹奂"禅让"，而其他诸侯王"屁都不敢放一个"，主要是因为这些曹姓的"王国"既没有经济实力，更没有军事实力。因此，他就"狮子大开口"，"一口气"就分封了 17 个王，这些"王国"不仅有人权、事权，而且有军队。权力是魔鬼，激荡起的是更大的"权力野心"，这是"八王之乱"的根源。尤其是西晋后期，这些本该"勤王"的王国，却成为拥兵自重的"割据军阀"，置中央生死而不顾。

晋怀帝司马炽（司马炎幼子）调兵遣将的诏令，无异于"一纸空文"。也正是"八王之乱"，给了社会动荡的机会。历史又一次雄辩地证明，内忧外患真正是"孪生兄弟"。

二是变态的嫡长子继承制。史载，司马炎有25个儿子，但活到成年的只有九个。这九个皇子后来全被卷入"八王之乱"，其中七个"不得好死"。"杨皇后"（杨艳）生了三个，分别是司马轨、司马衷、司马柬。可是，嫡长子司马轨，只活到两岁就一命呜呼，次子司马衷就成为"嫡长子"。因此，司马炎称帝两年后，司马衷被册立为"皇太子"（267年），成为"皇家事业"的接班人。这个司马衷的"呆傻"，前面已经说过。为此，司马炎也有过犹豫，认为"太子不堪奉大统"，想改立"沉毅大度"的司马柬（第三子）。这个司马柬，也是"好人命不长"，司马炎驾崩的第二年，也追随其父皇的脚步而去。就在司马柬死的那一年，"八王之乱"也"拉开帷幕"。不知道杨皇后是怎么想的，这个司马柬也是她的"亲生骨肉"，只是过继给了司马攸。一旦司马炎欲行"废立之事"，杨皇后总是有一条理由："立嫡以长不以贤，岂可动乎？"或许，司马炎很爱"杨皇后"，或许司马炎也严重"惧内"。"杨皇后"的这句话，总能让司马炎"改变看法"。在古代国家，"祖制不可违"的观念根深蒂固，于是，"傻太子"在两位"杨皇后"（杨艳、杨芷）的保护下，最终变成了"举世闻名"的"傻皇帝"。

三是变态的"太子妃"。前面说过，司马炎想把卫瓘的女儿纳为"太子妃"，还为此把"贾家女"和"卫家女"做过"全面比对"，得出了"五好五不好"的正确结论。但是，他经不住贾充展开的"女儿推销战"，经不住"杨皇后"（杨芷）的"软磨硬缠"，把贾南风册立为"太子妃"。当"太子妃"变成"丑皇后"，权力的欲望空前高涨，"抓权的行动"，从收拾杨骏为首的"杨家势力"开始，直接挑起了"八王之乱"。这八个"王"分别是长沙王司马乂、东海王司马越、成都王司马颖、楚王司马玮、汝南王司马亮、赵王司马伦、河间王司马颙、齐王司马冏，最后胜出的是司马越。"八王之乱"开始于司马炎死后的第二年（291年），终止于东晋开国皇帝司马睿"出镇建邺"的那一年（307年），这一闹就闹了16年，约占了"西晋寿命"（265—316年）的三分之一。这样看来，对于"八王之乱"，皇帝司马炎要负"主要责任"，两个"杨皇后"至少应该负"次要责任"。

奄奄一息的西晋，经不住胡人军队的"猛烈敲打"，最终被"汉赵帝国"（前赵）撵出了历史舞台。有史家说，西晋的灭亡，是因为"傻皇帝"和"丑皇后"没有采纳"太子洗马"江统的《徙戎论》。我认为，这种说法有点儿"欠科学"。299年，鉴于氐人皇帝齐万年的叛乱，时任太子洗马的江统"激情上表"，这个上表就是《徙戎论》。他向朝廷提出的"长久之计"是："申谕，发遣还其本域，慰彼羁旅怀土之思，释我华夏纤介之忧。"我的看法是"理想很丰满、现实很骨感"，且不说少数民族内迁、内附由来已久，"遣还本土"只是西晋朝廷的一厢情愿。前面说到"成汉帝国"，就是在"遣返与反遣返"的斗争中建立起来的。当时，"八王之乱"已让西晋朝廷自顾不暇，哪来的精力和实力去抓"遣返工作"呢？

"太子洗马"这个词容易产生误解，甚至有"给太子洗马"的说法出现。其实"洗马"，也称为"先马"，也有写作"冼马"的，史家写作"洗马"可能是刻写传抄之误。所谓"先马"即在马前驰驱之意，为太子的侍从官。秦汉始置，在太子出行时为先导。汉时亦作"先马"和"前马"，秩比六百石。东汉时"洗马"为十六人，职如"谒者"。魏沿其制，晋时改掌图籍，置八人。南朝宋设八人，齐设一人，梁设八人，掌公文信札，以世族充任。陈因梁制。以后历朝历代，都有"太子洗马"的设置。特别的是大清王朝不设"太子官属"，但保留了"太子洗马"这个官名，从属于"詹事府"。

有史家说，西晋的开国皇帝司马睿没有参加"八王之乱"。其实，司马睿不仅参与了"八王之乱"（不是主角），而且还曾经成为"战争俘虏"。史载，304年，东海王司马越"挟持皇帝"征讨邺城的成都王司马颖。这个时候，司马颖已是"皇太弟"，觉得京城"不安全"，仍待在邺城"遥控朝政"。这场邺城征战中，时年25岁已是左将军的司马睿也在其中。可是，司马越战败，"傻皇帝"司马衷和随军大臣都被"掳进邺城"。司马睿在这时成为"战争俘虏"。好在司马睿还是脑壳灵活，居然带着家小逃出邺城，回到自己的琅琊封国（今山东省临沂市）去了。

在"三国时代"，邺城就跟司马睿的祖父司马伷（司马懿第三子）发生了联系。西晋建立前，司马伷驻守"邺城"。这个"邺城"是魏王曹操的"根据地"（封地），也是曹丕篡汉后"诸侯王"的"聚居区"。这个司马伷，参加灭吴大战，东吴灭亡时，是他亲自接受的"孙皓投降"。西晋建立后，因为灭吴之功，司马伷又由初封的"东莞郡王"，改封为"琅琊王"。应该在这时，"琅琊王"司马伦（司马懿第九子）被改封为"赵王"。司马睿这个"琅琊王"封号，是由祖父司马伷传给父亲司马觐的。史载，司马觐"庸碌无为，但地位高"，他死后，儿子司马睿"袭封"了"琅琊王"的封号，那时司马睿才15岁。

我之所以要"啰哩啰唆"地说这个"封号"，是想说明"司马睿是司马懿的曾孙"，证明他的"皇族血统"。还有一个原因，是想找出司马睿跟"琅琊王氏"的瓜葛。但是，有史籍却说，司马睿并没有"皇室血统"，还记录了"牛继马后"的故事。司马懿的睿智，缘于他的博学多闻，连《玄石图》这样的"谶纬之书"，也在浏览范围。史载，235年，凉州张掖郡柳谷口水涨，出现了奇异形状的"瑞石"，上面有石马、凤凰、麒麟、白虎、牺牛等形象，被称为"玄石图"。《建康实录》说，"牺牛"在"石马"的后面，有占卜者解读出"牛继马后"这样的谶语。据说，《玄石图》是曹魏时期的"畅销书"，司马懿得而观之也有可能。但他读到"牛继马后"这句"谶语"后，却"满心不欢喜"。虽然司马懿当时还没有篡夺之举，但"篡夺之心"肯定是有的，以他"聪明的大脑"，完全可以预料"未来的江山"必是"司马氏的世界"。"担心"催生"疑心"，为他出生入死、战功卓著的爱将牛金就因为"姓牛"而倒了大霉。找到了"霉头"，司马懿就假意设宴，用毒酒毒死了大将牛金。

司马懿为子孙后代解决了"重大隐患"。不承想，他的孙子司马觐虽然"庸碌无为"，但是因为"有钱又好色"，妻妾成群。他本人可能由于被美女"掏空了身体"，刚过而立之年就"病恹恹"的，拖了五年，去世时才35岁。而他的妻子夏侯光姬，或为争风吃醋、或为放纵欲望就"红杏出墙"了。而这个"坐在墙外等红杏"的人，就是王府"姓牛"的小吏。历史真这么巧？有人直接说这个小吏居然也叫"牛金"，是他们私通生下了司马睿。后世史家或者直接把"司马睿"戏称为"牛睿"，还把"东晋"称为"南朝晋牛氏"。这件事究竟是不是真的，已经成为"千年之谜"了，更何况人家"琅琊王"司马觐都不曾有"丝毫的怀疑"呢？因为古代没有我们现代的"亲子鉴定"(DNA)技术，他们能有的技术叫作"滴血认亲"，即使是"冢中枯骨"也能"滴血认亲"，如果后代的血滴在枯骨上，能浸润的就是"亲人"，不能浸润的则不是"亲人"。我们常看的一些电视连续剧，如《大宋提刑官》中也出现过这样的剧情。套用一句网络流行语："元芳，你怎么看？"

这个"夏侯光姬"，出生名门望族，她的曾祖父是大名鼎鼎的夏侯渊，父亲夏侯庄，也曾官至"淮南太守"。这样的"家教谨严"，估计也不会出现"浪荡成性"的"良家女"。我们在《笑谈"三国"那些事儿》中说过，曹操其实也姓"夏侯"，因为他的父亲"夏侯嵩"是当朝大宦官曹腾的"养子"，"夏侯嵩"才改为"曹嵩"。之后，曹操就不姓"夏侯"了。这个"夏侯光姬"诞下"王子"司马睿(276年)，司马觐才20岁，处于人生旺盛的"播种期"。因此，我认为"牛继马后"的故事，其实是后人为了"应验谶语"而编造的。据说，这个说法，最早出现在北齐人魏收的《魏书·列传》里。在"僭晋司马睿"条，直接说"司马睿"是牛金的儿子，"司马"是"冒姓"。从"否定东晋的正统性"出发，"牛继马后"的故事或许就是《魏书》的胡编乱造。

也有的史家说，夏侯光姬"红杏出墙"虽是"小概率事件"，但也有可能真实地发生过。司马觐要让牛睿"冒姓司马"，主要是出于"家丑不可外扬"的考虑。在封建社会，女性"红杏出墙"为世人所不齿，受到的惩罚，不是"关笼子"就是"沉河死"。司马觐"戴了绿帽子"居然忍气吞声，让夏侯光姬"好好活了下来"。司马觐死后，夏侯光姬又活了17年（死于307年)，还随司马睿"移镇建邺"。据说，夏侯光姬小字"铜环"，又有"谶语"说"铜环入海建邺期"，而司马睿正是在建邺"称王称帝"。其实，"谶语"有时也是有人编造的"政治宣传品"，就像"大楚兴、陈胜王"，还有"苍天已死，黄天当立，岁在甲子，天下大吉"。"谶语"有时也"害人不浅"，就像"代汉者当途高"，让好多人为"皇帝梦"相继走上绝路。"望气说"也害人，东晋的首都"建邺"，就被"金陵有王气"弄得尴尬了上千年。

第二十七章

　　东晋开国皇帝司马睿的"血统问题"，虽然还有点儿"云遮雾罩"，但总算看出了一些端倪。下面来说"王与马，共天下"这个政治格局，这个就绝对是货真价实的了。

　　我们知道，东海王司马越是"八王之乱"的"终结者"，他废杀了"傻皇帝"司马衷，立了司马炽（晋怀帝）。司马越这个人有个爱好，就是"结交名士"。史载"越府多俊逸"。据《世说新语》，有人去拜望司马越，在越府见到王衍（首席名士），又遇到了王戎、王敦和王导，还见到王诩和王澄。这个人出来后，就对人说："今日之行，触目所见，无不是'琳琅珠玉'啊。"这个故事，后来演变成成语"琳琅满目"。王衍，不仅是个"首席名士"，而且是"玄学领袖"，曾被后辈王羲之痛斥为"清谈误国"。他不仅官至太尉，而且容貌俊美。这些"王姓才俊"，都出自"琅琊王氏"。由此看出，"琅琊王氏"是东海王司马越的笼络对象。

　　司马睿的"琅琊王"的封号，是祖传和世袭的。司马睿祖父司马伷曾经镇守下邳。东海王司马越准备从下邳西进"迎晋惠回京"时（305年），又任命"琅琊王"司马睿"留镇下邳"。有了这个任命，司马睿就有了"自聘僚属"的权力。这时，"琅琊王氏"的王导与司马睿也有了"人生际遇"。司马睿当"战争俘虏"的那场"讨邺之战"中，王导也是司马睿的"跟班"。也正是这个王导，给了司马睿最重要的"人生建议"：移镇建邺。至于王导与司马睿之间是否有"隆中对"，史书上没有记载。但当时的西晋风雨飘摇，北方的大地已赤地千里，为避战避祸，流民们拥向相对安定的江南去"讨生活"（乞活），"衣冠南渡"也迅速成为一时之景。

307 年，是西晋第三个皇帝晋怀帝司马炽的"执政元年"。在这一年，西晋朝廷也做出了"重要决定"：批准司马睿的"上表"，命琅琊王司马睿从下邳移镇建邺。同时，朝廷还有一道新的"任命"：命王澄（王衍弟）为"荆州刺史"，王敦（王衍族弟）为"扬州刺史"。这道命令，我们看出了西晋朝廷的"小心思"，"金陵有天子气"，东吴凭此与曹魏和蜀汉"三国鼎立"。司马睿无疑是西晋朝廷"奔向江南"的急先锋。我们还可看出太尉王衍的"小算盘"，"琅琊王氏"可以一内一外掌控"军政大权"。王衍"狡兔三窟"般的"人事安排"，虽为时人所不齿，但他在无形中奠定了东晋"王与马、共天下"的政治格局的雏形。不过，这个王衍没有看到"东晋的建立"，死于 311 年。"王与马"的"王"，其实指的是王导、王敦两兄弟。

王衍，也是个"有故事"的人，《晋书·王衍传》说："（王）衍有盛才美貌，明悟若神，常自比子贡。"看来，王衍也是个颇有些洋洋自得的人。据说，太尉杨骏想把女儿嫁给他，王衍"不以为荣，反以为耻"，于是"装醉避婚"。其实，对于"竹林七贤"来说，酒是他们的"政治饮料"，他们喝酒避世、避祸、避乱。"喝酒避婚"的事儿，阮籍也"干过一票"。据说，阮籍有一个女儿"长得寡乖"（容貌秀丽），当时已大权在握的司马昭动了心思，想纳为儿媳。阮籍左右为难：若答应，有攀附权贵的"坏名声"；若不答应，得罪了司马昭，又会有"生命之忧"。阮籍的父亲阮瑀，是"建安七子"之一。从政治取向看，他们是"亲曹派"。"司马昭之心，路人皆知"，是曹魏第四任皇帝曹髦的"临终怒吼"。"不仕司马氏",是阮籍的"政治意识"。于是,阮籍就"杯小乾坤大,壶中日月长"(天天沉醉)。这样一连六十多天,他都"浓睡难消残酒",提亲的人只有"英雄白跑路",司马昭对此也奈何不得,"联姻之事"才没有成为历史事实。

晋武帝司马炎欣赏王衍的"名士风度"。当然,他也为这次欣赏,得到了大大的实惠。你们知道杨骏的女儿是谁吗?这就是司马炎第二个杨皇后(杨芷)。要是王衍不"装酒避婚",杨芷就不是"司马炎的菜"了,因为杨骏家只有一颗"掌上明珠",历史也是喜欢"开玩笑"的。王衍的女儿,后来成为司马遹的"太子妃"。司马炎对皇孙司马遹"很欣赏",正因为他的"少年聪慧",才让司马炎下定了立"傻皇帝"司马衷为"皇太子"的决心。"丑皇后"贾南风对司马遹却"恨从心头起",居然设计"诬杀太子"。因为,司马遹不是她"亲生的"(谢玖所生)。在太子司马遹被囚禁在"金墉城"时,王衍马上让女儿"远离是非之地"(离婚)。不过,这些都不重要,让王衍没能看见"东晋的天空"的人,是石勒。因为战败,前赵大将军石勒俘获了时为西晋大元帅王衍。本来相谈甚欢,王衍却在此时"劝石勒称尊"(称帝)。居然触到了石勒的"敏感神经",石勒勃然而怒,决定杀死王衍。但因王衍的"名士身份",就叫士兵们推倒王衍的屋墙,把他"填杀"了。据说,王衍与石勒一生只有两次"历史性会晤"。第一次王衍就看出了石勒"从奴隶到将军"的命运;第二次"劝其称帝"却"触了霉头",走完了他的人生历程(终年56岁)。

"琅琊王氏"是中国古代顶级的"门阀士族",居于晋代四大盛门"王谢桓庾"之首,是中古时期最具代表性的名门望族之一,素有"华夏首望"的誉称。"琅琊王氏"开基于两汉时期,鼎盛于魏晋时期,南朝以后走向衰弱。时光流转到东晋,"琅琊王氏"更创造了"王与马,共天下"的历史神话。前面说过,318年,司马睿在建邺称帝,要拉王导"共坐龙床",就是一个"标志性动作"。

如果时光倒转到 308 年那个"上巳节"，王导、王敦联袂导演的那场"观禊戏"：司马睿坐在肩舆上，王导、王敦等骑着高头大马跟随其后，还有大规模的"王室仪仗"，看起好不威风。这不只是为了表明琅琊王要"与民同乐"，更重要的用意是"威服吴地大族"。于是，就有了以顾氏、纪氏为代表的"吴地大族"肃立道左、跪拜于地的"演出效果"，"东晋的序曲"也就此唱响。可以看出，把王导、王敦称为"开国功臣"绝对是当之无愧的。

"琅琊王氏"的"龙兴之地"，是在"琅琊国"或"琅琊郡"。"琅琊王氏"世系复杂，有人把战国时期"秦国名将"王翦作为其"开宗之祖"，有人把西汉时期（汉昭帝时）"谏议大夫"王吉作为其"兴起之源"，我们不研究姓氏文化，只说跟西晋、东晋有关的"琅琊王氏"代表人物。我们首先说到跟西晋开国皇帝司马炎有关的一个人，这个人就是王祥。在《二十四孝》里，"卧冰求鲤"的故事，说的就是王祥。王祥"少年失恃"（死了母亲），继母朱氏"不是自己的骨肉不心疼"，还常在他父亲面前"说坏话"，最后出现了"爹不疼、娘不爱"的局面。但王祥生性至孝，父母生病，他就衣不解带，还亲尝汤药。一年冬天，病中的继母突发奇想，想吃鲤鱼。但因"千里冰封"无法捕捉，王祥便"赤身卧于冰上"。忽然河冰化开，从裂缝处跃出两条鲤鱼。后来，民间有诗颂曰："继母人间有，王祥天下无。至今河水上，一片卧冰模。"这个故事有些近乎传说，他的遭遇跟名列《二十四孝》之首的"孝感动天"（舜的故事）有些近似。这些故事，都来源于干宝的《搜神记》，有些"神话成分"也属正常。

后世也有人说，《二十四孝》其实多是"愚孝"，实不可取。还有更不可取的是"割股孝亲"和"割肝救母"。在三个版本的《渠县志》里，"割肝救母"的"先进人物"还真不少。我在想，"割肝"是需要开肠破肚的大手术，居然在自家完成，简直不可思议。我认为，我们喜欢把"孝"与"顺"连用是有道理的。"孝"其实是一种理念，"顺"

才是现实行动，也就是要让老人们"顺心顺意"。因此，与之相反的行动，就叫"忤逆"，"忤逆不孝"也就成了我们的"口头禅"。

虽然王祥"卧冰求鲤"不值一提，但是王祥的"历史贡献"还不止于此，他的《训子孙遗令》流传后世，成为"千古家训"。据说，王祥乃长寿之人，85岁才无疾而终（268年）。他的临终遗言是："夫言行可覆，信之至也；推美引过，德之至也；扬名显亲，孝之至也；兄弟怡怡，宗族欣欣，悌之至也；临财，莫过于让。此五者，立身之本。"翻译过来是："言行可以经得起审查，这是最高的忠信；辞让赞美而自认过失，这是最高的品德；使父母扬名声显，这是最大的孝；兄弟和睦、族人兴旺，这是最大的和顺；面对钱财，没有比辞让更高尚的了。这五点，是人立身的根本。""琅琊王氏"能够成为"顶级望族"，也不是没有原因的。这个"五至家训"，就是"琅琊王氏"的"成功密码"。

"封建王朝"自西汉以来，都提倡"孝治天下"。无论在《史记》，还是在《资治通鉴》里，"皇帝纪"在西汉皇帝"谥号"前都要加个"孝"字。史载，大清乾隆皇帝（爱新觉罗·弘历）不仅是一位"好皇帝"（开创"康乾盛世"），而且是一位"大孝子"（极为孝顺母亲）。有四条"历史记录"作为证据：一是对太后有言必遵，太后偶然提及的事，也立马照办。二是乾隆多次出巡，次次皆是"随母而行"。三是太后的"生日庆典"，一次比一次隆重。太后"八十大寿"时，"年满花甲"的乾隆皇帝还"彩衣蹈舞"。四是86岁的太后驾薨，最终加谥为"孝圣慈宣康惠敦和诚徽仁穆敬天光圣宪皇后"。这个"谥号"，是太后谥号中的"中国之最"。

　　琅琊王司马睿"移镇建邺"的"上表请求"，与西晋朝廷的"迁都建邺"的避乱思维，可以说是"瞌睡遇到枕头"。306 年，东海王司马越毒杀了"傻皇帝"司马衷，又于 307 年拥立了晋怀帝司马炽，有"废立之功"的司马越当然大权独揽。我们知道，"琅琊王氏"是司马越的笼络对象。这时，"琅琊王氏"在西晋中央的代表人物是太尉王衍。"王与马，共天下"，在西晋末年就已经"露出端倪"。因此，西晋朝廷在 307 年对司马睿上表的"批复文件"，既有朝廷的"组织意图"，更有司马越和王衍的"个人意图"，那就是"迁都建邺"和"衣冠南渡"。但是，晋怀帝司马炽并不对司马越知恩图报，居然在 311 年，罗列司马越"十大罪状"，还派大军征讨，司马越于是"忧惧而死"。也是在这一年，大元帅王衍护送司马越的灵柩到"东海王国"，途中被前赵帝国的大将军石勒俘虏，烧了司马越的棺材，杀了司马越的家人，还"活埋"了西晋"首席名士"王衍。还是在这一年，晋怀帝司马炽在从洛阳逃回长安的路上，被前赵帝国俘虏到平阳城。因此，"永嘉之乱"，实质上却是"永嘉之祸"。

　　据说，司马睿和王敦，有一个"共同的恩人"，就是东海王司马越的"王妃"（裴妃）。正是这个女人，让司马睿和王敦有了避难江东的"人生机会"。"永嘉之乱"让西晋的"羊皇后"（羊献容）"找到了真爱"，被前赵帝国的悍将刘曜"纳为妃子"。刘曜称帝后，羊献容还被立为"皇后"。但不是所有的皇室女人都这么幸运，遭遇"永嘉之乱"的裴妃，被人掳去，卖于吴氏。那个还待字闺中的"清河公主"，也流落民间，尝到"千金小姐"所想不到的苦难，后被转卖到吴兴县（今浙江省湖州市）大财主钱温家做女仆，受尽凌辱与责难。好在这两个女人"晚景并不凄凉"，虽然她们颠沛流离、风餐露宿，但最终找到了东晋的开国皇帝司马睿，重新过上了皇亲国戚的"幸福生活"。

中国古代的"族诛"，是一种最严厉的"死刑"。一般来说，诛杀的都是男丁（也有例外），女人都被"没为官奴"。所以裴妃、清河公主在"永嘉之乱"才没有被杀害。而司马越的儿孙们都被"斩草除根"，也就是说司马越已经"绝嗣"。裴妃来到东晋朝廷，司马睿的"报恩之举"是，将自己的第三个儿子司马冲"过继"给司马越，并袭封"东海王"的爵位，为他的恩人裴妃养老送终。对于"清河公主"（生母羊献容），司马睿则给予更多的同情，他义愤填膺地把钱温和他的女儿"打入死牢"。有史家感叹："买了一个丫头，却惹来了'杀身之祸'。"同时，司马睿将"清河公主"改封为"临海公主"，还给她选定了"乘龙快婿"，这个人就是谯国的曹统。选定谯国（曹操老家）的曹统来做"驸马"，而且还封了"宗正"的官职。"宗正"一职，肯定应由司马氏的人出任。而曹统却是司马氏的"宗正"，这是让后世史家都有些纳闷的问题。据说，"临海公主"归宗后，想念自己的生身母亲"羊皇后"（羊献容），曾经"力主北伐"。但是，司马睿和他的东晋朝廷并没有满足她的要求。由于当时没有通讯工具，她不知道的是，她的生身母亲羊献容，在前赵帝国还在"母仪天下"，日子滋润着呢！

"永嘉之乱"导致的"衣冠南渡"，王导、王敦，也就天然成为西晋末年"衣冠南渡"的"领头羊"。有史家说，"永嘉之乱"，是少数民族第一次"入主中原"。"衣冠"（宽衣博带）是与普通百姓"短袄"（褐衣短襦）相对而言的,因此,"衣冠南渡",也是中原文明的第一次南迁。史载, 这次人口大迁徙的 "形象进度" 是 "十迁六七","总量统计" 是 90 万人。晋孝武帝时, 曾经编订 "南渡世族" 的 "族谱",取名《百家谱》, 可见 "衣冠南渡" 的世族, 还是相当多的。因为当时的世族的 "南渡",跟随他们的还有 "坞堡营垒" 的大量部曲,这可以作为 "总量统计" 的 "有力佐证"。但是,"衣冠南渡"并不是北方汉人的 "整体搬迁"。留守本土的汉人, 则以构建 "坞堡营垒" 来自卫。《晋书•石勒载记》多见 "降服坞堡营垒" 的记载, 动辄数十垒, 多则数百垒, 得众动辄上千人, 多则数万人。这个《载记》说明:营建 "坞堡营垒" 在当时的北方是 "大概率事件"。这些 "坞堡营垒", 既是防御性建筑, 也是防御性组织, 更是当时的 "生产单元"。

有史家说,"坞堡营垒" 是战乱频繁、社会动荡时期的必然产物。为两汉打 "间隔号" 的王莽, 他的 "新朝新政" 搅乱了 "汉家天下",天灾人祸相互交织, 导致社会动荡。在天凤年间, 一些地方豪强开始营建 "坞堡营垒" 来自求生存。开创东汉王朝的光武帝刘秀, 在一统天下之后, 看到 "坞堡营垒" 危及 "王朝政治",曾专门下达诏令:拆毁! "坞堡营垒" 遭遇了覆亡的命运。东汉末年及至三国与两晋, 还有南朝与北朝, 是中国历史上 "最乱的时期","坞堡营垒" 又渐成燎原之势。

读过东晋陶渊明的《桃花源记》,就可以知道桃花源一类的 "坞堡营垒" 是与世隔绝的社会的原型。史学大家陈寅恪在《桃花源旁证》说:"桃花源" 其实就是受战乱影响的人民的 "避难之所"。关于 "坞堡营垒" 的记载可以追溯至汉武帝时期, 但是这些 "坞堡营垒" 不再是 "独立王国",而是 "乡亭里" 的基层组织。在中国古代,"王朝统治" 一般只到县一级, 鞭长莫及的 "乡亭里" 都是自治组织, 跟我们现在的 "行政村" 差不多。但是, 在 "重文轻武" 的宋朝末年, 文弱的南宋挡不住 "蒙古人的铁骑","坞堡营垒" 再次成为 "防卫的重器"。

尤其是四川地区，当时的四川制置使兼重庆知府的余玠，就沿江建立起了串联"坞堡营垒"为线的"山城防御体系"，最著名的是"合川钓鱼城"。正是这个"钓鱼城"，曾经重创蒙哥的部队，蒙哥重伤后，很快就死在钓鱼山下（1259 年）。蒙哥一死，掀起了"汗位争夺战"，横扫欧洲的"蒙古铁蹄"（上帝之鞭）迅速回返，"欧洲人的噩梦"得以解除，也给文弱的南宋一个"喘息的机会"。

在余玠的"山城防御体系"中，也有我们渠县（时称渠州）的"礼义城"。这个处于元军包围之下的"礼义城"，一直坚守了 21 年，直到 1275 年才被元军攻破。那时镇守渠州的知州张资，也因城破而自杀身亡，表现出高尚的"民族气节"。1279 年，陆秀夫背着小皇帝"跳海"殉国，南宋亡。在"礼义城"组织抗元的人，是四川制置使兼任重庆总督的蒲择之。他是渠县三汇镇重石村人，有"蒲氏宗祠"为"市级文物保护单位"。在"四川抗元史"上可歌可泣的人物和事件肯定不少，但我重点说到了余玠和蒲择之，是因为他们都是"冤大头"。正是抗元紧急时，南宋朝廷却要余玠"回京赴任"，余玠"忧愤而死"。蒲择之本是"抗元英豪"，却被诬为"私通蒙古"而被流放。或许，正是余玠和蒲择之这样的英豪成就了"礼义城"，而"礼义城"也成就了他们。

当然，渠县还有很多的"坞堡营垒"，就是那些还留有遗迹的山寨，最著名的是"大斌山"和"小斌山"，这些都跟攻入四川建立"大西政权"的张献忠有关，后面再说。如果我没有猜错的话，青城山的范长生也曾凭山水之险，建立过"坞堡营垒"，拥有相当多的信众（部曲）。正是他建立的"坞堡营垒"和他的众多部曲，挽救了李雄的兄弟们，成就了"成汉帝国"的建国梦想。

回到正题上来。东晋的建立，也不是一帆风顺的。光是它的序曲就唱了九年（308—317 年）。司马睿的父亲司马觐，虽然袭封了"琅琊王"的封号，也娶了有名的夏侯光姬（曹操同乡），但没有什么"显赫的政绩"，导致司马睿在宗室中的地位被"边缘化"。如果在北方，他尚可以因为有"王封"而"稳坐钓鱼台"。但是，来到江左就不是那么一回事儿了。史载，司马睿到达建邺，江左大族对他不闻不问，几乎沦落到门可罗雀的境地。王导、王敦导演的"观禊戏"只是一个缩影。

王导，可以说是"南渡大族"的"精神领袖"。就连东晋的开国皇帝司马睿，也把他称为"仲父"，说他是个"萧何式的人物"。在古代兄弟排序，有"伯仲叔季"之分。"仲"就是中间的意思，古代称父亲的大弟弟为"仲父"。吕不韦也被秦始皇称为"仲父"，是因为吕不韦对秦始皇的父亲有"拥立之功"。诸葛亮也被刘禅称为"仲父"（一说"相父"），是因为诸葛武侯帮助先帝建立了"蜀汉政权"，而且为蜀汉的天下"鞠躬尽瘁"。因此，"仲父"这样的"称呼"，也表明了司马睿对王导的倾心依靠。

王导确实也"很可靠"。他引导南渡的"世家大族"作为司马睿的主要依靠。著名的"新亭对泣"，就是一个例子。《晋书·王导传》载："过江人士，每至暇日，相要出新亭饮宴。"随司马睿"衣冠南渡"的周顗，想起西晋的兴亡，发表了"风景不殊，举目有江河之异"的感叹。一时让大家"感同身受"，于是"皆相视流涕"。只有王导愀然变色说："当共戮力王室，克复神州，何至作楚囚相对泣邪？""一语惊醒梦中人"，于是大家"收泪，而谢之"。在王导的主导下，南迁的"北方大族"，先后有百余人在司马睿身边担任"显要职务"，为东晋王朝建立了"班底"。为安抚南来的"北方民众"，在吴人相对稀疏的地方"侨置郡县"，一方面慰藉乡愁，另一方面发展生产。据说，现南京市栖霞区，就是侨置"琅琊郡"所在地。

王导的另一个主要工作，就是"拉拢江东大族"，为司马睿"扎住阵脚"。著名的"观禊戏"，用意在显示司马睿的威风，提升司马睿的威信，从而"威服吴地大族"。同时，王导还用"高官厚禄"来"利诱江东大族"。吴地大族先后被请进"东晋朝堂",成为司马睿"称王称帝"的"舆论支持者"。当然,作为学通兵法、学通《左传》的王敦,则以"战神般的存在","打拉结合",扫灭了江东的"动乱分子",创建了江东的"安稳局面"。由此可见,"王与马、共天下",是司马氏在向"琅琊王氏"表达感激之情。

其实，"王与马，共天下"，在东晋初期还真有"表达感激"的成分。司马睿充分认识到，王导、王敦兄弟才是东晋的真正缔造者。东晋的"政治基础"，是王导奠定的，他引导北方士族，拉拢吴地大族，"组阁朝廷"（搭班子）；地盘的"相对一统"，是王敦"打出来的"，消灭武宗强族，"维护和平稳定"。因为有"琅琊王氏"的纵横捭阖，才有了"司马氏的天下"。长达九年（308—317 年）的"东晋创建期"，司马睿做了些什么，史书鲜有记载，或许他只贡献了"皇室身份"而已。

史载，西晋"骑都尉"桓彝也因避乱"衣冠南渡"。看见司马睿"势单力薄"，就对军谘祭酒周顗说："琅琊王司马睿尚且'如此单弱'，将来靠什么来成就大业呢？"周顗向桓彝提出建议，让他去拜见王导。桓彝见到王导，纵论天下大事，感到"如沐春风"。出来后，又对周顗说："向见管夷吾（管仲），无复忧矣。"一次谈话，就让桓彝看到了"东晋的希望"，说明王导在当时堪称东晋的"心理治疗师"。《世说新语》还记载了一个故事，桓彝初到江南，听说王导"很是了得"，就弄了一身"穷人打扮"（褐衣葛裙），站在路边看王导回府，越看越欣赏，居然跟着王导来到了"丞相府"外。这个桓彝，正是东晋"桓氏"成为"豪强大族"的关键人物，后面再说。从王、谢、庾、桓"四大家族"轮流执政的东晋历史看，"王与马，共天下"，更重要的不是表达感激，而是"门阀政治"（世族政治）的势在必然。

"王与马，共天下"，其实也不是"东晋特产"。远的不说，在三国时代，曹魏的司马氏和曹氏，其实也就是"共天下"的关系。而且，曹魏开始实行的"九品中正制"（曹丕），它上承两汉的"察举制"，下启隋唐的"科举制"，可以说是"世家大族"的"营养土"。无论征辟和察举，还是"九品中正制"，其实都是在"小圈子里"选人用人。加上"中正"也"不中不正"，到西晋时期，甚至出现"上品无寒门，下品无士族"的"官场怪圈"。

"九品中正制"，又称为"九品官人法"。中央在各州郡设大、小"中正"（组织部长），负责察访品评本州郡的士人，并评定"九品三级"：上上、上中、上下，中上、中中、中下，下上、下中、下下。大小中正评定士人品级后向吏部推荐，吏部根据"中正的报告"按品授官。初看起来，这也是一个较为完备的"选官制度"。但是，坏就坏在"中正"的评判标准，"第一标准"是"门第高低"，"第二标准"才是"才德优劣"。"标准"都出了问题，"结果"肯定就会出大问题。"门第高"必然"品级高"，"四世三公"屡见不鲜，"寒门庶族"绝无进身之阶。据说，这时"学而优则仕"的"孔孟之道"不再吃香，民间盛行起"读书无用论"，这是汉武帝"罢黜百家，独尊儒术"以来最严重的一次"文化灾难"。

司马氏能够"禅让"，得以"执掌天下"（称王称帝），对司马氏来说，经历了三代人的"逐梦之旅"。而曹氏则是他们的"大恩人"，不断地把司马氏培育成"豪强大族"。禅让，其实就成了曹氏无可奈何的"皇权让度"。在西晋，各州郡的大小中正职位，更被大家世族"独占一空"，"中正"不仅"不正"，而且倚仗权势、干预吏部铨选，以致"高门华阅，有世及之荣；庶姓寒人，无进退之路"。据《晋书》载：直言敢谏的西晋名士刘毅,他最著名的上书,是批评"九品中正制"的《宜罢中正疏》。批评虽然切中时弊,但积重难返。因此刘毅的"大声疾呼",没能在西晋朝廷掀起任何波澜。到了东晋,"四大家族"就可以轮流"执掌政权",司马家的皇权反而被"挤到一边",甚至只是一个象征性标志,就像"英国女王"和"日本天皇"。

仔细观察,你会发现与司马氏"共天下"的四大家族(王、谢、庾、桓)都是"衣冠南渡"的"北方士族",而吴地大族则基本处于"敲边鼓"的地位,很有点儿"革命也分先后"的味道。280年,西晋灭了东吴,建邺成为"亡国之都",江东士族被狠狠打压,对"衣冠南渡"的司马睿由抵触到服从,走过了艰难的"心路历程"。武宗强族(义兴周氏)虽然"三定江南",但真实意图并不是真心帮助司马睿,而只是为了江南的稳定。周氏武装虽然归附王敦,但王敦仍然"猜忌无限",最后竟然拉拢吴兴沈充带兵灭了周氏武装。有史家说,"琅琊王氏"对江左的武宗强族,采用的不是"拉拢政策",而是让他们"火拼",达到消耗实力的目的。尤其是"文化士族"(顾氏、纪氏等),面对王导的"胡萝卜政策",立即"好了伤疤忘了痛",变成了司马睿形象的"义务宣传员"。但是,他们只是被王导利用的"小喇叭",在势力和实力上都不可与"衣冠南渡"的北方大族同日而语。

有史家说,西晋的灭亡,"门阀政治"也难辞其咎。但是在东晋,"门阀政治"却大行其道。所谓"门阀政治",其实就是"世族政治",指的是士族与皇权"共治天下"的历史现象,是"皇权政治"的"另类变态"。在这里,我们需要说一下"门阀",它是"门第"和"阀阅"的合称,指的是世代为官的"名门望族",又称门第、衣冠、世族、士族、势族、世家、巨室等。所以,"衣冠南渡"指的是"北方世族"的大规模南迁。当然,随迁的还有他们的亦兵亦农的"亲族和部曲"。

世家大族,古已有之。《资治通鉴》的开篇,就是以"三家分晋"(晋国)为历史起点(公元前403年)。"三家分晋",其实是"世族政治"

的源头,起于"韩赵魏"三家联合瓜分"智氏的土地"(公元前453年),晋国还存有小块土地,"韩赵魏"还是晋国的"卿大夫";过了"半个世纪"(公元前403年),周天子把"韩赵魏"同时封为"诸侯","韩赵魏"与"晋国"有了"平起平坐"的地位;又过了半个多世纪(公元前349年),"韩赵魏"瓜分了晋国"最后一块土地",晋静公流下"最后一滴血"(被杀),晋国彻底灭亡。"三家分晋"时间长达100余年,被视为"春秋时代"和"战国时代"的分水岭。"世族",有时候又称为"巨室"(豪门大户)。"韩赵魏"三家其实就是"晋国的巨室",他们可以瓜分国家,实力和势力都不可小觑。为此,亚圣孟轲先生在《孟子·离娄上》中说:"为政不难,不得罪于巨室。"孟子说得多简单!东晋的"王与马,共天下",也就是不敢"得罪巨室"的结果,只好以"让渡皇权"的无奈之举来"保持安稳"。

我们知道,门第很好理解,常说的"高门大户"。我们在婚姻中所说的"门当户对",就是"门第"观念的产物。更高级的说法是,物质上不能"门当户对",精神上也要"门当户对"。什么意思呢?就是要寻求"三观相合"的"精神伴侣"。不好理解的是"阀阅"。古代的豪门世族的大门前,一般有两根柱子:左边是"阀",刻写这个家族的"荣誉榜",右边是"阅",刻写这个家族的"阅历",组合在一起就是"阀阅",有时也称为"门阀"。

这样的建筑模式,在明清两朝,则演变为门前的"石桅杆",因"桅杆"酷似"毛笔",又称为"石笔"。石桅杆或者放置豪门大户门前,如原渠县双土乡(今合力镇)"李漱芳故居";或者放置在家族的宗祠前,如渠县三汇镇的"蒲氏宗祠"。不过"石桅杆"主要标榜的是"科举荣耀",它的主要区别在于石头底座:有中秀才的,底座为四方形;中举人的,底座为六方形;中进士的,底座为八边形。当然,有的地方也为"文臣武将"建造"石桅杆"。据说,四品以上的才能建"石桅杆",底座都是八边形,正如"汉家陵阙",官俸(食秩)二千石的才能建"墓阙"。文臣武将"石桅杆"的区别在于"桅杆顶部",文臣多为"毛笔",武将多为"刀戟"。

东晋的"门阀政治",是由四家轮流执政(王氏、庾氏、谢氏、桓氏)。除了"庾氏"是靠庾太后(文君)"临朝听政"而成长为"望族"外,其他三家,则都是"靠实力说话",在朝廷可以一言九鼎。甚至,皇帝的诏令,要么看其脸色,要么就是他们越俎代庖。这样的"世家大族",皇帝肯定"不敢惹"。就说"王氏"吧。王导是丞相,是司马睿的"仲父",王敦是大将军,掌握着"枪杆子",东晋的军政界的大小官员,"琅琊王氏"就有好几百人。司马睿虽然无能力,但肯定比"傻皇帝"(司马衷)心智正常,也不甘心当个傀儡皇帝,于是对"世族政治"开始痛心疾首,寄希望于"重用寒族"来重振皇权。一下子就在身边重用了两个"寒门士子":刘隗和刁协。《晋书·刘隗传》载:司马睿拜刘隗为御史中丞,封都乡侯;刁协,司马睿则封其为尚书令。"封寒门"这件事,在极为讲究门第的东晋是具有"划时代意义"的历史事件。也正是因为这两个"寒门士族",搅起了"东晋风云",最著名的就是"王敦之乱"。

王导、王敦一眼就看穿了司马睿的"小心思",他们认为,与司马氏的"蜜月期"已过完,司马睿想的是"过河拆桥"。于是,就有了东晋建国后的第一个乱局:王敦之乱。"王敦之乱"的两个"导火线",一是刁协出任尚书令,"分王导之权"。二是刘隗"出镇带兵",防"王敦乱来"。"王敦之乱"的战略目标,就是消灭这两个人。于是,他以"清君侧"为由发动兵变。说来也怪,"王敦之乱"竟然获得"世家大族"的广泛支持。

322 年,王敦正式起兵。司马睿忙中出错,在原谅了王导"跪地请罪"之后,让王导做"前锋大都督"去抵抗王敦。结果"没有悬念",司马睿的"建康保卫战"全面失败。〔313 年,晋愍帝司马邺在长安称帝。按照避讳规定,建邺就有了"新名字"(建康),也是在这一年,司马睿被封为"西晋丞相",都督中外诸军事。)《晋书》说,王敦"超额完成"战略任务:刁协被杀,刘隗逃奔石勒的后赵帝国。更为有趣的是,王敦胜利后,司马睿"脱戎衣,著朝服"去见王敦。说:你如果想当皇帝,早点儿和我说啊,我把皇位让给你,我还当我的"琅琊王"去。这或许是司马睿一生"最痛苦的事"。更可悲的是,司马睿只当了五年皇帝,在 323 年初就忧愤而死。

　　"王敦之乱"还没有完。王敦进入建康城（今江苏省南京市），
不跟皇帝司马睿"打一声招呼"，就给自己封了一串"炫目的官
衔"（独掌大权），把晋元帝司马睿晾在一边。司马睿"偷鸡不成
蚀把米"，"王与马"也还要"共天下"，这怕是司马睿"忧愤而死"
最直接的原因吧。司马睿死于"王敦之乱"的第二年（323 年），
终年 47 岁。有史家说，司马睿盛年而亡，是被王敦气死的，这
种说法有一定的合理性。就像"成汉帝国"的皇帝李期，被李寿
废为"邛都公"，不能接受"堂堂国主"与"小小县公"的巨大
反差，忧愤难已，用一根绳子结束了性命。

　　有史家说，"王敦之乱"时，王导"暗助王敦"。《晋书》说，在
拥立司马睿当皇帝这件事情上，王敦嫌弃司马睿年纪大不好控制，想
要立个小皇帝来便于操控，王导却表示坚决反对。"王敦之乱"起，
王导担心"琅琊王氏"的安全，带领族内子弟 20 多人到宫门前"跪
地请罪"，司马睿对此"置若罔闻"，可能是怀疑"琅琊王氏"的"忠
诚度"，或许是怀疑王导与王敦之间"有密谋"。在"请罪与原谅"的
僵持中，周顗出来"解开了疙瘩"，跟司马睿说了王导值得信任的很

多好话。司马睿与周顗"抵足长谈"后，又看了周顗的"奏折"，想起旧事、顾念旧情，顿时与王导冰释前嫌，还赐给王导一套"朝服"，请他"入宫叙话"。王导更衣入宫，司马睿还拉着王导的手"摇了又摇"（亲昵之举）。这时，我想起司马睿称帝时硬要拉王导"同坐龙床"的情形。这两个"拉手"动作，其热度肯定不一样。虽然这次"摇了又摇"，但感情肯定比四年前（318 年）要复杂得多。

王导的担心不无道理。《晋书》说，"王敦之乱"起，司马睿重用的那个"寒门士子"刘隗，就急不可待地建议司马睿"尽诛王氏"，以绝后患。在周顗的帮助下，王导或者说"琅琊王氏"终于逃过一劫。但是，这个周顗却是个"活雷锋"，不仅"做了好事不留名"，而且还装出绝不帮忙的派头。据说，王敦进入建康城，除了"纵兵抢掠"，让建康城经历了一次劫难后，杀的第一个朝廷官员就是周顗。周顗也真是"比窦娥还冤"。这个事情，是在"王敦之乱"平定后，王导整理"皇帝实录"时才真相大白的。《晋书》说，东晋草创时没设"史官"，王导建议设立，史籍才得以完备。据说，古代皇帝身边设有两名史官，左史记言、右史记行。看了"皇帝实录"，王导流下了"愧悔的泪水"，说："吾虽不杀伯仁，伯仁由我而死。幽冥之中，负此良友！"伯仁，是周顗的"表字"。或许在王导的"泪光里"，闪现的是周顗"昂然而入"又"傲然而出"的身影。正因为这个误会，让周顗遭遇了"杀身之祸"。周顗死于 322 年，终年 54 岁。虽然死得冤，但他从容赴死的形象，却给我留下了深刻的印象。

王敦进入建康城，杀的第二个朝廷官员是戴渊，这个人跟周顗一样，深得司马睿的信任。"王敦之乱"起，戴渊还曾经"带兵勤王"。这个"戴渊"，《晋书》上把他记为"戴若思"。因为《晋书》是唐朝修订的，当时需要避讳"唐高祖李渊"。于是，把他的"字"（若思）作了他的"名"，本名"渊"不再见于《晋书》。史载，作为"西晋名士"的王敦，对同是"西晋名士"的周顗、戴渊（若思）也还惺惺相惜。

起初想让他们"位列三公",继而想让他们"出任仆射",连问两次,王导都"沉默不语"。王敦就以为王导"不喜欢"这两个人,就说"不为用,必杀之"。说到这里,王导在我心中的形象顿时"矮了半截"。史家怀疑王导"暗助王敦",也有一定的道理。至少可以说明,对"王敦之乱",王导既没有"公开支持",也没有"公开反对",他的态度是"一片模糊"。

带着些许疑问,我重读了《王导传》。这位东晋帝国的开创者、"三朝元老",辅佐了晋元帝司马睿、晋明帝司马绍、晋成帝司马衍,诸葛武侯的形象闪现出来。对于东晋的创立,他厥功至伟;对于东晋的治理,他鞠躬尽瘁。他在"王敦之乱"前,平定了"华轶叛乱"(318年)。在"王敦之乱"中,两度"挂帅出征"抵敌王敦,获得了"大义灭亲"的美名。他还两次挂帅,抵御后赵帝国的侵略。说来也怪,这两次"抵敌",后赵军队都"不战而退"。他"镇之以静"的治国方略,也让江东从"稳下来"到"富起来"。因此,在他"驾鹤登仙"的时候(339年),晋成帝(司马衍)下达一篇长长的"悼念册文",历数了王导"堪与日月同辉"的丰功伟绩,并像祭祀先帝一样,祭以"太牢"(最高规格)。谥号"文献",葬礼规格"一依霍光故事",给九游辌辌车、黄屋左纛、前后羽葆鼓吹、武贲班剑百人,为东晋中兴名臣之最。为了东晋,王导可说是"鞠躬尽瘁,死而后已",这样的人是值得千古传颂的。

王导也有"人性的弱点",政治上清心寡欲,在纳妾上却"随风入俗"。因为其妻曹氏是个"醋坛子"(善妒)。王导只好将小妾们"别馆安置"。跟伐灭成汉帝国的桓温,有相似之处。毕竟"纸包不住火",曹氏闻之,醋性大发、妒火中烧,叫上奴仆二十余人,驱车前去"兴师问罪",跟桓温夫人(南康公主)也无二致。王导闻讯,生怕众妾受辱,驾着牛车前去追赶,又嫌牛车太慢,便用手中的"麈尾木柄",狠狠地抽打牛屁股。事情结果历史没有记载,但丞相王导"用麈尾驱赶牛车"的尴尬情形，却成为"当朝笑柄"，被记录在案。东晋名臣蔡谟拿"犊车麈尾"跟王导开玩笑，也惹得王导冒火，甚至出言不逊，跟蔡谟"结下了梁子"。

据说，"王敦之乱"的初衷，还是为王导"鸣不平"，司马睿重用的"寒族士子"，不仅分了王导的朝政大权，而且不断地上书弹劾王导，弄得王导"很尴尬"，几次想"辞官归家"。王敦就给司马睿"上书言事"（发牢骚），为王导"辨白申冤"。他先把"奏折"传给王导，王导又将"奏折"退给了他，王敦认为王导"把好心当作驴肝肺"，就搞了个"直通车"（直接送给皇帝），还提出"清君侧"的要求，司马睿仍然置之不理。就在王敦进军建康的途中，他还发表了"朝斩隗刁，夕至军退"的"严正声明"。这个"严正声明"，也没有得到及时回应。这时的司马睿，确实也"不好回答"。于是，王敦大军就浩浩荡荡地开向建康城。刁协被杀，刘隗"另投高明"（后赵帝国）。

读过《晋书》，你会发现"王敦之乱"也有深刻的历史背景。"王与马，共天下"是其一，晋元帝司马睿重用刘隗（御史中丞）、刁协（尚书令）推行"刻碎之政"是其二。所谓"刻碎之政"就是"苛刻"与"繁琐"，主要目的是"以法御下、抑制豪强、强化皇权"。有史家说，"刻碎之政"是东晋"世族豪强"的一次"政治灾难"，激起的"世族豪强"的"普遍反感"。而"琅琊王氏"首当其冲、受害最重。这可以说是"王敦之乱"最直接的历史背景。所以，"王敦之乱"初期，很多的"世族豪强"还是或明或暗地持"支持态度"。

我们还记得西晋那个"浪子回头金不换"的故事（周处），"王敦之乱"时，周札（周处之子）被派遣驻守"石头城"。这个"石头城"，是建康城的"国防前哨"。顾名思义，就是用石头砌筑的"城堡"。虽然在"热兵器"时代不堪一击，但在冷兵器时代却有"固若金汤"的称誉。这个周札，也是义兴（今江苏省宜兴市）的武宗豪强，他面对王敦大军，主动放弃抵抗而"开门投降"，表明了武宗强族对"刻碎之政"的鲜明态度。这一个"政治表态"，使得建康城"无险可守"，王敦才得以顺利进入建康城。"进攻是最好的防御"，成为现代军事家的"口头禅"。这个给王敦"帮了大忙"的周札，虽然弄了个"会稽内史"的头衔。但因宗族强盛，给王敦"添了大堵"。324年，王敦遣军攻会稽（今浙江省绍兴市），周札战死，宗族子侄都被杀光，义兴周氏从此淡出"历史的视线"。

　　其实，"王敦之乱"的直接"导火线"，是司马承（司马睿叔父）出任"湘州刺史"（今湖南省长沙市）。作为荆州刺史的王敦，很属意"湘州"这个地方（战略要地），想让属下陈颁出任"湘州刺史"，但是，司马睿采纳刘隗、刁协建议，让自己的叔父司马承去"镇守湘州"。当然，宗室出任兵镇，王敦也只能"无话可说"。但这个重大决定的战略意图十分明显，最重要的目的就是"防范王敦"。王敦把前后的事情"捋了一捋"，看出司马睿要对王家人"下狠手"了，不禁"怒发冲冠"，干脆从武昌（今湖北省鄂州市）出兵"公开叛晋"。司马承"不辱使命"，立即起兵平叛，不想却以身殉国。我在想，"王敦之乱"其实是"世家大族"对皇权的一次挑战。322年王敦攻入建康"执掌大权"。本着对"刻碎之政"的反感，"世家大族"对"王敦之乱"选择了支持。但是，王敦大权独揽，其他人未能"分得一杯羹"，也就由"全面支持"变为"全面抵制"了。为策万全，王敦又及时退回"老巢"，对东晋朝廷实行"遥控指挥"。323年，晋元帝司马睿"忧愤而死"，司马睿长子司马绍继位称帝，是为"晋明帝"。王导接受司马睿"临终托孤"，成为"首辅大臣"。因为司马睿对长子司马绍"不太感冒"，对次子司马裒"偏爱有加"，多次都想"废长立幼"，是王导"天天讲、月月讲、年年讲"，才改变了司马睿的"傲慢与偏见"，司马绍"太子之位"才得以固定下来。这样，司马绍对先帝也称为"仲父"的王导，信任和依赖都"更上层楼"。

　　史载，晋明帝司马绍"性情孝顺，文韬武略，聪明有机断"。这就是说，晋明帝也是个"不好惹"的角色，一番"人事调整"，让王敦手中的"遥控器"失去作用。这时，王敦心中顿生"失落感"，就不断给司马绍"送秋波"（示好），希望"诏令回朝"。司马绍还是"给足面子"，下达了王敦所希望的"一纸诏令"。诏令下达了，王敦的身体又"不争气"了，病得起不了床。但是，得到诏令的王敦并没有"开道建康"，而是"移镇姑孰"（今安徽省马鞍市当涂县）。晋明帝司马绍看清了王敦的"小把戏"，毅然决定"御驾亲征"。

第三十一章

"王敦之乱",其实是不想与司马氏"共天下"了,想的是把"司马家的天下"变成"王家的天下"。可是,这种想法,只能是昙花一现,因为"王敦之乱"很快被"有勇有谋"的晋明帝司马绍给"搞定"了。

324年,王敦移镇姑孰后就一病不起。据说,病中的王敦有"新想法"。想的"上策"是,退兵武昌,归附朝廷;想的"下策"是,继续进兵,推翻司马氏的朝廷。但是,他的"上策",让两位谋主(钱凤、沈充)"很不高兴"。因为,他们都不愿意放弃当"开国功臣"的大好机会。于是,有了王敦的"临终遗言":先设置文武百官再办丧事。同时,王敦还任命王应为"武卫将军",当自己的"二把手"。这时,王应(王敦养子)就真的"秘不发丧",把王敦用草席裹了,涂上一层厚厚的石蜡,浅埋在姑孰的军府里。然后,就和诸葛瑶等心腹之人"狎妓纵酒",还做"长夜之饮",仿佛没事儿一般。

有道是皇帝不急太监急。王敦的两个手下(钱凤、沈充),一心想做"开国功臣",不满意王应的"超前享受",就推举王含(王敦从兄)为统帅,再次举起反旗,两人自为先锋,进军建康。王含、王应本是"亲生父子",因为王敦没有子嗣,而王含有两个儿子(王应、王瑜)。

于是，王应就过继给王敦作为"养子"。在礼法森严的古代社会，"养子"也就是"儿子"，可以合法地袭封养父的"封号"。妻妾成群的王敦，竟然没有一儿半女，也算是个历史笑话。

晋明帝司马绍组建了强势的"平叛大军"，不仅摆出御驾亲征的样子，而且还亲赴前线"侦察敌情"，研究作战部署。据说，司马绍带领几名亲兵去王敦军营外察看军事部署，被王敦的军士发现，紧急报告王敦，有个"金发碧眼"的人来探营，王敦警觉起来说："一定是那个'黄发鲜卑奴'（司马绍），立即派人快马追赶。"司马绍急中生智，把马鞭送给路边一个老太婆，又叫亲兵在马粪上淋上水（快速降温），终于成功地麻痹了追兵，得以全身而退。

在晋明帝的"战略部署"中，王导再次作为大军统帅，一边指挥军队前进，一边为王敦举办丧礼。举办丧礼，在当时是王导的"一招高棋"，意在消除"平叛大军"的畏惧心理（忌惮王敦），从而鼓舞士气。王应虽然"秘不发丧"，但叛军将领还是获得了"王敦已死"的消息，军心逐渐涣散。这样的两支部队对垒，结果也没多大的悬念。叛乱很快平息，"王敦之乱"就这样"画上句号"。作为叛军总头目的王敦，最终被晋明帝司马绍"剖棺斩尸"，其首级悬挂在城南朱雀桥上示众多日。这个"朱雀桥"，在当时只是一座水上浮桥。为了阻挡叛军，只好砍掉"朱雀桥"，当时的晋明帝司马绍还"心痛一股儿"。然而，砍掉"朱雀桥"，秦淮河顿时成为一道天堑。正是这座"朱雀桥"维系了东晋的政治生命。这时，我想起，唐朝刘禹锡的《乌衣巷》："朱雀桥边野草花，乌衣巷口夕阳斜。旧时王谢堂前燕，飞入寻常百姓家。"这个"王"就是指的"琅琊王氏"，"谢"就是"陈郡谢氏"，一个协助司马睿"建立东晋"，一个让东晋在"淝水之战"（383年）后转危为安。

"王敦之乱"还没有完。前方钱凤、沈充兵败之后，带着五万大军的王含、王应父子俩选择了"跑路"。他们投奔的对象有两个（王含堂弟），一个是荆州刺史王舒，一个是江州刺史王彬。但这父子俩"意见不统一"，最后儿子的意见压倒了父亲的意见。他们一路狂奔，去投奔王舒。王舒呢，真有点儿大义灭亲的样子，竟把王应父子俩捆绑起来、投入长江。王舒用这个毅然决然的举动，与"王敦之乱"划清了界限，同时，也向晋明帝"表达了忠心"。有道是人与人不同。江州刺史王彬听说王应要来，还秘密准备小船在江边等候，但王应却没来，王彬为此"深感遗憾"。叛将钱凤的逃跑经历不曲折，逃到阖庐洲（江中小岛），被浔阳（今江西省九江市）太守周光抓住并砍了脑壳。

　　叛将沈充的逃奔就有点儿意思了。沈充在"王敦之乱"初起时，曾杀了部将张茂及其三个儿子。张茂的妻子陆氏，是个了不起的女人。她听说沈充要逃回吴兴（今浙江省湖州市吴兴区），就散尽家财，集聚张茂旧部，准备杀死沈充为夫报仇。但是，沈充闻讯绕道而行"逃过一劫"。不承想，却误入故将吴儒的家里。吴儒笑着说：我可以被封为三千户侯了！沈充请求吴儒"顾念旧情、保全性命"。看吴儒杀意已决，就威胁说："杀了我，你的家族也将会灭绝。"吴儒还是杀死了沈充，提着沈充的脑袋，去建康城"领奖"去了。沈充的儿子沈劲，因乡人钱举藏匿得以逃脱朝廷的诛杀，在晋明帝大赦天下后"茁壮成长"，居然成为东晋名将，曾灭绝了吴氏（吴儒）全族，又曾孤守洛阳，在抵御外敌（慕容恪）中以身殉国（365年）。

　　再回来说这个王舒，他有个儿子王允之，就在王敦的阵营里。《晋书》载："从伯（王）敦谓为似己，恒以自随，出则同舆，入则共寝。（王）敦尝夜饮，（王）允之辞醉先卧。（王）敦与钱凤谋为逆，（王）允之已醒，悉闻其言，虑（王）敦或疑己，便于卧处大吐，衣面并污。（钱）凤既出，（王）敦果照视，见（王）允之卧吐中，以为大醉，不复疑之。时父（王）舒始拜廷尉，（王）允之求还定省，（王）敦许之。至都，以（王）敦、（钱）凤谋议事白（王）舒，（王）舒即与（王）导俱启明帝。"皇帝司马睿这才知王敦即将谋反。之所以要把《晋书》

的这段原文引出来,是因为后世有人"张冠李戴",把这个"智慧故事"栽在了王羲之头上。

平定"王敦之乱",温峤功不可没。因此,有史家直接把平定"王敦之乱"写在温峤的"功劳簿"上。看过《温峤传》才知道,温峤还平定了后来的"苏峻之乱"。这个温峤,也不是个简单的角色。"王敦之乱"时,温峤是"太子太傅"(师傅)。当王敦进入建康城,发现太子司马绍"有勇有谋",就想以"不孝之名"废了他的太子之位。这个温峤根本不睬他那一套,一番声色俱厉的演说,彰显出太子司马绍的"大孝形象",赢得朝臣的满堂喝彩。王敦无计可施,只得黯然退回老巢去遥控朝政。这个王敦,不知道怎么想的,回到老巢,又向中央要人,要温峤去当他的"司马"(参谋),估计是把温峤放在身边"趁机收拾"。温峤也是明眼人,居然虚与委蛇,跟王敦献计献策来对付朝廷,被王敦"引为心腹"。他还跟王敦的心腹钱凤整出了"兄弟感情"。这时,丹杨尹的"职位出缺",温峤假意推荐钱凤,钱凤却真心推荐温峤。王敦"一锤定音":温峤出任丹杨尹,去好好监视朝廷。殊不知,温峤因而得以"猛虎归山"。回来就把王敦的反状"一五一十"地告知了晋明帝。在晋明帝组建的"平叛大军"里,温峤率领的是"中垒军"(卫戍部队)。所以,史书上说温峤是"从平王敦之乱"。

温峤的事,后面再说。再继续说说"王敦的故事"。王敦也是个美男子,弱冠之年成为司马炎的"驸马爷"。史载,王敦尚"襄城公主"。这个"襄城公主",因为避讳唐太宗长女"襄城公主"的封号,在《晋书》中改称"舞阳公主"。这两个生活时代相差三个世纪的"襄城公主",都被父皇视为"掌上明珠"。唐太宗曾多次专门下达诏书,要众公主将"襄城公主"当作学习楷模。而司马炎更乐意用物质表达感情,襄城公主的嫁妆是众多公主中最优厚的。史载,襄城公主出嫁时,司马炎遣送十倍于诸公主,陪嫁侍婢百余人。从这个可以看出,司马炎的"襄城公主"是幺女儿。

但两个"襄城公主"的人生结局却不一样。唐太宗的"襄城公主"，下嫁萧瑀（凌烟阁功臣）的儿子萧锐，坚持到夫家居住，孝顺姑舅，怡然生活，得以善终（651年）。司马炎的"襄城公主"，下嫁"美男子"王敦，仍然住在"公主府"里，让王敦接连闹了两个笑话：一是把厕所里用于"塞鼻避丑"的大枣吃个精光；二是把侍女递来净手的"澡豆"当"点心"吃掉，让豪华厕所的侍婢们"掩嘴而笑"。这个"襄城公主"婚后生活怎么样，我们不得而知。史载：307年，王敦外任广武将军、青州刺史。王敦带着"襄城公主"赴任后，又被朝廷征拜为"中书监"。回朝途中，王敦借口"道路艰险、寇贼太多"，便把"襄城公主"丢弃在半路上。从此，史记中便失去了"襄城公主"的踪迹。从王敦狠心抛弃"襄城公主"这一点看，"襄城公主"的婚后生活肯定不幸福，这是又一桩"政治婚姻"的恶果。跟随"襄城公主"的陪嫁侍婢百余人，也被王敦全部赏给了手下的兵将。据说，王敦纵欲过度，走路都"打偏偏"。手下建言"保重身体"，他干脆把家里的10多个小妾全部"扫地出门"。

王敦是两晋名士，当然也得有"一手绝活"。据说，王敦有"两手绝活"。一是善于"品评名士"，还喜欢制作"名士排行榜"，而这个排行榜还获得了"举世公认"。有一次，晋明帝皇后（庾文君）的长兄庾亮问王敦："听说您有四位好友，是哪几位呢？"王敦答道："您家的中郎（指庾敳），我家的太尉（指王衍）、阿平（王澄）以及胡毋彦国（胡毋辅之）。其中阿平最差。"庾亮又追问"谁最优秀"。王敦答道："自有公论。"他言下之意，最优秀的就是我自己。原来，王敦还这么自负啊。真是见过自负的，还没有见过这么自负的！二是堪称"西晋鼓王"。《世说新语》载："王大将军年少时，旧有田舍名，语音亦楚。武帝唤时贤共言伎艺事，人皆多有所知，唯王都无所关，意色殊恶。自言知打鼓吹，帝令取鼓与之。于坐振袖而起，扬槌奋击，音节谐捷，神气豪上，旁若无人，举坐叹其雄爽（鼓王风范）。"

晋明帝司马绍对"王敦之乱"的善后处理，表现出了一代明君的宽广胸襟，除了王敦的那些亲近党羽，赦免了"琅琊王氏"。王导呢？又由"司徒"重新改任"丞相"，而且还被授予"三项特权"："赞拜不名，入朝不趋，剑履上殿。"说到这里，我突然想到一个问题，难道其他大臣上朝都不穿鞋吗？

王导不敢享受晋明帝司马绍特许的"三项特权",坚决地推辞(固辞)。据说,固辞一般都是三授三辞,最后皇帝就只有"打个收条"(不题)。"王敦之乱"时,晋元帝司马睿也特许王敦"三项特权",他却连假心假意的辞让之举也没有搞一下,当然就更没有什么谢恩之举了。

"三项特权",是指皇帝特许权臣"赞拜不名、入朝不趋、剑履上殿"的特殊礼遇。这"三项特权"中,最高级的是"剑履上殿"(佩剑穿鞋上殿)。在这之上,就只有"加九锡"了。如果权臣"加九锡",那就是等同皇帝待遇。"剑履上殿",是权臣特权。这样推断,其他朝臣上殿就既不能带剑,也不能穿鞋。历史事实表明,"三项特权"既可以一次到位,也可以分次授予,还可以单独享受某项特权,主要看权臣对国家的贡献和在朝廷的威望。"加九锡"的情况也差不多。但到了要"加九锡"的地步,权臣早已位极人臣、权倾朝野,加不加"九锡"都只是个形式上的东西,没有多大的现实意义。这时,当朝的皇帝就基本是个"草树桩桩"(傀儡)了。无论是曹氏对于汉献帝刘协,还是司马氏对于曹氏皇帝,既享受过"三项特权",也享受了"加九锡"的崇高待遇,最后也都玩过"禅让"的把戏。

　　"三项特权"的具体意思："赞拜不名"，是臣子在拜见帝王时，赞礼官不再直呼其名，只称官职；"入朝不趋"，是大臣上殿时，不用再"小步快走"，以示礼敬君王；"剑履上殿"，就是"带剑穿鞋"上朝。没有获得"剑履上殿"的大臣，在"戟门"（相当于保安室）就要解下佩剑，脱掉鞋子，"唯著袜而入"。据说，官阶更低的人，连袜子也要脱下来，只能跣足而行。你还别说，在遥远的周代就有了登堂入室的"脱鞋之礼"，这是公众场合的礼节。私人见面，"脱鞋"也是一种礼节。一般贫贱者先脱鞋，高贵者为还礼也要脱下鞋子。当然高贵者也可不脱鞋，这样显示出"尊与卑"。但是，在士大夫层面，见面双方都要脱下鞋子，如果有一方不脱鞋，则被视为轻慢无礼，脱鞋的人就"纳履而去"（穿上鞋子，扬长而去）。总体来看，历史记录里"纳履而去"的多是谏官，谏议不成就"纳履而去"。当然，能"纳履而去"还是好的。很多人因为谏议不成，"逆了龙鳞"而掉了脑袋。如果放在明代，还会有"廷杖伺候"（打屁股）。这可比新加坡的"鞭刑"还要厉害，轻者皮开肉绽，重者丢了性命。

　　有史家说，"王敦之乱"是南京历史上第一次内战。虽然王敦也死了，乱子也平了。但这次乱子的历史影响不可低估。王敦是"琅琊王氏"的代表人物，"王敦之乱"其实可以算做"琅琊王氏"对皇权的争夺。晋明帝平定"王敦之乱"后，虽然原谅了以王导为首的"琅琊王氏"，而且还重用了王导，那不过是司马绍为稳定局势的权宜之计，"琅琊王氏"从此开始走下坡路了。后来，"琅琊王氏"在东晋王朝的威信，也悄然从"政治领域"转移到"文化艺术"领域，出现了"书法世家"，还培养出了被后世称为"书圣"的王羲之。说来也怪，后世说到东晋，书圣王羲之、田园诗人陶渊明、诗人谢道韫（王羲之儿媳）成为"文化符号"。而当时大名鼎鼎的王敦、王导，却都隐进历史烟云里，不再为世人所熟知。这说明文化的生命力远远强过政治的生命力，只有文化才可以得到"千古传承"。

我们在说东晋时,往往不自觉地把"建康"说成"金陵"或者"南京"。我想在这里,把"南京"的来历跟大家说一说。历史上,南京有过很多个名字。有趣的是,"建康路""集庆路"这些道路的名字,居然都曾是"南京城"的名字。因为元朝实行"行省制度",行省下一级行政单位的称呼就是"路"。据说,宋代也推行"道路制",而这更来源于唐代的"道"。"路"是宋朝"最高行政区划",相当于明清的"省",而元代的"路"相当于明清的"府"(现代的"地区")。

"南京"最早的名称叫"金陵",得名于战国时代楚国设立的"金陵邑"。有望气者说:"金陵有天子气。"这个说法,让一统天下的秦始皇闷闷不乐,"金陵"就换了名字,改称"秣陵"。史载,公元前210年,秦始皇第五次出巡回归至金陵时,几个望气术士说:"金陵有天子气。"秦始皇大为不悦,命人凿开方山,使淮水流贯金陵"泄散王气",并将"金陵"改为"秣陵"(牧马场)。两汉的统治者们也忌惮"金陵的天子气",让"秣陵"这个名字又叫了好几百年。到了"三国时期",东吴的孙权改写了"金陵的耻辱"。211年,孙权把首都从"京口"(今江苏省镇江市)迁移到"秣陵"(今江苏省南京市),并把"秣陵"改为"建业",表达了建立"王业帝业"的良好愿望。前一年,孙权为强化东吴的国防建设,还派兵在"秣陵"修建"石头城"。"石头城"也成了南京的代名词。

唐朝刘禹锡的《西塞山怀古》:"王濬楼船下益州,金陵王气黯然收。千寻铁锁沉江底,一片降幡出石头。人世几回伤往事,山形依旧枕寒流。今逢四海为家日,故垒萧萧芦荻秋。"这首怀古抒怀诗,也把"石头"作为"南京"的代名词。刘禹锡,就是我们初中课文《陋室铭》的作者。虽然刘禹锡生活在晚唐,但他的《陋室铭》所写的"谈笑有鸿儒,往来无白丁",却更像两晋时期"名士生活"。两晋名士喜欢清谈,再加上严格的"门第观念",自然会出现"有鸿儒、无白丁"的清谈场面。不过,刘禹锡"斯是陋室,惟吾德馨",还是有孔子的

"何陋之有"的价值取向，跟两晋的"名士生活"是格格不入的。那是一个竞相豪奢的时代，石崇与王恺（皇帝舅舅）"争狠斗富"，就是那个时代最著名的特写。

280 年，"王濬楼船下益州"，西晋伐灭东吴，孙皓举手投降，结束了乱嚷嚷的"三国时代"，实现了天下一统。司马炎把"曹家的账户"来了个"转移支付"（265 年），成了西晋的开国皇帝。他当然不想让"建业"这个地方再建什么"王业帝业"，就直接把"建业"改为"建邺"（282 年）。西晋末年，遭遇了"永嘉之乱"（311—316 年），晋怀帝司马炽、晋愍帝司马邺先后成为"汉赵帝国"的战争俘虏，被"汉赵帝国"先后杀害在平阳城（汉赵首都）。晋愍帝虽然是西晋的"末代皇帝"，但他的名字叫"司马邺"。于是在他称帝之时（313 年），"建邺"因避讳需要又改为"建康"。东晋与南朝（宋、齐、梁、陈）的首都都选择在"建康"。加上前面的东吴，故南京就有了"六朝古都"的美名。在隋唐时代，南京都"声名不显赫"，当时的通称以"金陵"最为常用。隋代常称"蒋州"，唐代常称"白下""江宁""升州"。五代十国时期，尤其是南唐建国后定都"金陵"（南京），将"金陵府"改为"江宁府"。

北宋对南京的态度忽热忽冷，开始把"江宁府"升格为"升州"，不久又降州为府，复名"江宁府"。南宋跟东晋都偏安江南，虽然没有"定都南京"，但由于同样肩负"北伐中原"的历史使命，又把"江宁府"改为"建康府"。南宋定都在"临安"（今浙江省杭州市），有"临时安家"的意思。元代将"建康府"改为"建康路"和"集庆路"。"集庆"的寓意是"汇集喜庆"。据说，图帖睦尔先封怀王（1324 年）是"一重喜庆"，怀王出镇"建康路"后成为元文宗（1328 年）是"二重喜庆"。所以，"建康路"就改名为"集庆路"了。这个改名的办法，我们的山城"重庆"也如出一辙。这件事，发生在宋光宗（赵惇）身上，因与主题无关，就不细说了。

到了朱明王朝，开国皇帝朱元璋认为自己是在"顺应天命"，

1356 年将"集庆路"改为"应天府",又以"应天府"作为京师。不想朱元璋这个"平民皇帝"活得太久,在位时间太长（31 年）,把他的儿子们都"熬死了"。驾崩前,只好遗命孙子朱允炆继位,是为"建文帝"。这引起了燕王朱棣（朱元璋第四子）的强烈不满。"帝位之争"的结果,是朱棣发动"靖难之役"（1399—1402 年）。燕王悍然发兵攻打首都（应天府）,夺取了侄儿朱允炆的帝位,是为"明成祖"。这个朱棣因为《永乐大典》的编撰,成为名垂千古的"永乐大帝"。"燕京"是朱棣的"龙兴之地",朱棣即位七年后（1409 年）就长期住在北京,让太子（朱高炽）留在建康监国。明成祖朱棣,或许还是更喜欢北方生活,或是出于"天子守边"的古老传统,于 1421 年正式迁都北京,"南京"之名才正式"见诸史册"。也有史家分析明成祖（朱棣）的"迁都心理":一是帝位是抢的,愧对"开国皇帝"朱元璋,也愧对"建文帝"朱允炆,在南京住着"心有不安",也怕到地下去见这两个皇帝。二是"抢来的"的帝位不具有合法性,名儒方孝孺连"登基册文"也不愿意写。所以,他要把当时的"北平"改为"顺天府",搬到北京去"顺应天命",增强帝位的合法性。三是中原王朝的威胁始终来自北方,"帝王戍边"也是正统观念。所以,朱棣的迁都也有了冠冕堂皇的理由。

回来说晋明帝,他对"王敦之乱"的"善后处理"卓有成效,东晋又重新安定下来。据说,他的为政举措,让人们看到了东晋中兴的希望,被史家称为东晋难得的"好皇帝"。但也许是"天妒英才",325 年,在位不到三年的晋明帝司马绍就因病死亡,时年 27 岁。有好事者分析,东晋皇帝的平均寿命只有 25 岁,晋明帝司马绍还超过了"平均数"。也有史家分析说,如果司马绍不英年早逝,"东晋的中兴"也是可能的。但是,历史不容许假设,它是不以人的意志为转移的。

　　《世说新语》载，晋明帝平定"王敦之乱"后，把王敦的爱妾宋祎纳入后宫。据说，宋祎是个绝色美女，也是个音乐"发烧友"，还是石崇"金谷园"总管绿珠的爱徒，尤其擅长吹笛。王敦是"驸马爷"，又有"鼓王风范"，与石崇交往甚密。这样一来二去，宋祎成了王敦的小妾。前面说到王敦曾接受朋友建议"开门散妾"，宋祎也就此"花落民间"。不知道晋明帝是怎样发现绝色美女宋祎的，史上没有记载。史上有记载的是，晋明帝纳妾（宋祎）不久，就病倒了（病笃），群臣建议"出祎"（撵出宫）。群臣为什么提出这样的建议呢？或许觉得宋祎满身晦气，一来就把晋明帝给"放倒了"，或许怀疑宋祎给晋明帝"下了药"，但都没有什么证据，只好提出"撵出宫去"的建议。

　　晋明帝还是"怜香惜玉"（不忍出祎），就问群臣"哪个想要"？吏部尚书阮孚说"臣请赐"。于是，阮孚得以"抱得美人归"。这个阮孚，是"竹林七贤"之一阮咸的儿子，生性放荡，可以算个"酒仙儿"。不仅"喝酒误事"，屡被弹劾，而且"喝酒误命"，才47岁就死在"放外任"（广州刺史）的途中。"囊中羞涩""金貂换酒"这两个典故，都发生在阮孚身上。据说，阮孚在朝堂游手好闲，又不喜欢搞点儿积蓄，"酒瘾"一发，就用"金貂"（官帽上的装饰物）去换酒喝。为了这件事，还曾因"藐视皇权"的罪名被谏官弹劾。史载：阮孚持一皂囊（钱包），游会稽。客问："囊中何物？"（阮孚）曰："但有一钱看囊，恐其羞涩。"意思是"留一个钱来养钱包"。

后来，因为共同的艺术爱好，宋祎又跟谢尚（谢安堂弟）"走到一起"，成为东晋著名的"姐弟恋"。谢尚是谢鲲（两晋名士）的儿子，也是个"美男子"。但这个"美男子"喜欢穿花花绿绿的衣裤。后来，在家族长辈的劝说下，脱下"伪装"，还原了"男儿本色"。这个谢尚，也是两晋名士，他的拿手好戏是舞蹈。他翩翩起舞，旁若无人，能达到忘我境界。谢尚跟汉赵帝国的刘曜有"相同爱好"。刘曜叫羊皇后（羊献容）把自己和傻皇帝司马衷做个比较,得到"今见真丈夫"的答复。谢尚也叫宋祎把自己和王敦做个比较，得到的答复是："王敦像村夫（田舍郎），你像贵人（贵族大家）。"于是，"镇西妖冶"也就流传开来。谢尚当时任镇西将军，"妖冶"就是"长得妖媚"。宋祎生活得怎样，已无从考查，只知道她死后葬在金城山南（南京雨花台一带）。无论如何，她都比她的师傅绿珠好得多，绿珠为报答石崇"跳楼身亡"，而宋祎还算得以善终。只是生卒年不详，我们无法知道她在何时"香消玉殒"。

无论秦汉，还是魏晋，爱情婚姻都处于"自然状态"，到了唐朝达到顶峰。不说吕不韦和秦太后的故事，也不说秦太后和嫪毐的故事。只说秦始皇和吕不韦、嫪毐的故事，吕不韦被"蜀州安置"，嫪毐被"族诛"，不是因为秦太后的"香艳故事"，而实则是因为"嫪毐叛乱"。不说武则天"面首如云"，就是"太平公主"也曾"多交权臣"。最有趣的是，唐太宗还亲自教妹夫"夫妻之道"。

话题扯远了。"王敦之乱"之所以发生，是因为有两个人死了，在军事上再没有人能"吼得住他"。这两个人，一个是周访（死于320年），一个是祖逖（死于321年）。本文只说祖逖，因为他既是民族英雄，又是一代名将，这种称谓缘于"北伐中原"。我们现在都说祖逖"少有壮志"。其实不然。史载，祖逖少年时生性放荡，不拘小节，轻财重义，十四五岁"犹不知书"。他成年后才发奋读书，博览书籍，涉猎古今，时人都称其有"赞世之才"。其实，让他"知书识礼"的人，是哥哥祖纳。祖纳比祖逖"出道早"，在京城洛阳当官，有次带弟弟去洛阳"见了世面、开了眼界"，祖逖才知道"学而优则仕"的道理，这才开始"头悬梁、锥刺股"般的读书生活。或许祖逖真是个"读书的料"，成年后才开始读书。古代"弱冠之年"（男子 20 岁）代表成年，祖逖 23 岁（289 年）时已"闻名州郡"，又是"举孝廉"，又是"举秀才"，但祖逖都"不为所动"（不应命）。这种"不应命"，估计是"不对胃口"。在他 24 岁时（290 年），他就与刘琨一起应命"司州主簿"（今河南省洛阳市）。这一对主簿成为好朋友，而且还相约"干一番大事业"，这才有了"闻鸡起舞"的励志故事。

不承想，才有了"干大事"的想法，"八王之乱"又来了，祖逖成了诸王的"拉拢对象"，先后效力于齐王司马冏、长沙王司马乂、豫章王司马炽（后为晋怀帝）、东海王司马越，加上"没应命"的范阳王司马虓、高密王司马略、平昌公司马模，这个状况，在当时怕也是举世无双的吧。在东海王司马越挟持皇帝"御驾亲征"（304 年）的队伍里，也有祖逖的身影，兵败后逃回洛阳。"八王之乱"结束（306年），"傻皇帝"司马衷也死了，司马越"主持皇帝换人"（307 年），司马炽继位为帝，任命祖逖为"济阴太守"。不巧的是，这一年，祖逖的母亲"驾鹤西去"，祖逖需要"丁忧三年"，无法应命。更不巧的是，西晋王朝又遭遇了"永嘉之乱"（311 年），洛阳陷落，晋怀帝司马炽被前赵帝国俘虏到"平阳城"。两年后被杀害在异国他乡。也是在这一年，祖逖带领部族百余家"衣冠南渡"，避难于淮泗地区（今江苏省徐州市）。在南下的路上，祖逖的"英武形象"显现出来，被大家推举为"行主"（流民领袖）。跟由关中入蜀救食的李特李流兄弟一样，都是扶弱济困的"好典型"。说来，祖逖也真是"好事连连"，刚在淮泗地区安定下来，司马睿的"委任状"就送了来，任命祖逖为"徐州刺史"。

"永嘉之乱"再次升级。313年，得到晋怀帝司马炽被杀的消息，司马邺（晋愍帝）庚即在长安称帝。司马睿被任命为丞相，还下诏他发兵去"北伐救国"。恰好在这一年，祖逖也写信劝司马睿北伐，并自表"愿为前锋"。司马睿正在经营江东，走在"创建东晋"的路上，没心思、也没精力去"北伐救国"。但是，晋愍帝司马邺的诏令又不好违拗。于是，司马睿将计就计，任命祖逖为奋威将军、豫州刺史。但是，却只拨予千人粮饷、三千布帛，让他自募战士、自造兵器。就是这个"豫州刺史"其实也只是遥领与虚封，豫州在河南，而且"乱得一团糟"，基本上属于"无主土地"。这与跟着桓温伐蜀的周抚的一样，"益州刺史"也是"遥领"。意思是："你打下来就是你的。"司马睿的消极应付，并没有动摇祖逖"北伐的决心"。于是，祖逖就意气风发地"拜表而行"，开始了两晋以来的第一次北伐（313年）。这时的东晋还处在"创建期"，司马睿也还只是以西晋丞相的名义"发布诏令"。

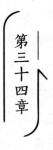

第三十四章

　　祖逖"拜表而行"，毅然从京口（今江苏省镇江市）带兵渡江北上。船至中流，祖逖击楫（敲打船桨）而发誓说："祖逖不能清中原而复济者，有如大江！"意思是："（我）祖逖如果不能扫清中原、复兴晋室，就像这大江一样，一去永不回。"

　　说到"立誓"，"最有温度"的是《汉乐府·上邪》："上邪！我欲与君相知，长命无绝衰。山无陵，江水为竭，冬雷震震，夏雨雪，天地合，乃敢与君绝。"这是"指天为誓"，表达了一个女子对男人彻心彻肺、忠贞不渝的爱情。在关汉卿元杂剧《窦娥冤》中，也有"指天为誓"的情节。窦娥被冤杀，临刑之时"指天为誓"："死后将血溅白绫、六月降雪、大旱三年。"窦娥冤屈感天动地，"三桩誓愿"一一实现。三年后，冤案得以重审，"窦娥冤"终得平反。后来的"平反昭雪"这个成语是不是来源于此，我不敢肯定。

　　古人一般不轻易立誓，立誓多以天地山川为誓言，因为这些东西都是亘古不变，才能够做到"恒久远"。在我的印象中，童谣"拉钩上吊，一百年不许变"，也是一种"立誓"行为。两个人，先钩上小拇指，再用大拇指相对扣合。在民间，双方争执不下，为了表明自己的"清白或正确"，往往要"点油杯"发愿。在官场，则往往借鉴军令如山而立"军令状"。这些都可以看作是"立誓行为"。

像祖逖一样"江河为誓"的，在西晋开国前，司马家族就搞过一次。这是"高平陵事变"时（249年），司马懿"指洛水为誓"，说不会伤害大将军曹爽。曹爽信以为真，交出了"大将军"印绶，还奢望着做个"富家翁"。哪知道，司马懿却"爽约了"，还是要了曹爽及其同党的"身家性命"。在这些"断头族"中有个桓范（大司农），曾经建议曹爽"拿起武器、挟持皇帝、坚持战斗"。结果曹爽却选择了"放下武器、束手待毙"，曹爽被诛杀，桓范作为曹爽的同党也被诛杀。据说，这个桓范，就是"衣冠南渡"的桓彝的曾祖父。这个桓彝，在东晋把"桓家"发展成"四大家族"之一，他的后代桓温曾觊觎帝位，桓玄甚至还让东晋"改旗易帜"（改称"大楚"）。这是后话。

祖逖"率兵北伐"，朝廷"又要马儿跑，又不给马儿吃草"。他渡江以后，暂住淮阴（今江苏省淮安市），打造兵器、招募兵勇，居然招募到两千多人，俨然是一支成建制的"北伐军"了。但是，他北伐的主要敌人，是前赵帝国的石勒，而且拥兵十万。祖逖这个人"勇武有谋略"，笼络和归并了一些地方武装，部队规模达到万人以上。但是，与敌人的部队相比，却只是"小巫见大巫"。正是在这样敌强我弱的不利形势下，祖逖却创造了"北伐奇迹"，收复了长江以北、黄河以南的大片地区，把司马睿给的"豫州刺史"由"虚封"变成了"实领"，把"豫州"纳入了"东晋的版图"（317年），还吓得前赵帝国的石勒不敢"窥视南方"（挥兵向南）。更有趣的是，为了向祖逖"表达好意"，石勒还派兵去整修了"祖逖的祖坟"。"投之以桃，报之以李"，祖逖默认了前赵帝国石勒的"互市请求"（以物易物）。边境相对安静，而祖逖的军队也"获利十倍"，给养充足。与此同时，那个与祖逖相约干一番大事业的刘琨，也成为"北中郎将"，在并州（今内蒙古河套、山西太原、大同和河北保定一带）坚持保家卫国的战斗，成为交相辉映的"北方将星"。后来，刘琨的并州被石勒攻陷，刘琨投奔幽州刺史段匹磾。两人"约为兄弟"报效国家，结果段匹磾"另有所图"，把好兄弟刘琨给"秘密解决了"（杀死）。这一年，是320年。同年，北方"乱中有静"，石勒几乎统一了中原和关中地区。南方呢？诞生了一个"重要人物"（谢安）。

祖逖还想"宜将剩勇追穷寇"（继续北伐），"南望京师"，希望得到东晋朝廷的支持。不承想，司马睿给祖逖派来的不是"一支军队"，而是"一个上司"："征西将军"戴渊（若思），还"都督兖、豫、幽、冀、雍、并州军事"。其时（321年），并州已经被划出"东晋版图"，刘琨也已经"魂归西天"。刘琨的死，让祖逖痛彻心扉，戴渊的到来，却让祖逖忧愤满怀。因为戴渊是个文官（前面已说），虽有才干，却不知兵略，这样的人出任北伐前线总指挥，结果可想而知。祖逖担心北伐事业可能就此"黯然谢幕"，收复的大片土地，或将"得而复失"。历史的发展，也正如祖逖所料。祖逖死后，军队归了弟弟祖约。虽是兄弟，能力却有天壤之别，祖逖"打下来"并"治理好"的豫州，也被石勒"轻易地拿走了"。

站的角度不同，对事情的看法可能大相径庭。司马睿任用戴渊（若思）的战略考虑是"佯备北伐，实备王敦"。而在北伐有功的祖逖看来，则是"佯备王敦、实备祖逖"，因而也就心怀郁闷。当然，也不排除朝廷采取"一箭双雕"的策略。据说，王敦提兵奔向建康，进军途中收到了祖逖的"威胁信"，让王敦"滚回老巢去"，王敦也就只好"逡巡不前"，足见祖逖对王敦的威慑作用有多强大。史载，祖逖"威压王敦"。王敦畏惧祖逖，不敢轻举妄动。看到"北伐事业"将前功尽弃，祖逖"壮志未酬泪满襟"，很快便忧愤而死。得到祖逖的死讯（321年），加上前一年周访的死（320年），王敦"心中一块石头落了地"，觉得再也没有人能"把他怎么样了"。于是，肆无忌惮地发动了"王敦之乱"。

有好事者说，平定"王敦之乱"的晋明帝司马绍跟太阳有密切联系。其母荀氏梦见"太阳入怀"而有了身孕。这个说法，肯定有些虚妄，这是一般史官都喜欢给皇帝编造点儿"非凡的来历"。但是，晋明帝亲自去王敦军营刺探军情时，王敦做"白日梦"，梦景是"太阳绕了军营一圈"，惊起却得到军士报告，有"金发碧眼"的人在营外搞侦察。说明晋明帝真是"跟太阳有缘"。当时的王敦"条件反射般"地认为是黄髯鲜卑奴（司马绍）。这个记载说明了两点，一是司马绍或跟太阳"有一定的联系"。在晋元帝司马睿登基称帝时，硬要拉王导"同坐龙床"。王导不去的理由也很充分：把皇帝比作"太阳"，有道是"天无二日"，所以王导"不敢上"。我认为，把皇帝比作太阳，是人类自然崇拜的产物。上天"深不可测"，而太阳却能经常见面，于是人们就把"太阳"作为"上天"的代表，后来就形成了人间的"天子说"（太阳的儿子）。二是说明晋明帝司马绍有鲜卑血统，跟东吴的孙权一样，都是"金发碧眼"。史载，晋明帝母亲（荀氏）出生在"燕代之地"，从地望来看，这是鲜卑族的聚居区，后来的"慕容家族"还建立了"燕国"，在东晋的北方"扰乱中原"。

晋明帝"少而聪慧"，也有故事。这个故事，与"太阳"也有关系，被后人概括为"举目见日，不见长安"。这番父子之间关于太阳与长安"孰远孰近"的讨论，被记载在《世说新语》里。原文是："晋明帝数岁，坐元帝（司马睿）膝上。有人从长安来，元帝问洛下消息，潸然流涕。明帝（司马绍）问：'何以致泣？'具以东渡意告之。因问明帝：'汝意谓长安何如日远？'答曰：'日远。不闻人从日边来，居然可知。'元帝异之。明日集群臣宴会，告以此意，更重问之。乃答曰：'日近。'元帝失色，曰：'尔何故异昨日之言邪？'答曰：'举目见日，不见长安。'"这个"晋明帝数岁"的故事流传了好多年，其实是以讹传讹。从原文分析，"有人从长安来"，应该是晋愍帝司马邺在长安称帝后派出的使者。司马邺是在获得晋怀帝死讯后，才在长安称帝（313年）。"元帝问洛下消息"，应该是问的晋怀帝司马炽时洛阳陷落的事，洛阳陷落在 311 年。晋明帝生于 299 年，所以有"使者从长安来"时间，应该在 313 年。而这时，晋明帝已经 14 岁了，按照常理也不可能"坐元帝膝上"。我们还可以进一步推断的是，这位使者是传达晋愍帝诏令（北伐救国），而就在这一年，祖逖开始了"北伐的征程"。

晋明帝是个有良知的皇帝，知道大晋的江山来路不正，竟然"掩面长泣"。史载，王导与温峤一起去拜见晋明帝司马绍。司马绍问："我一直好奇司马氏是怎么样一统江山的。"真是"哪壶不开提哪壶"，两人一听这个问题都"傻眼了"，因为他们都知道司马氏祖孙三代走过的"铁血夺权路"。这三代是：司马懿一代，司马师、司马昭一代，司马炎一代。王导沉默良久说："温峤年轻，不熟悉那段往事，我来为陛下'说个明白'。""那段往事"前文已说，这里不赘述。司马绍听完"那段往事"（篡夺曹氏江山），觉得羞愧难当，就掩面长泣，边哭边说："诚如君言，晋祚何以长久？"这个问答，或许影响了晋明帝的"执政纲领"：笼络士民，励精图治。可惜的是，晋明帝英年早逝，东晋的中兴也只是"昙花一现"。

晋明帝司马绍死时（325 年），北方的前赵帝国与后赵帝国正处于"战火纷飞"中。晋明帝死了，但儿子司马衍才四岁，按照父死子继的正统观念，年龄再小，哪怕"还在襁褓中"，也要登基继位晋成帝。这时东晋还比较安定，没有出现"皇位抢夺战"。司马衍的生母庾皇后（文君），年纪轻轻就变成了"庾寡妇"，也变成了"庾太后"。这个庾太后出生名门，貌美而性纯，临朝听政，虽无治国理政之能，也没有闹出什么"桃色新闻"。

晋元帝司马睿驾崩（323 年）后，司马绍继位称帝（晋明帝），庾文君变成"皇后"，不到三年，"皇后"又变成了"太后"。据说，庾文君生下的两个儿子都先后当了皇帝（晋成帝司马衍、晋康帝司马岳），这在历史上还是比较少见的。庾氏也因此成为东晋的"皇亲国戚"，走上了"家族兴盛路"。不过，庾氏兴盛好运不长。执掌朝政的庾亮（庾文君兄），强行征召苏峻入朝为"大司农"，引发了"苏峻之乱"（328年）。苏峻带军打入建康，舅舅庾亮却丢下小皇帝（晋成帝）自己跑了，幸得王导等老臣护卫才得以保全。而叛军冲进后宫，大肆抢夺宫女，惨叫声不绝于耳。年轻貌美的庾太后，担心"被叛军所辱"，自杀身亡（328年），时年32岁。东晋建立才十年光景，竟相继遭遇了"王敦之乱"和"苏峻之乱"，这样的日子真"不是一般的苦"啊！

第
三
十
五
章

　　晋成帝司马衍是东晋的第三个皇帝，也是东晋第一个"儿皇帝"。晋明帝司马绍英年早逝时（325年），五岁的司马衍（司马绍长子）接受先帝遗命继位称帝，生母庾文君（皇太后）抱着他"临朝听政"。从此，"王与马，共天下"的政治格局悄然改变。"外戚"参与到"权力瓜分"的政治斗争中来，形成"门阀政治"与"外戚专政"此消彼长的斗争格局。

　　所谓"外戚"，就是皇帝母亲（太后）、皇帝妻子（皇后）家的亲戚。当然，有时候也包括"三千宠爱于一身"的受宠皇妃的亲人。"外戚专政"也叫"外戚干政"，是说外戚因为"裙带关系"逐步攫取"权力与地位"，最后执掌朝政，让皇帝成为一个"草树桩桩"（傀儡）。在西汉中期，"千古一帝"的汉武帝刘彻，为了预防外戚扰乱朝纲，在立最小的儿子刘弗陵为太子时，竟然杀了太子的母亲"钩弋夫人"，这是个极端的历史事件。据说，钩弋夫人的出现，也是一个严重的"造假事件"。

　　我们都知道，汉武帝是个毁誉参半的皇帝，对他的评价不能用"两分法"，只能用"三分法"。第一，继位之初"忍气吞声"（太后临朝），那个著名的"窦太后"临朝听政，导致汉武帝"罢黜百家、独尊儒术"的决定差点儿"胎死腹中"。第二，汉武"亲政之后"却"穷兵黩武"，虽然把"文景之治"创下的基业消耗殆尽，但也通过"三次大战"解决了"匈奴问题"，把"西汉帝国"变成了与"西罗马帝国"并称于世的东方大帝国。第三，年过半百的汉武帝，喜欢神仙方术，追求长生不老，大多数时光都消耗在"求神访仙"的路上。

约公元前96年，汉武帝（刘彻）选择巡狩河间地区（今河北省沧州市）。有望气者说河间有奇女子，出生以来双手都"握成拳头"，一直未曾打开。这样的奇女子，自然激发了汉武帝的"好奇心"。没过几天，随行大臣就送来了一个紧握双拳的"妙龄女子"。汉武帝拉着她的双拳"玩味良久"，轻轻一掰，小女子居然"双拳舒展"，掌心还有一个"玉钩"。汉武帝顿时"大放欢心"，把妙龄女子拉入辎车（敞篷轻便车），带回宫去。这个妙龄女子后来就成了"钩弋夫人"，也就是"赵婕妤"。汉武帝把"钩弋夫人"居住的地方，改为"钩弋宫"。因为怀孕13个月（不是10月怀胎）才生下了"龙的传人"（前94年），也就是后来的汉昭帝刘弗陵。汉武帝就将"钩弋宫"的宫门改为"尧母门"，因为尧帝的母亲也是怀孕13个月才生下他的。有好事者说，"双手握拳"无法舒展，只有患上"小儿麻痹症"者才有可能。而妙龄女子的双拳却能"一掰就开"，明显是随行大臣"编造的瞎话"，只是一个哄汉武帝开心的"小把戏"。

但是，如果把汉武帝卫夫人失宠、李夫人（李延年妹）去世结合起来看，"钩弋夫人"，其实是随行大臣为汉武帝"寻得的新欢"。李夫人去世，汉武帝的"精神世界"极度空虚，不仅亲作《李夫人赋》，还请方士为李夫人"招魂"。钩弋夫人"三千宠爱于一身"不说，刘弗陵出生才三年，就发生了著名的"巫蛊之祸"，太子刘据、皇后卫子夫先后"命归黄泉"，"同上黄泉路"的还有一万多条无辜的生命。待到真相大白，汉武帝只有把愧悔的泪洒在"晚年的风里"，建立"思子台"（前90年）后的第三年（前87年），汉武帝也带着愧悔"闭上了眼睛"。汉武帝临终前，把钩弋夫人的生子（刘弗陵）册立为"皇太子"，并赐死了"钩弋夫人"。"立子杀母"，是唐朝褚少孙对《史记》所作的"补记"。"赐死"是真，见于司马迁的《史记》。但是，"赐死"的原因，却不一定是因为"立太子"这个事情。有史料说，钩弋夫人偶有过失，被汉武帝"严词斥责"，忧虑而死。

尽管如此，西汉王朝依然没逃脱"外戚专政"的怪圈，"权倾朝野"的权臣霍光，其实也就是个"外戚"。值得庆幸的是，"托孤辅政"的霍光，却与汉昭帝刘弗陵达到了"君臣不相疑"的地步，实现了汉武帝赐予"周公背成王朝诸侯图"的良好愿望，为"昭宣中兴"局面的出现"开了个好头"，这也是"外戚专政"的一个极端历史事件。但是，西汉后期"外戚专政"的结果，是王莽给前汉（西汉）和后汉（东汉）打上了一个"间隔号"，史称王莽"篡汉自立"，建立了"短命的新朝"。

东汉可以算作"外戚专政"的"历史标本"。尤其是东汉后期，"儿皇帝"不断出现，导致六次出现"太后临朝"的局面，"外戚专政"真是"你方唱罢我登场"。太后临朝，除了倚重朝廷百官，但更倚重的是外戚。因为是自家人，"说话做事"都比较方便。因此，皇帝被牢牢地控制住，朝政被稳稳地把持住。而皇帝呢，一旦年岁稍长，或是到了"足以亲政"的年龄，"夺回皇权"就成了"题中应有之义"。但是，朝政被太后把持，百官被太后笼络。皇帝能依靠谁去"抢夺皇权"呢？皇帝最亲近的人，就只有大大小小的太监（宦官）了。因此，"宦官集团"从逐步得势到全面专权，与"外戚集团"展开了殊死搏斗，让东汉后期的历史充满了"血腥味"。在"外戚集团""宦官集团"之外，参与"权力角逐"的，还有"仕子集团"（朝廷百官），甚至朝廷百官也还"各有分野"，导致权力争夺出现了"复杂局面"。最著名的恶果有三种：一是外戚相继被族诛，二是宦官集团被集体剿灭，三是掀起了两次"党锢之祸"。第二次"党锢之祸"的"余音袅袅"，在董卓进京后才彻底完结。纵观历史，无论是"外戚专政"、"宦官专权"，还是"党锢之祸"，在纷纷攘攘的权力争斗中，大家的日子都不好过。

遥远的历史，不再去追述和评说。就说西晋，晋武帝时期，因为皇帝相对强势，并没有出现"外戚专政"的情况。司马炎一死（290 年），"傻皇帝"司马衷继位，杨骏按照先帝遗命执掌朝政，这就惹得"丑皇后"贾南风的"羡慕嫉妒恨"。结果是，争夺皇权的"八王之乱"起。而且"八王之乱"一乱就乱了 16 年，结果是争权夺利的内乱导致外患。外患的结果是"永嘉之乱"，洛阳和长安，先后被攻陷，两个皇帝（司马炽、司马邺）先后被俘被杀，西汉王朝的历史被永远地"画上了句号"。

晋成帝司马衍即位为帝（325 年），太后庾文君"临朝听政"，皇帝的舅舅们就走进权力核心，其中最著名的代表是庾亮，他是太后庾文君的哥哥，也正是这一对兄妹，从父亲庾琛（丞相军谘祭酒）手中，接过"家族兴盛"的接力棒，让"庾氏"迅速发展壮大，成为东晋"四大望族"之一。这个庾琛，跟晋元帝司马睿"关系很铁"。司马睿把庾琛女儿庾文君聘为世子司马绍的"正妃"，两人就成了"亲家关系"。庾文君成为"世子正妃"的时候，东晋王朝还没有正式建立。从司马睿跟庾琛"打亲家"这件事来看，司马睿的政治考虑一定程度就是要"依托庾家"。所以，我们说，庾亮仅仅因为"外戚身份"进入"权力核心"，也不全对。

《晋书》说，庾亮是个"美男子"，而且是个"西晋名士"。西晋名士，都有个著名的特点，那就是"善于清谈"。"王敦之乱"时，晋明帝司马绍曾派庾亮去见王敦，两人"相谈甚欢"。王敦不知不觉把自己的座席移到了庾亮身旁，表明了亲近和仰慕之情。我们由此可以知道，那时才是真正的"坐谈"（席地而坐），不是现在的"座谈"，因为还没有桌子和椅子。虽然"坐谈甚欢"，但王敦还是反了。这是什么原因呢？因为那时的"清谈"，主要是"谈玄"，基本与政治无关。据说，魏晋时期，社会上盛行"清谈"之风。士族名流相遇，不谈国事、不言民生、不及俗事，专谈老庄、周易和哲理，被称为"清言"。由于上流社会的普遍参与，"清谈"成为当时的"社会风尚"。王羲之的《兰亭序》，文美、字美、日子美（上巳节），那是记载的永和九年（353年）的一次"文人雅集"，其实就是社会名流的"清谈大会"。

《庾亮传》说，庾亮是"名士中的另类"，与其他名士"放浪形骸"不同，他总是"谨言慎行"（遵礼守法），让邻居们都"不敢打扰他"。"八王之乱"的终结者东海王司马越，听说了庾亮的"令名"，就派车征召，庾亮却"不买账"（推辞不就）。等到司马睿做"镇东将军"时（311年），庾亮却像"沙地的萝卜，一拔就来"（西曹掾）。两人一见面，庾亮的"卓然风姿"就让司马睿大喜过望。从此，两人的关系"良性发展"，庾亮也在司马睿的亲自关心下"一路升迁"。司马睿把庾文君聘为"世子正妃"，或许也有"庾亮的因素"。作为晋明帝司马绍的"舅老倌"，庾亮的"权与威"自不待言。因此，司马绍临终时（325年），把王导和庾亮同时作为"托孤大臣"，辅佐"小皇帝"司马衍。史载，晋明帝病重时，不愿见外人。庾亮只身前往皇宫"探视妹夫"，虽然受阻，但还是成功入内。后来，传出了两条消息：一是司马宗、司马羕"有异动"（谋反），二是由王导、庾亮辅政。第一条消息，要了两人的"老命"。第二条消息，却惹得两个人"不高兴"。这两个"不高兴"的人，就是陶侃和祖约。他们怀疑"庾亮篡改了遗诏"，删除了辅政大臣名单。为此，引发了一系列事件。

据说，王导为政宽和（镇之以静），而庾亮却"反其道而行之"，导致"朝廷失和、人心离散"。先是排挤首辅大臣王导，以致"事皆决于亮"，后以"反叛之名"杀了司马宗（白头翁）和司马羕（先帝师傅），甚至"开除族籍"，让这两个人的后人由"复姓"（司马）改为"单姓"（马），天下人都说庾亮是在"翦除皇族"。庾亮的理由是两人在谋废幼帝司马衍。真实的现实是，庾亮的专横惹了"众怒"，朝臣"欲除之而后快"。庾亮却来了个"先下手为强"。这么重大的事情，"小皇帝"司马衍居然不知道。晋成帝司马衍好久没有看见"白头翁"（司马宗），就问舅舅庾亮。庾亮说：谋反被杀了。司马衍却"大人一般"地说："有人说'白头翁'谋反，舅舅就把他杀了，要是有人说舅舅谋反，我该怎么办呢？"庾亮除了脸红，只有"无言以对"。这时的庾亮心中怎么想，我们只能猜测，也就是根本没把"小皇帝"放在心中，后来的事情，庾亮"只身逃跑"就是明证。

第三十六章

有民谣云:"五马渡江去,一马化为龙。""五马"是指琅琊王司马睿、弋阳王司马羕、南顿王司马宗、汝南王司马佑、彭城王司马纮。"一马化为龙"是指司马睿称帝(318年)建立东晋。到晋明帝司马绍英年早逝、司马衍当"儿皇帝"时(325年),"五马"还在"食人间烟火"的,就只有司马宗和司马羕,可以算是"皇族元老级"的人物,也是东晋王朝的开国功臣,虽然不是什么"辅政大臣",他们对朝廷的"忠诚度"绝对是不容置疑的。尽管如此,他们仍是庾亮独擅朝纲的"绊脚石"(阻碍其入宫),成了庾亮心中的"假想敌"。有史家说,是庾亮的肆意排挤,逼得司马宗、司马羕"激情犯罪",此言不虚。

不过,收拾了两个"假想敌",还不太影响东晋的大局。庾亮心中的"假想敌"还有三人:陶侃、祖约(祖逖弟)、苏峻,因为他们手中都握有重兵。陶侃当时是"荆州刺史"。这个"荆州刺史"还是晋元帝司马睿给封的,历经晋元帝、晋明帝到晋成帝,可以说是"三朝元老",应该作为"国家柱石"而备受尊崇。但因为"遗诏事件",惹得陶侃不高兴。陶侃也说了些气话,庾亮心中就开始忌恨陶侃,不仅不把陶侃作为安邦定国的"重要依托",反而总认为陶侃会"心生叛意"。而且，陶侃拥兵重镇（荆州），一旦有变，都城建康立马就岌岌可危。于是，陶侃就成了庾亮忌惮的"首要分子"，也是庾亮最想"一举拿下"的那个人。当然，也正是这个被庾亮"深深忌恨"的人（陶侃），最后深明大义，率军平定了"苏峻之乱"，让东晋再次化险为夷、转危为安。

前面说过"闻鸡起舞、中流击楫、矢志北伐"的祖逖，他是"王敦之乱"最忌惮的人。在祖逖"忧愤而死"后，他的弟弟祖约接管了他的部队。这支部队，是最强劲的"北伐军"。当然，说是部队，其实更多的是部曲。祖逖的哥哥祖纳，曾经在西晋的朝廷为官，教育引导"少不知书"的祖逖走上"学而优则仕"的道路。祖逖死后，祖纳就向皇帝（晋明帝）上书说"祖约有反意"。我们都知道，祖约"带兵打仗"的能力，与祖逖相比"不可同日而语"。祖约被后赵帝国的石虎打得"灰头土脸"的时候，多次遣使向东晋朝廷发出"救命的呼喊"。庾亮及其他所掌控的朝廷，却"见死不救"，这件事很让祖约"伤心绝望"。好在当时的历阳内史苏峻动了"恻隐之心"，发兵去"救了祖约一命"，两人因此成为"生死兄弟"。而庾亮呢，对此却"不以为意"。在后来的"苏峻之乱"中，苏峻一"邀约"，祖约就立即成了他的"铁杆友军"。

苏峻呢，永嘉之乱后，纠合了数千人南渡江南，成为"流民领袖"，被"移镇建邺"的司马睿看重，任其为"鹰扬将军"。作为"武人"，苏峻想的是靠带兵打仗建功立业、出人头地。在从平"王敦之乱"后（324年），被晋明帝司马绍授"冠军将军"，任"历阳内史"，封"邵陵郡公"，驻守历阳。苏峻的"武装力量"不容小觑，除了自己手上少量的部队（正规军），还大肆笼络了一批"天不怕、地不怕"的"江湖大盗"，其军队的战斗力可想而知。如果没有"白头翁事件"（司马宗被杀），或许庾亮也会跟苏峻"和平相处"。但是，司马宗被杀后，其部下卞阐逃奔到苏峻那里，苏峻把他"收而藏之"，庾亮"遣使要人"，苏峻却说"未见其人",导致庾亮对苏峻心中升起一股"无名火"。

尽管庾亮已走进"权力舞台"的中央,但从当时的局势分析,仅凭庾亮的一己之力,要同时拿下这三个"军界大咖",无异于以卵击石,甚至会出现"覆巢之下无完卵"状况。于是,庾亮就通过庾太后发布了一项"人事任命":派温峤为江州刺史,都督江州诸军事,镇武昌(今湖北省鄂州市)。我们前面说过,温峤也是个不简单的人物。他曾经当过晋明帝司马绍的老师(太子少傅),又曾经当过晋明帝的间谍"深入敌巢"(王敦阵营),骗取了王敦的"倾心依赖",最后获得准确情报,协助晋明帝和丞相王导,平定了"王敦之乱"。此时,东晋朝廷的这个任命,战略目的"非常明显",就是要在长江上游设置重镇,牵制荆州刺史陶侃和历阳内史苏峻。这个意图,不仅庾亮心中明白,陶侃和苏峻也是"看在眼里、恨上心头"。后来,"苏峻之乱"起,温峤想起兵东下,入卫京师(建康)。庾亮说:"我担心东边(陶侃)甚于西边(苏峻)。"《晋书·庾亮传》:"吾忧西陲过于历阳,足下无过雷池一步也。"这就是成语"不越雷池一步"的来历。

"王敦之乱"(322—324 年),是王敦野心膨胀的结果,他想要的是"东晋的江山"。王敦不想再"王与马,共天下",他想把"司马氏的江山"变成"王氏的天下"。而"苏峻之乱",则完全是庾亮的咎由自取,说穿了,就是"逼反"。庾亮通过综合分析,觉得苏峻就还是一个"小泥鳅",肯定翻不起大浪,夺取他的兵权,只需要"一道懿旨"。因此,苏峻成为庾亮首要的"打击对象"。在古代,懿旨,是相对于圣旨而言的,指的是太后或皇后的旨意。庾亮当政时期,是庾太后"临朝听政"的时期。因此,虽然"事皆决于亮"(庾亮),但庾太后(文君)才是这一时期"王朝的主人"。就像曹魏时期的郭太后,成了司马氏废立曹氏皇帝的"一张王牌"。这时,"一道懿旨"被快马传到苏峻任所历阳(今安徽省马鞍山市和县)。让苏峻回到京城任职"大司农"(327年),意在"夺其兵权",解除庾亮的"深深隐忧"。这样明升暗降的事,司马家族在"三国时代"也做过一次,逼反了拥兵辽东的诸葛诞。

史载,历阳乃"兵家重地"。历阳,"当江淮水陆之冲,左挟长江,右控昭关,梁山峙其南,濠滁环其北,为'淮南之藩维、江表之保障'",自古以来就是兵家必争之地。远的不说,(东吴)孙策从历阳起兵而有江东,西晋"王睿楼船"突破历阳"铁索险阻",才有了孙皓的"面缚衔璧"(投降)。朱明王朝的开创者朱元璋,也是驻师历阳,进兵江南,打进了金陵,成就了"帝业"(1368 年)。

庾太后的"一道懿旨"召苏峻为大司农,加散骑常侍,位特进。"特进"就是位置在朝廷百官之前,有点儿像古代的"三独坐"("三公"单独坐),其他是没有什么实际意义的。这种"明升暗降"的做法,是封建王朝最喜欢的"把戏"。被征召的将领,要么拥兵自守,要么忧愤而死,要么举起"反叛的大旗"。接到"懿旨"的历阳内史苏峻呢,"郁闷归郁闷",但因为自己"有军功、有威望",还是心存一丝侥幸,他遣使上书庾亮"表明心迹":"自己只会'带兵打仗',只要还在军队,哪怕是一个偏僻的小地方,也愿意'为国效命'。"如果庾亮能"好言抚慰",从其所请,苏峻或可成为保家卫国的一员悍将。庾亮身边亲近的大臣温峤、郗鉴等都说"不要这么干",谨防"苏峻生变"。但是,庾亮却不愿"善罢甘休",执意征召苏峻"入朝任职",而且态度恶劣。于是,苏峻愤然"举兵反叛"(327 年),才安静不久的东晋,又过起了"动乱的日子"。

庾亮不听劝谏,也有他自己的理由。他的考虑是,现在苏峻还是个"小人物",即使造反也影响不了大局,如果等他"坐大",就可能"尾大不掉",不好收拾。因此,就要趁早下手。结果呢,大大出乎庾亮的预料:苏峻真变成了"愤怒的小鸟",联合"怨恨朝廷"的祖约(祖逖弟),以"诛杀庾亮"(清君侧)的名义,率领两万大军"直捣黄龙",悍然打进建康城(328 年)。庾亮虽然亲自"挂帅出征",但最终抵敌不住,才知道"锅儿是铁铸的"。苏峻的军队也真是"玩命",庾亮于是败得一塌糊涂。为了活命，庾亮竟然丢下自己的妹妹（庾太后）和"小皇帝"（晋成帝），仓皇出逃，投奔屯兵寻阳的温峤。

"苏峻之乱"让庾亮始料未及。据说，苏峻攻入建康，王导与光禄大夫陆晔、荀崧等官员都在正殿守护晋成帝，吓得攻进来的苏峻不敢上殿。但苏峻却放任士卒在后宫抢掠，残酷而凶暴，还"驱役百官"，"裸剥士女"，哀号之声震动全城，不甘受辱的庾太后就此"香消玉殒"（328 年）。另外，叛军还尽掠库存的二十万匹布、五千斤金银、亿万数钱和数万匹绢布。这个结果，比起"王敦之乱"，可以说是"有过之而无不及"。尤其是"裸剥士女"，成了建康历史上的一个"伤疤"。近读叶兆言的《南京传》，这道"伤疤"又被痛痛地揭起，让人唏嘘不已。

从历阳起兵反叛的苏峻，其职务是"内史"。在我的印象中，"内史"的设置和沿革相当复杂，但大概都是掌管"钱粮税赋"的官员，类似于"大管家"。历阳内史苏峻为啥子"手头有兵"？这又要说到晋武帝司马炎。司马炎在离开人世前（289 年），借鉴汉景帝（刘启）的做法，推出了一项"改革举措"：将封建王国的"相"改为"内史"，郡王封国的内史，相当于"郡太守"；县王封国的内史，就相当于"县令或县长"。所以，历阳郡内史其实就是"历阳太守"，苏峻就可以"手头有兵"。"激反苏峻"，可以算是庾亮犯下的"低级错误"。苏峻起兵后，庾亮像"脑袋进了水"一样，任何"建设性意见"都不采纳，导致苏峻、祖约们乱得一塌糊涂。

　　苏峻掌握着"枪杆子"，武将是最"不好惹"的。本想保家卫国的苏峻揭竿而起，变成了"叛臣贼子"。攻防双方"形势不同"：攻力而防疏。叛军可以说是"高歌猛进"，直至"京城陷落"。进京后，苏峻给自己封了一大串官名，把持了朝政。据说，苏峻也还是有自知之明的，因为素来敬重王导，在朝臣排序上乐于"屈居第二"，让王导仍然当"首辅大臣"。"小皇帝"司马衍被"异地安置"。说是"安置"，其实就是"囚禁"，让司马衍居住在石头城的一个仓库里。史载，"帝哀泣升车，宫中恸哭"。不仅如此，苏峻还要"泼皮无赖"，天天派人到"石头城"叫骂连天，语言污秽不堪。但司马衍这个"小大人"，在石头城里仿佛无事儿一般，仍然是该吃吃、该喝喝。史家说，晋成帝"气质好"，面对气势汹汹的苏峻也是不亢不卑。其实，"小皇帝"已是不幸的人，先"失怙"（少年丧父）又"失恃"（少年丧母），大臣也做"鸟兽散"，真正成了"孤家寡人"，头上只有一顶无用的"皇冠"。再怎么努力也无力回天，心中念着"好死不如赖活着"的古训，其实也充满了"悲凉和无奈"。

　　庾亮在"苏峻之乱"中，也做了一个"正确的决定"，那就是逃奔温峤。温峤这个"三朝元老",身份也很复杂。他初仕西晋,在其姨父刘琨(镇北将军)幕府当差。刘琨是个知名人士,就是那个与祖逖一起"闻鸡起舞"的青年。遭遇"永嘉之乱",西晋宣告灭亡(316年),刘琨派温峤来到江南,对司马睿极力劝进,司马睿"很听话",因此"称王称帝"(317年称王、318年称帝),并把温峤"留在江南"。温峤也"很听话",因此,"不再北归"。就这样,温峤成了东晋的"开国功臣"。对于"秀才出身"的温峤,司马睿很欣赏他的"六经功底",封他为"太子少傅",温峤就成了晋明帝司马绍的老师。

在古代历史中,我们经常看到"太子太师、太子太傅、太子太保"和"太子少师、太子少傅、太子少保"的称谓,合称为"三太三少"。对于他们的职能,我们大都"不甚了了"。其实,"师",是传授太子知识的;"傅",是培育太子品德的;"保",是照管太子身体的。也就是说"三太三少"都是太子的老师,分别负责智育、德育、体育,确保太子能得到"全面发展",练就治国安邦的才能和水平。一般来说,历史记载"太子太傅、太子少傅"的比较多,因为他们后来大都会成为"辅政大臣",而为史官们所看重,而"太保"和"少保"则少见史载,这也是很自然的事情。正如司马迁先生的《史记》,也大都是围绕"帝王将相"展开的。

前面说过,王敦打进建康城时,准备"废立太子"。温峤(太子少傅)疾言厉色地"盛赞太子之德",才在朝廷百官的支持下保住了司马绍的"太子之位"。王敦"退回老巢"后,温峤还受命去王敦军营"开展和谈",又被王敦"成功滞留",成了王敦的"铁杆兄弟",最后逃离回来,让晋明帝司马绍成为"知己知彼"的人,较快地平定了"王敦之乱"。大家不知道,温峤在做"太子少傅"时,是一个十足的"赌徒",往往是"输得四个包儿一样重"(输得精光),只能呼朋唤友来为他"赎身",当太子时司马绍,也是对温峤"友情赞助"最多的人。据说,到了刘宋王朝,刺史盘剥方镇,回京朝见,当朝皇帝都要与刺史们赌博，直到把他们"搜刮干净"才高兴。可见，在魏晋南北朝，赌博是很普遍，也"很时尚"的。

温峤身份复杂，也是一个有故事的人，最有趣的是"温峤娶妻"，为人（表妹）"觅婚"（介绍朋友）而"自聘自娶"。后人（关汉卿）把这桩"趣事"写进了元杂剧《玉镜台》，"玉镜台"，后来还成为男婚女嫁时"聘礼"的代名词。《世说新语》载，温峤死了妻子成为鳏夫，正想着"老牛吃嫩草"（老夫少妻）。姑母刘氏（从夫姓）家逢战乱，流离失散，身边只有刚刚及笄的女儿"待字闺中"。姑母见温峤在东晋"混得风生水起"，就请他当"月下老人"（媒人）。温峤却对表妹暗生爱意（让表妹"填房"）。于是，温峤就搞起了小动作。在摸清姑母的"心理底线"后，就巧言瞒过姑母，说找到一个比我还好的"好女婿"，姑母欣然同意了这门婚事。于是，温峤赶紧送去"玉镜台"一座作为聘礼。待"送入洞房"，新娘"掀起红盖头"，结果新郎官是"大表哥"温峤。其实，表妹也早就属意大表哥。于是，拍手大笑说："我本来就疑心是你这'老家伙'，果然不出所料。"温峤的姑母是否有"一棵白菜被猪拱了"的痛惜感，是否有"生活终于安定下来"的"小幸福"，这些我们都不得而知。据说，这个"玉镜台"，是温峤做刘琨（姨父）的长史，北征前赵帝国刘聪时缴获的"战利品"。"玉镜台"的故事并不见于《晋书》，在温峤的三位妻子中，也没有"姓刘的"。而且在元杂剧《玉镜台》中，"玉镜台"却变成了"御赐宝物"，温峤的小表妹也有了名字，叫"刘倩英"。因而这个故事恐怕也是后人杜撰而来的吧。

"苏峻之乱"起，温峤想"入卫京师"，但是庾亮却"婉言相拒"。等到苏峻打进京城、占领建康，温峤居然"放声痛哭"。在温峤"悲苦的泪光里"，他看见了庾亮"惶惶如丧家之犬"的样子，从建康"狂奔而来"。两个男人"相拥而泣"的场面，也还是十分动人。庾亮也深知自己"罪业深重"，以皇太后的诏令，责温峤起兵"救朝廷于水火"。温峤感到自己还有点儿势单力薄，给庾亮提出了组建"平叛联军"的建议，就是要联合陶侃和郗鉴。这让庾亮有点儿犯难，郗鉴都还好说，"一道懿旨"就可以让他感觉到"皇恩浩荡"。的确如此，郗鉴在接受"司空、都督六州诸军事"的任命后，杀白马、筑盟坛、喝血酒，让自己的麾下迅速"激情燃烧"。

但是在陶侃那里，庾亮就有些"不好意思"说话了。陶侃既不安逸庾亮在遗诏上"做手脚"，更不安逸庾亮把他作为防范的"首要对象"。庾亮用来重点防范陶侃的人，也正是当时的江州刺史温峤。俗话说，解铃还须系铃人，自己的屁股还得自己擦。这时，温峤反过来鼓动庾亮，给出的建设性意见是，由温峤给陶侃"戴高帽子"，让陶侃找到自信、燃烧激情；庾亮在陶侃面前低声下气，让陶侃"大人不计小人过"，找回自尊、深明大义。温峤"这一招"果然厉害，结果有些超乎想象。陶侃面对庾亮的"下跪"和"自责"，居然捐弃前嫌，愿意"化干戈为玉帛"，并欣然做出决定，不仅同意"组建联军"，而且同意出任联军的"总指挥"（盟主）。

陶侃一出马，局势就"陡然发生改变"。我这个人最不喜欢说战争。只说"苏峻之乱"的最后结果：苏峻"突然阵亡"（329）。《晋书》说，（平叛联军）军士见苏峻"酒劲发作"，摇晃不定，坠于马下。立即挥刀剁下苏峻首级，砍下四肢，用来"邀功请赏"，剩下的尸体则被士兵"架木焚烧"。又是一个"醉酒丧命"的故事。叛军由其弟苏逸领兵"继续对抗"，也被"平叛联军"打得"落花流水"。祖约眼看前途无"亮"，只得落荒而逃，逃到他哥哥祖逖的"死对头"石勒那里去"举手投降"。本来祖约先期就曾"暗助石勒"，这是他投奔石勒的"主要考虑"。看到祖约的到来，石勒还是很讲"哥们义气"的（待之不薄）。但石勒架不住"非我族类、其心必异"的古训，架不住"小人们"的"谗言"。于是，石勒就摆下"鸿门宴"，以"不忠不义"的罪名，把祖约和随从的祖族男丁百余人"斩于菜市口"（330 年），祖家的女人们就作为"战利品"分赏给后赵帝国的将士们。

"小皇帝"司马衍"还算命大"，虽被苏峻囚禁在"石头城"，居然没被苏峻"砍杀或毒杀"，让东晋"皇族龙脉"得以存续。史载，"小皇帝"被从石头城救出，来到温峤的军船上，一大批文臣武将跪成一片、哭成一片，纷纷向"小皇帝"谢罪。这也是"苏峻之乱"最终平定的"序幕"。在这一大片"跪着的人当中"，肯定没有王导。姗姗来迟的王导，送回了表明身份和地位的"节杖"（持节），并请求对其"临阵脱逃"给予处分。"平叛联军"总指挥陶侃，这时正意气风发，用"苏武持节"的故事来"讥讽现实"，把王导先生弄了个"大红脸"。

"苏峻之乱"，焚烧了京城，抢光了府库。但是，对于平定叛乱这么重大的胜利，不给点儿奖赏肯定是"说不过去"的。"小皇帝"虽然"手中无钱"，但现在他"手中有权"，决定以"精神鼓励"为主，于是就给平叛有功的相关人士"封官许愿"。庾亮有"将功补过"的心理准备。所以，他对"小皇帝"的封赏，给予了"坚决的辞让"（固辞），只是请求"保住性命"，这可以理解。但是，对于厥功至伟的温峤来说，他也坚决地"辞让封赏"，这就惹得"平叛联军"总指挥（盟主）的"严重不满"，他说温峤是"装怪相"、是"假正经"，是想借此"沽名钓誉"。结果是，温峤只得"勉为其难"地接受封赏。而陶侃呢，对"小皇帝"的封赏，则毫不客气地"欣然笑纳"（抿而受之）。还有在"苏峻之乱"时，"以身殉国"的桓彝，得以"追认"。这个"追认"，是"桓氏"成为"东晋望族"的开始。

虽然王导在先前闹了个"大红脸"，又因为庾亮的"引咎辞职"，重新成为"辅政大臣"（丞相）。看到建康城的残破景象，好多大臣都提出了"迁都的建议"，甚至形成了"两个派别"：温峤请求迁到江州的"豫章郡"（今江西省南昌市），这是他的势力范围；"三吴豪族"请求迁到"会稽郡"，这是他们的"龙兴之地"（老家）。这两个地方繁华富裕程度"不输京城"，都能确保朝廷的"正常运转"。但是，两派各怀心思、争论不休，最后"谁也说服不了谁"。正在"小皇帝"

司马衍左右为难的时候，王导站出来"下了定论"：就在建康城搞"灾后重建"，不得再有"迁都之议"。王导的理由很充分：一是古人都说"金陵有王者之气"；二是诸葛亮都说"金陵是帝王之宅"，孙权还有"皇城之实"；三是迁都是"示弱以敌"，如果后赵帝国来个挥师南下，东晋也就只有举手投降。谁也不愿当"亡国奴"，于是王导的意见"一锤定音"，建康城开始了史上首次"灾后重建"（330年）。两年后，重建工程完工，东晋王朝才又重新走上"正常的轨道"。

　　3世纪的第一缕曙光，是伴随"八王之乱"来到西晋的。"八王之乱"，是中国历史上最旷日持久的皇族内乱，这个"皇族内乱"搅得天下大乱，直到隋朝建立，才基本归于平静。第一个十年，"八王之乱"刚结束，本以为能过几天安生日子的西晋子民，却被外患弄得民不聊生。第二个十年的到来，民族灾难、家国灾难更加水深火热，"永嘉之乱"（311—316年），又让西晋王朝遭遇了灭顶之灾，被前赵帝国抛进"历史的深处"。东晋王朝走过漫长的"创建期"（308—317年），才搭建起"草台班子"（318年）。第三个十年，立足未稳的东晋王朝，又遭遇多事之秋。先有"王敦之乱"（322—324年），气死了晋元帝司马睿（323年）。有勇有谋的晋明帝虽然平定了"王敦之乱"（324年），让人们看到了"晋室中兴"的希望，却又不幸英年早逝（325年），把人们的希望变成了"肥皂泡"。"儿皇帝"司马衍五岁继位（325年），太后（庚文君）临朝，庚亮（司马衍大舅）以外戚身份走进权力中心，"事皆决于亮"，却又激起"苏峻之乱"（327—329年）。

　　当历史翻开第四个十年的新台历，东晋王朝已是满目疮痍。好在"苏峻之乱"在陶侃的主导下画上句号，"首都重建"在王导的主导下顺利完工，东晋才有了喘息的机会。平定"苏峻之乱"，王导没有做出应有的贡献，但他有"三朝帝师"的身份，庾亮又自知罪业深重，"要求到基层工作"（外镇效命）。所以，王导再次成为"首辅大臣"，掌握着东晋前进的"方向盘"。陶侃呢，虽然前期心中不满，看苏峻叛军把庾亮打得屁滚尿流，还有些幸灾乐祸，觉得出了口恶气；中期又多次游移不定，只想保存实力，甚至打起"退堂鼓"；后期才下定决心，以强大的"荆州兵团"平定叛乱。之所以要在平叛的功劳簿上把陶侃"记为首功"，是因为"苏峻之乱"才刚刚平定，温峤就"驾鹤西去"（329）。其实，温峤才是平定"苏峻之乱"的最大功臣。因为他"最坚定"，也"最睿智"：跟庾亮"唱双簧"，才有了陶侃出来主持"平叛工作"；跟卞壶演"二人转"，才让陶侃对"平叛工作"坚定不移。他还用"激将法"，把陶侃推到了"平叛第一线"。因为苏峻在叛乱的时候，杀了陶侃的儿子（陶瞻）。温峤说，平定"苏峻之乱"，既可报"杀子之仇"，还可"扬名立万"。否则，就会成为苏峻的"刀下鬼"。

说到陶侃，他也是一个"苦命人"。父亲陶丹，虽在孙吴时为"扬武将军"，但只是杂号将军，最多算个"兵头将尾"，且又英年早逝。孤儿寡母的生活，注定充满艰辛。魏晋南北朝，特别讲究门第。所以，陶侃成年后，只捞到一个管理渔业的小吏（鱼梁吏）。但是，陶侃却有一个好母亲。她的母亲湛氏与孟母（孟子）、欧阳母（欧阳修）、岳母（岳飞）被誉为中国古代"四大贤母"。据说，陶母（湛氏）在"及笄之年"，嫁给吴国扬武将军陶丹。生下陶侃没几年，陶丹不幸病逝。家道中落，一贫如洗，几乎到了"吊起锅儿当钟打"的地步。陶母（湛氏）只好携带幼年的陶侃从寻阳回娘家新淦（今江西省吉安市新干县），"勒紧裤腰带过日子"，供陶侃读书。

《幼学琼林》云："侃母截发以延宾，村媪杀鸡而谢客。"这件事发生在陶侃任鱼梁吏时。陶侃勤学苦练、博学多闻，得以"闻名州郡"。当时庐陵郡孝廉范逵顺道来拜访陶侃，这可以说是陶侃人生中"最重要的会见"。因为这次会见，让陶侃从此"走进官场"（枞阳县令）。贵客到来，家中却没有待客的东西。陶母就毅然剪下自己的长发，拿到集市去卖了"打酒割肉"，又杀掉还在生蛋的母鸡，把客人们招待得"其乐融融"。范逵满意而去，陶侃又来了个"百里相送"。范逵被这一连串的异常举动感动了，有心帮助陶侃，就问陶侃想不想到郡县任职，陶侃"点头连连"。就这样，陶侃通过"名师指路、贵人帮助"，走进了"西晋的官场"。还有一件事，也发生在陶侃为鱼梁吏时。陶侃生性忠直孝顺，想起贫居乡间的慈母，趁下属出差顺路之便，嘱托他带了"一坛腌鱼"送交母亲。谁知湛氏却并不领情，不仅将"原物奉还"，还写信斥责说："汝为吏，以官物见饷，非唯不益，乃增吾忧也。"翻译过来就是，你身为官吏（本应清正廉洁），却用公家的东西（作为礼品）赠送给我，（这样做）不仅没有好处，反而增加了我的忧愁。陶侃收到"鱼和信"，内心震动、愧疚万分。多好的母亲啊！可惜东晋才刚刚建立，陶母（湛氏）就不幸去世了，终年 75 岁。

陶母的故事，除了"削发易肴""封鲊责儿"，还有一个"送子三土"，影响了陶侃的一生。据说，陶侃被范逵举为县令，临行前陶母送了他"三件土物"。这"三件土物"是：一坏土块、一只土碗和一块白色土布。陶侃先是一怔，后来才恍然大悟，深深地理解了母亲的良苦用心："一坏土块"，是教儿永记家乡故土；"一只土碗"，是教儿莫贪图荣华富贵，保持自家本色；这"一块白色土布"，是教儿为官要廉洁自奉，清清白白。《晋书·陶侃传》有言："陶公机神明鉴似魏武，忠顺勤劳似孔明。"这充分说明陶母确实是"教子有方"。俗话说，父母是孩子的"第一任老师"，这第一任老师的职责，更多地表现为"品德的培养"。

《孟母三迁》《岳母刺字》的故事都为大家所熟知了，而《欧母画荻》的故事，还有些鲜为人知。欧阳修跟陶侃很相似，一是祖籍相同，都是庐陵郡的人；二是身世相同，父亲都是"小官"；三是困境相同，都是年少失怙（丧父），家境贫寒；四是"家教相似"，都有一位"伟大的母亲"教育他们成长。《诗经·小雅》云："无父何怙，无母何恃。""怙"和"恃"其实都有"依靠"的意项。因此，少年丧父就叫"失怙"，少年丧母就叫"失恃"。"失怙"和"失恃"都有的，就是可怜的孤儿了。欧阳修与陶侃"也有不同"：陶侃原籍鄱阳郡，后迁居庐江郡寻阳，而欧阳修出生在绵州（今四川省绵阳市）。据说，欧阳修四岁时，为官清廉的父亲欧阳观就"死在任上"。史载："欧阳公四岁而孤，家贫无资。太夫人（欧母）以荻（芦苇秆）画地，教以书字，多诵古人篇章。及其稍长，而家无书读，就闾里士人家借而读之，或因而抄录。抄录未毕，而已能诵其书。以至昼夜忘寝食，惟读书是务。自幼所作诗赋文字，下笔已如成人。"欧阳修的伟名自不消说，但欧母却没留下名字，也是莫大的遗憾！当欧阳修将老母还葬故土时，家乡的"父母官"（清江知县）李观为其撰写了祭文："昔孟轲亚圣，母之教也。今有子如轲（孟轲），虽死何憾。尚飨。""尚飨"是所有祭文的结束语。短短的祭文表明，只要培养出了伟大的儿子，也就"死而无憾"了。从儿子的角度说，"扬名立万，以显父母"，也达到"孝之终"的境界。据说，陶侃曾把母亲接到官舍，引来乡邻们一片"羡慕的目光"。

平定了"苏峻之乱"，陶侃的"牛气指数"又蹿红了一大截。同时，他还得到了最大的实惠：中央官（太尉）兼地方官（荆州刺史，都督八州诸军事）。而且，朝廷还把"湘州"（今湖南省长沙市）整体并入"荆州"（今湖北省荆州市），让陶侃直接掌管"两湖地区"。现在，陶侃觉得自己"腰杆粗了"，就看不惯晋成帝司马衍对王导的那份尊崇。更看不惯王导把侍中孔坦从皇帝身边挪开，改任孔坦为"廷尉"。据说，侍中孔坦是"预测大师"，几次都预测到苏峻的"行动方位"。但是，庾亮对此充耳不闻，"平叛工作"也就屡战屡败。王导被晋成帝尊崇得舒舒服服的，但孔坦心中就极不舒服，劝谏晋成帝司马衍"疏远王导"，还建议中央来个"集体决策"，不能让王导一个人搞"一言堂"。

"改任廷尉",让孔坦也觉得出乎意料。但这个孔坦也不是"省油的灯",直接"炒了王导的鱿鱼":不仅辞了职,还要求"提前退休"。

孔坦的职务改任,对于东晋朝廷肯定只是小事一桩。虽然慑于王导的"威与势",大家敢怒而不敢言。但陶侃现在位极人臣(握有八州),而且手中还有"枪杆子",话语权也是"棒棒滴"。于是,陶侃来个小题大做,不仅把愤怒"写在脸上",而且想带兵打进建康,把王导"弄下课"。想把王导彻底打倒的人,还有此前独掌朝政的庾亮,出来劝阻的人是郗鉴。这次,郗鉴仍然出来当"和事佬",却感觉到好人难当。他劝陶侃以大局为重"莫折腾",陶侃就是"不应承",好在陶侃的"一个美梦"帮了他的大忙。

据说,陶侃做了一个美梦,梦见自己突然生出八只翅膀,像鸟一样飞到了天上,看到天上有九道门,顺利通过了八道门,第九道门却"关得严严实实"的。他正要"临门一脚",却突然被什么东西"撞了一下腰",自己竟然从天而降、跌落地上,还折断了"左边的翅膀"。陶侃惊醒,觉得左边的肋骨剧烈疼痛。陶侃想"天命如此",对自己的"人生天花板",也只有无可奈何地叹息。于是,"陶侃之乱"最终没有发生。史书记载了陶侃的"心路历程":"及都督八州,据上流,握强兵,潜有窥窬之志(篡逆之心),每思折翼之祥,自抑而止。"可以看出,陶侃的自控能力实在是太强悍了。后来的桓温(晋明帝女婿)、桓玄(桓温儿子)就因为"不能自抑",在"篡逆的道路"上走得异常艰辛。桓温因迟迟等不到那个"加九锡",忧愤而死;桓玄虽然圆上了"皇帝梦"(改国号"楚"),但旋即被"北府兵"攻杀。这都是后话。

我又想起陶母(湛氏)在陶侃上任之初送的那"三个土物",对陶侃的教育作用是初期"很有效"(治理荆州)、后期"很无力"(都督八州诸军事)。史载,陶侃家不仅"珍奇宝货,富于天府"(皇宫),而且"媵妾数十,家僮千余",几乎跟"西晋首富"石崇也"有一拼"。

好在他临死时（334年），把物资全部封存，钥匙交给下属，待他死后上交给东晋朝廷。从而"保住了晚节"，把"贪官之名"洗刷得干干净净。

第三十九章

据说，陶侃有 17 个儿子，但见于史载的只有 9 人，其他都没有什么显赫的声名。也有史家说，正是因为这些儿子不仅寂寂无名，而且还互相明争暗斗，导致陶侃很失望，进而纵酒狎妓、生活奢靡，最终做了"花下鬼"。又有史家说，陶侃与王导"三次较量"，虽然逐渐占了上风，但都是"南柯一梦"，击碎了他的"帝王之念"，觉得人生无望才"放浪形骸"。但史家对陶侃多给予正面评价，认为他是曹操和诸葛亮两类精英的"结合体"。到乱世结束，及至唐宋王朝，都把陶侃请进了皇家的"庙堂"，还具有"赫赫威名"。陶侃儿子众多，但只有一个女儿（排行第十），被他视为"掌上明珠"。孟嘉"名士风流"，入了陶侃的法眼，于是把女儿嫁给他，让他成了自己的"乘龙快婿"。

这桩婚事，在东晋没有掀起多大波浪。但是，另一桩婚事，却对后世文化产生了重大影响。孟嘉的第四个女儿，嫁给了著名田园诗人陶渊明的父亲。陶渊明的父亲是谁？却是一片"历史疑云"。但可以肯定的是，陶侃是陶渊明的曾祖父（非嫡系），陶侃的女儿是陶渊明的外祖母（外婆）。

陶侃死时（334 年），已经是 76 岁高龄。说他"鞠躬尽瘁、死而后已"也不过分。晋成帝(司马衍)终于批准了他的《逊位表》(334年),陶侃决定从湖北荆州回湖南长沙,结果还没走到目的地就"半道病故"了。他为什么要回长沙?因为他的最高爵位是"长沙郡公",他死后必须安葬在自己的封地里。就像三国时的蜀汉"镇北大将军"王平,本是巴西郡宕渠县人,死后却安葬在巴西郡的安汉县(今四川省南充市),因为他的封爵是"安汉侯"。陶侃年已古稀,还在"为国效劳",这跟古代的"致仕制度"有关。"致仕"即"退休",也就是"交还官职"。"致仕"起源于周代,按照《周礼》规定,官员年龄达到70岁,可以申请"致仕"。一般情况下,朝廷都会"批准退休"。特别重要或者皇帝特别亲信的官员,皇帝就会以"国家还需要你"的理由给予"恩留",所以在古代,很多官员都"累死在岗位上"。著名书法家柳公权历经七朝,"耄耋之年"(80岁)还在率领群臣上朝,力不能支,只能由两人搀扶着上殿。更有甚者,跟两晋都打过照面的"成汉帝国",其丞相范长生88岁才入仕,100岁时才"带任离世"。

当然,没有达到"致仕条件"的,若因身体原因不能"提任职务"(正常履职)的,也可以申请"提前退休"。有些身强体壮的官员,由于其他原因"不想干了",就只能以"乞骸骨"的方式"请求还乡"。能不能批准,就要靠运气,全看"皇帝的脸色"行事了。对于正常致仕的官员,皇帝(朝廷)一般都要给予"额外的恩赐",既保障官员能安度晚年,还能荫及子孙,这比我们现在的"退休金"好得多。现在的退休金仅能"解决温饱",无法"顾及其他"。当然,各个朝代对于执行"致仕制度"也宽严不一。就说接踵而至的唐宋两朝,也是"唐宽宋严"。尤其是宋朝后期的"职级并轨",导致"吃空饷"的越来越多,贪恋权位"捞油水"的也越来越多,就只有实行"强制退休"制度了。

虽然先后平定了"王敦之乱"和"苏峻之乱",东晋社稷的安危也还需要陶侃这样的大员来"镇着"。正如,祖逖不死,王敦就不敢"造次"。苏峻再凶,陶侃也能把他"搞定",陶侃也就成为东晋王朝的"定海神针"（都督八州）。因此，陶侃 76 岁了还在"发挥余热"。虽得以"荣归封国"，但却死在路上，也让人唏嘘不已。我是十分敬重陶侃的，还经常把他与三国时的徐州牧陶谦相混淆。据考证，陶侃是陶谦的六世孙（非嫡出）。后面，根据《陶侃传》说一些陶侃的"逸闻趣事"。

一是说陶侃是个"知恩图报"的人。前面说过，通过范逵的推荐，庐江太守（今安徽省合肥市）张夔召陶侃做了督邮，兼任枞阳县令（今安徽省铜陵市枞阳县）。这时的陶侃官与吏集于一身，相当于现在市监察局长，兼任县里的"一把手"。督邮，"位不高"但"权很重"，所以《三国演义》里"张飞怒鞭督邮"的"督邮"，才敢在刘备面前"那么张狂"。《陶侃传》说："（张）夔妻有疾，将迎医于数百里。时正寒雪，诸纲纪（属吏）皆难之。（陶）侃独曰：'资于事父以事君（太守），小君（太守妻）犹母也，安有父母之疾而不尽心乎？'"于是陶侃主动请求前去，众人都称赞陶侃"很哥们"（讲义气）。

二是说陶侃是个"闲不住"的人。我们知道，陶侃出任"总指挥"，平定了"苏峻之乱"。其实陶侃还参与了平定"王敦之乱"。他与王敦的恩怨就发生在陶侃任"广州刺史"这件事上。平定"杜弢之乱"（311-315 年），跟随王敦平叛的陶侃（时任荆州刺史）"功高盖主"，王敦"羡慕嫉妒恨"，本准备在陶侃辞行时把他"收拾了"。但是，迫于对周访（西晋名将，陶侃亲家）的忌惮，王敦"放下屠刀"。陶侃逃过人生劫难，却"因功降职"（任广州刺史），王敦的堂弟王廙则接任了荆州刺史。这事放在任何人身上，都会生出一股"无名火"。陶侃却"因祸得福"，赢得了一段难得的"闲暇时光"。《陶侃传》说，陶侃在广州，没有事的时候总是早晨把白砖搬到书房的外边，傍晚又把它们搬回书房里，这就是"陶侃运甓"的故事。别人问他为什么？他回答说："我正在致力于收复中原，唯恐过分的悠闲安逸，以后不能承担大事。"

三是说陶侃是个"惜时如金"的人。陶侃出生寒微，得到"贵人帮助"后"走得很顺","拜将封侯"（封柴桑侯，进号平南将军），最后位比三公（封长沙郡公），都督八州诸军事。不仅跟陶侃"生性聪慧"有关，更跟他的"为官勤恳"密切相连。据说，陶侃整天严肃端坐，军中府中的事情，他都要自上而下去检查，没有遗漏，不曾有片刻清闲。他常对人说："大禹是圣人，还知道'一寸光阴一寸金'，普通人则更应该'分秒必争'。如果成天游乐纵酒，等于是'浪费生命'，这是自己毁灭自己啊！"

四是说陶侃是个"治政有方"的人。有史家说，陶侃对"朝廷不好"，但对荆州民众则很好。陶侃治理下的荆州，几乎达到了"路不拾遗，夜不闭户"的程度。这个评价，也给了跟东晋相邻的"成汉帝国"皇帝李雄，可能这是史家惯用的"格式化语言"。"刺史"一职，源于秦朝设置的"御史"，具有"监察地方"的职能，始设于汉武帝时（前106年）。汉武帝刘彻分全国为十三部（州），各部置刺史一人，只是官秩六百石的"小小监察官"，却能监察官秩二千石的"州官"，因为刺史有"最硬的后台"（皇帝）。汉成帝时（前8年）部分"刺史"改称"州牧"，职权进一步扩大。到汉灵帝（188年），"刺史"全部改称"州牧"，监察官"摇身一变"，成为地方军政长官。陶侃治军有能力，军队经常打胜仗就是明证；治民有套路，就是"劝课农桑"（以农为本）。据说，有次陶侃看见一个人手拿一把未熟的稻谷。陶侃问："你拿它做什么？"那人回答："路上看见了就随意'拿来耍'。"陶侃大怒。斥责说："你既不种田，还拿别人的稻子戏耍，真不像话！"于是，那人被抓起来，饱受了"皮肉之苦"（鞭打）。陶侃杀鸡儆猴大显威力，荆州百姓都勤于农事，出现了州强民富的可喜局面。

五是说陶侃是"心思细腻"的人。陶侃性格"纤密好问"，又善于察访。那时的陶侃有很强的"生态环保意识"，提出了"绿化武昌"的口号，命令旗下军营遍植柳树。都尉夏施把官柳移栽到自家门前，陶侃问道："这是武昌西门前的柳树，为何跑到这里来了？"夏施恐惧之下连忙谢罪。"心思细腻"的人也"思维缜密"。陶侃统领的是"荆州水军"，造船的时候，陶侃命人把木屑和竹头都登记后收藏起来，人们都"不解其意"。后来地面因积雪而湿滑，陶侃叫军士用木屑铺撒地面，避免了行人摔倒。木屑有了大用处，竹头呢也"变废为宝"。据说，后来的荆州刺史桓温伐蜀（347年）时，又用陶侃保存下来的竹头作钉装船。

在陶侃带领"平叛大军"平定"苏峻之乱"的时候，北方的刘曜（前赵）和石勒（后赵）也在进行着生死较量（328年）。据说，318年，刘曜和石勒因为平定"靳准之乱"而分道扬镳。之后十年，双方都在开疆拓土、厉兵秣马，可谓是"十年磨一剑"。328年的这场"生死较量"，双方都"押上了血本"（举全国之兵）。329年，前赵皇帝刘曜"醉酒上阵"，醉意朦胧间又"马失前蹄"，成为后赵皇帝石勒的俘虏，被石勒"杀俘祭庙"，小女儿（12岁）也被石勒纳入后宫。也是在这一年（329年），"苏峻之乱"的首领苏峻，或许是"庆功酒"喝多了，也在阵前"马失前蹄"，被平叛将士射杀。这样看来，喝酒误事更误命啊。说来也怪，胜利一方的主帅（石勒和陶侃）都不喜欢喝酒，陶侃曾把士兵的酒器酒具抛进长江，石勒在后赵大地上推行了严格的"禁酒令"（节约粮食）。

平定了"苏峻之乱"，东晋过了五年相对安静的日子。334年，陶侃又"死在任上"。同一年，"成汉帝国"的皇帝李雄"一命归西"，为了争夺皇位，李氏家族大动干戈，拉开了血肉相残的序幕，走上了"衰亡的道路"。国祚又延续了13年，被东晋"收入囊中"（347年）。此前（333年），前燕的慕容皝"不豫"，慕容儁接过了父亲手中的"接力棒"。那个"从奴隶到皇帝"的石勒，也在后赵皇宫气绝身亡，唱起了"改朝换代"的历史悲歌。后赵的日子过得也不安生，石弘（石勒子）战战兢兢地坐在皇位上，怕石虎怕得要命，拿着"皇帝大印"送给石虎（禅让）。石虎却并不买账，还把石弘骂得狗血淋头。后来

（335 年），石虎干脆利落地废掉皇帝石弘"自立为帝"，后赵进入了"石虎时代"。因为太子的废立、家族的残杀，后赵进入了一个更为血腥的时代。

　　据说，晋明帝（司马绍）还是太子时，有两个知名的"布衣之
交"：一个是温峤（288—329年），平定"苏峻之乱"后就辞世了；
一个是庾亮（289—340年），是晋明帝的大舅子、晋成帝（司马衍）
的大舅舅。因为晋明帝这个纽带，温峤、庾亮两个人关系很近。"王
敦之乱"（322—324年）时，晋明帝这两个"布衣之交"（温峤、庾亮）
都有突出表现。温峤（太子少傅）不仅疾言厉色，保住了晋明帝的"太
子之位"，而且深入虎穴，探得了"可靠情报"。庾亮作为晋明帝的"特
使"（议和大臣），虽然"有辱使命"（王敦第二次反叛），但"名士
风采"让王敦"改席而近"。"苏峻之乱"（327—329年）是庾亮"惹
的祸"。于是，在平定"苏峻之乱"时，温峤既是积极倡导者，又是
积极策划者，更是"看在兄弟情分上"，既帮了庾亮的大忙，也解除
了朝廷的危难。

　　有史家说，按照"性格决定命运"的说法，是庾亮激进的性格激
起"苏峻之乱"。读过顾凯先生的《庾氏家族与东晋政治》，我认为性
格因素固然有，但更多的是身份因素。在东晋"四大望族"（王庾桓谢）
里，虽然桓温也是"皇亲国戚"（晋明帝女婿），但只有庾亮身份最为

特殊，他才是真正的"外戚"。同时，庾氏也因为晋明帝和庾文君的"政治婚姻"迅速崛起，成为东晋最有名的豪门大族。

晋元帝司马睿选择与庾家联姻时（317年），庾文君"长得乖、品德美"只是一个方面，拉拢一般士族、抵制豪门大族，则是重要的时代考量。正是这桩"政治婚姻"，让庾氏在东晋士族中得以"借梯上楼"、迅速崛起。晋元帝被"王敦之乱"气死（323年），晋明帝登基继位后，迫不及待地册封庾文君为皇后，意在巩固"平叛阵营"，当然也笃定了庾亮的"外戚身份"。晋元帝司马睿起用寒族士子刘隗、刁协，本意是抵制王氏的"权与威"。但是，"苛碎之政"却让司马睿"事与愿违"，"王敦之乱"继之而起。王敦直接挑战"皇帝权威"，还想对太子行"废立之事"。王敦连续两次叛乱，持续三年，搅得东晋王朝不得安宁。好在这时的王敦，还没有多少"不臣之心"。

当然，如果王敦不退回老巢去"遥控朝政"，司马睿忧愤而死时，或许能有"不臣之实"，这也未可知。至于为什么晋明帝司马绍对王敦要"手诏回朝"，我也解释不清楚。在"王敦之乱"中，最为封建迷信的东晋朝廷，也不讲什么"黄道吉日"，先把司马睿的尸体晾在一边，举行了晋明帝的"登基大典"，是不是想让王敦"断了念想"？是不是"登基大典"能让王敦忧郁而死？我们也无从解释。从庾文君的册封之速可以看出，晋明帝对抵制王氏是多么迫不及待。在庾亮看来，自己虽然是士族，但更重要的是外戚。庾亮的"双重身份"，决定了他的"双重任务"：既要维护士族的利益，更要维护皇权的地位。于是，他"峻刑密网"的执政风格，与王导"漏网吞舟"的宽和政策，就有了"人心向背"的天壤之别。前面说过，"王敦之乱"初期，世家大族要么支持（声援），要么默认（置身事外）。看到王氏想"吃独食"，其他士族不能"分一杯羹"，才有了后来的"联合平叛"。而在"苏峻之乱"初期，驻守石头城的周札（武豪强族）则直接开门投降，这是庾亮想也没有想到的问题。这中间的门道是：庾亮动了"士族的奶酪"。利益至上，是门阀士族的核心原则。所以，有人总结说：没有永远的朋友，只有永远的利益。

庾亮激起"苏峻之乱"，不仅害死了妹妹庾文君（328年），害苦了外甥司马衍（被困于石头城），还导致京城（建康）横遭兵燹，断壁残垣、惨不忍睹。虽然在温峤的指点下，庾亮与陶侃"化干戈为玉帛"，又在陶侃的指挥下协助庾亮平定了"苏峻之乱"，但庾亮的名望"断崖式下滑"，这是庾氏发展史上的一个"重要拐点"。在这样的背景下，庾亮也"不好意思"再待在朝廷，于是请求"外镇效命"。晋成帝司马衍认为，父皇死了，母后也"走了"，舅舅就是他"最亲的人"，不同意庾亮的请求。为此，庾亮就准备逃归山林去当"隐士"。晋成帝又派人捣毁了他的舟车，表示了坚决的态度，同时还派人表达了"亲切的抚慰"。可是，晋成帝司马衍敌不过舅舅庾亮的"死缠烂打"（固请），就任命他为"豫州刺史"，并领"宣城内史"。于是，庾亮叩谢皇恩、接受任命、出镇芜湖。

豫州，在古代统属河南大部分地区，这就是现在河南别称"豫"的历史由来。在东晋时，豫州是祖逖北伐收复的"失地"（313年）。祖逖死后（321年），又被祖逖的弟弟祖约"弄丢了"（322年）。到庾亮出任豫州刺史时（329年），豫州还在石氏的"后赵帝国"手里。因此，庾亮的"豫州刺史"，也只是"遥领与虚封"，只有"宣城内史"才有实际意义。宣城郡（今安徽省宣城市），东汉时（139—147年）分丹阳郡南部设置。汉顺帝刘保设，汉桓帝刘志废，个中原因，我们就不去深究了。晋武帝司马炎一统天下时，又复置宣城郡（280年）。也正因为晋成帝对庾亮的这次"虚封"，宣城郡改属豫州（329年），让庾亮的任命才有些"现实意义"，也更具有"深远意义"。

庾亮强烈要求"外镇效命"，不仅仅是"不好意思"待在朝廷。更重要的是，他也相信"枪杆子里面出政权"。东晋后来的历史说明了这一点，庾亮后来的人生作为也说明了这一点。庾亮离开朝廷后，就再也没有回来。尤其是陶侃死后（334年），庾亮又顺利拿到了荆州的"军政大权"，还都督七州军事。这时的荆州已是今非昔比。因为在平定"苏峻之乱"后，东晋朝廷把湘州划归荆州，这是朝廷对陶侃的"额外奖赏"。庾亮掌管"两湖地区"的军政大权，人生沉浮又来到一个"拐点"。手握军权，就在朝廷有"话语权"，朝廷"不听话"，就可以"挥军建康"（兵变）。

庾亮尝到了甜头。王导死后（339年），晋成帝没有了"首辅大臣"，就征召庾亮回朝，庾亮不答应。因为庾亮想用"荆州兵团"北伐中原为自己"找回面子"，提升自己的"人气指数"。通过庾亮的"表荐"，晋成帝只好用另一个舅舅庾冰（庾亮二弟）代替王导之职。史载：咸康五年（339年），庾冰入朝任中书监、扬州刺史、都督扬豫兖三州军事、征虏将军、假节。这个任命不简单：既是中央官，又是地方官，还要"假节"。再加上另两个兄弟（庾怿、庾翼）的军政要职，这个权力布局，是不是比西晋太尉王衍得意扬扬的"狡兔三窟"还更胜一筹呢？庾氏家族的"权与位"，在王导死后，实现了"触底回升，逆势上扬"。有人说，"王与马，共天下"的政治格局，在庾亮走进东晋权力中心后发生了微妙的变化：王导再次被"边缘化"，最明显的事实是"事皆决于亮"。好在这种"边缘化"，被随之而起的"苏峻之乱"按下了"暂停键"。

我们来说说"假节"。"假"是"借"的通假字，并非真假的"假"。"节"是"节杖"。"节杖"实物最初为长八尺的竹竿，后来也有"金质铜身"（镀金铜杆）的。在"节杖"最上头装饰着旄羽。旄羽的颜色汉初为赤色（红），后来变成黄色。"节杖"代表皇帝的身份，"假节"就是皇帝把象征皇帝与国家的"节杖"借给大臣使用。看到"节杖"就代表皇帝亲临，可以行使"特别权力"。这跟我们后来说的"尚方宝剑"差不多，可以有"先斩后奏"的权力。"节杖"的使用事项都是"国家大事"，持节分封诸侯，持节收捕罪犯，持节镇压叛乱，持节出使外国，持节签约议和等。

在"持节"这个问题上，持节人把"节杖"看得比生命还重。"苏武牧羊"的历史故事，已为大家所熟知。我最感兴趣的是，苏武出使匈奴的那根"节杖"，在苏武被匈奴扣押 19 年后放回，那根"节杖"的黄色旄羽早已荡然无存，而那根竹竿却"光滑锃亮"，这是在北海牧羊的苏武经年累月用手摩挲出来的吧？看到持节而归、满头白发的苏武，那种忠诚和坚贞，让人感怀不已。那个马日磾"失节而死"的故事，可能不为大家所熟悉。马日磾，为东汉著名经学家马融的族孙，以"经学才俊"入仕东汉朝廷。那时的东汉朝廷"纷乱如麻"。192 年，执掌朝政的李傕任命马日磾为太傅、录尚书事，与太仆赵岐共同出使关东。经过寿春（今安徽省淮南市寿县）袁术处，因"要求过多"，被袁术"看不起"。袁术夺取了马日磾的符节，以"皇帝名义"随意征辟将士。马日磾想走又走不脱，想要回符节又被袁术死死握住。于是马日磾忧愤发病，死在寿春（194 年）。

据说，在晋朝之前的"使节"没有区分层级，不管是"假节""持节"，还是"使持节""假节钺"都地位相等。而晋朝的"使节"名称不同，则代表不同的"权力和名望"。大致说来："假节"，平时没有权处置人，战时可斩杀犯军令的人；"持节"，平时可杀无官位之人，战时可斩杀二千石以下官员；"使持节"，无论平时和战时，皆可斩杀二千石以下官员；"假节钺"（或假黄钺）则"最权威"，可杀各种"节将"，无论是假节、持节、使持节的，都可以照杀不误。

前面说过，陶侃死后（334 年），朝廷让庾亮填补了荆州的"权力真空"，其职务也是一大串："都督江、荆、豫、益、梁、雍六州诸军事，兼领江、荆、豫三州刺史，进号征西将军、开府仪同三司、假节。"此时，庾家两兄弟，已经都督十州诸军事，庾氏的军政大权炙手可热，就燃起了"北伐中原"的激情，不断上书请战，都没得到朝廷的批准。朝廷上下想的是"偏安江南"。先后遭遇"王敦之乱"和"苏峻之乱"，东晋王朝已积贫积弱，根本无力跟后赵抗衡。有趣的是，石勒临死前"遣使致赂"，东晋朝廷竟然"焚其币"，表示打不赢也不怕。这个动作，让庾亮"很不屑"，却让南宋朝野的主战派"点赞不断"："有骨气！"

其实，后赵石勒临死前"遣使致赂"，东晋成帝（司马衍）要诏令"焚其币"，还有深层次的历史渊源。"八王之乱"中，东海王司马越与成都王司马颖是"冤家对头"，前赵和后赵成为司马颖争权夺利的"马前卒"。后来，虽然司马越派遣移镇建邺的司马睿创建了东晋王朝，但晋人也把仇恨记在心间，发誓"老死不相往来"（不与刘石通使）。为此，不可一世的石勒经受不住身体和精神的"双重折磨"，终于闭上了他鹰隼般的双眼（333 年），终年 58 岁。虽然东晋"王敦之乱""苏峻之乱"的相继平定，让东晋王朝迎来了相对稳定的时期，但是北方的乱局，又让庾亮觉得有"可乘之机"。庾亮兄弟"内有执政、外有军镇"，庾亮"北伐中原"的想法就异常强烈。

从"苏峻之乱"初期战局看，庾亮耍耍"名士风度"还可以，但他根本不是打仗的料。最大的战略错误，是把最优秀的悍将毛宝派去守邾城。陶侃早就说过，邾城"不可守"。因为它在江北，一遇到进攻，就会进退失据。陶侃一直没有派兵驻守邾城，就没有引起后赵的注意。庾亮一驻军邾城，就让后赵石虎看出了庾亮"北伐的意图"。其时，后赵皇帝石虎，正被"太子之争"搞得焦头烂额。于是，石虎迁怒于东晋，悍然发兵入侵东晋，攻打的第一个地方就是"邾城"。邾城的失守、毛宝的败死，无异于给庾亮的北伐"当头一棒"。庾亮学习诸葛亮"自贬三级"，但仍心有不甘，企图卷土重来。不料，身体不争气，刚过知天命的年龄，就忧愤而死（340年），时年51岁。

庾亮的北伐，朝臣们都表示坚决反对，认为"条件不具备"。只有王导投了"赞成票"。为什么？王氏和庾氏，是司马氏皇权身边的"对立统一体"，他们是竞争与合作的关系。此时两大望族的关系，更多地表现为"争夺荆州、江州军权"的竞争关系，庾亮拥兵荆州，而王允之（王导侄儿）据有江州。据说，梁州刺史庾怿（庾亮弟）送了坛酒给江州刺史王允之（342年），以示亲和。但王允之怀疑此酒有毒，倒给军府的一条狗喝，狗当即毒发身亡。于是，王允之密奏给晋成帝。晋成帝大怒说："大舅已乱了天下，小舅又要这样吗！"庾怿知道后也就饮鸩自杀（342年），时年50岁。

当时，琅琊王氏的王导、颍川庾氏的庾亮都先后去世。两个大族都失去了"主心骨"，正是应该采取"合作态度"的时候。而庾怿居然敢明火执仗地给王允之送毒酒，我们"用脚趾都想得到的"，一定会出问题。结果也真出了问题，庾怿"摊上大事儿"了。王允之"疑其有毒"，用狗来证明。有史家说，这是庾怿送来的酒吗？有史家问，是不是王允之在酒上"做了手脚"，而用"毒酒事件"置庾怿于死地？这两个问题，让"毒酒事件"变得扑朔迷离。就在这一年，王允之也死了。史载的原因是，王允之认为朝廷对王恬（王导次子）的任命"严重不公"，愿意让出"江州刺史"给王恬，自己另谋他就。当时，庾冰在朝执政，朝廷也就顺水推舟。但是，王允之调任中央，出任会稽郡内史，而王恬仍然没有获得"江州刺史"之任。或许王允之是气愤不过吧，还未到任上便去世了。我们可以看到，琅琊王氏和颍川庾氏，"合作"的表面看似风平浪静，但是竞争的底子里却是静水流深、血雨腥风。

342年，过了10多年安生日子的司马衍病笃，紧随着庾怿、王允之走向了"极乐世界"。他的两个儿子（司马丕、司马奕），虽然后来也当了皇帝（晋哀帝、晋废帝），但当时都还在襁褓中。按照父死子继、立嫡以长的封建传统，司马丕应当登上"皇帝宝座"。但是庾冰力排众议，拥立司马衍的同母弟司马岳为帝（342年），是为晋康帝，成为东晋的第四个皇帝。其实，庾冰的话说得冠冕堂皇，外有强敌、内不平静，宜立"壮年皇帝"来支撑局面。但是庾冰的"小心思"也显而易见，就是保住皇帝舅家的身份不变，避免成为外戚中的疏族。正是这次改朝换代，也让庾冰惹出了"绯言绯语"。为了平息众怨，庾冰放弃中央官（尚书令）不做了，被拜为车骑将军，出任江州刺史，还假节。当然，庾冰把持了江州，加上庾翼的荆州，已完全具备了"遥控朝廷"的能力，这个中央官的辞与不辞就没有什么两样了。

庾亮北伐的失败，并没有中止庾氏兄弟的"北伐冲动"，庾亮死，庾翼马上接掌了"荆州的权柄"。据说，这个庾翼，虽然耽于幻想，却也是个"实干家"。史家对他的评价是"陶侃第二"，把荆州治理得很好（兵强民富）。此时，庾冰又把持了江州。经过东晋王朝相继推行的"禁占山泽令"和"土断政策"，财政收入（钱与粮）也有点儿"盆满钵满"。于是，庾氏兄弟又开始了"二次北伐"（343年）。哪知"算路不从算路去"，"北伐军"先有小胜，后却一触即溃。中间还有晋康帝司马岳英年早逝的"插曲"，庾氏兄弟的"二次北伐"就这样宣告破产。

晋康帝司马岳运气好、命不长，才登上帝位不到两年就"驾鹤西去"（344年）。庾冰、庾翼原想拥立司马昱（司马睿幼子）继位，但遭到辅政大臣何充的强烈反对。这个司马昱后来也当了皇帝，那是28年以后的事了（372年）。

何充是琅琊王氏、颍川庾氏斗争的产物，也是两大族间的"平衡木"。看到王氏被庾氏打压得"不要不要的"，就有些义愤填膺，不想顺从庾氏族的愿望，坚持"归还正统论"，决意拥立司马岳的儿子司马聃。于是，晋康帝临终决策：立司马聃为继承人。何充之所以"反对有效"，还有一个重要因素。那就是庾冰在政治斗争的关键时刻，紧随晋康帝司马岳的脚步死去（344年）。一般说来，新皇帝要在老皇帝死后的第二年改元。新任的司马聃（晋穆帝）改元"永和"（345年）。这个年号，是历史上的著名年号，不是因为司马聃而著名，而是因为书圣王羲之《兰亭序》开篇的那句"永和九年"。至此，琅琊王氏和颖川庾氏都淡出了东晋的政治舞台。

庾氏成为东晋的顶级望族，是因为庾文君（庾亮妹妹）与晋明帝司马绍的政治联姻，庾亮是庾氏成为当红望族的标志性人物。但庾氏"其兴也勃焉，其亡也忽焉"，主要是因为晋成帝司马衍和晋康帝司马岳"人生短促"。再加上，新起的门阀士族（桓氏）对庾氏人物的"封杀"，让庾氏在东晋王朝的兴盛如"昙花一现"。庾亮、庾翼北伐失败，也导致了庾氏的快速衰落。但这两兄弟在历史上还是留有令名，史称"丰年玉"（庾亮）、"荒年谷"（庾翼）。前面，我们都说了些庾亮的"负面信息"。这里说个"正面信息"。庾亮的坐骑是一匹"的卢马"。这"的卢马"有个特点，如果主人能"镇得住"它，它就堪比"汗血宝马"。如果主人"镇不住"它，它就会想方设法把主人摔下来，造成非死即伤的惨剧。庾亮身边的人都知道骑乘"的卢马"会有"性命之忧"，劝庾亮卖掉"的卢马"。庾亮却说："把我的'的卢马'卖掉，那岂不是会伤害到它的'新主人'？这种'缺德事'我不得干。"庾亮本就是东晋名士，拒绝出卖"的卢马"的故事一传开，他的"人气指数"猛涨了一大截，我也要由衷地为庾亮的"心地善良"点赞一串。

虽然晋成帝司马衍当了18年皇帝，治政却乏善可陈，这是门阀政治的必然结果。但是，他也是个不简单的人物，是当时顶尖级的书法名家。史载司马衍工书，尤其以草书见长，可谓是"劲力外爽，古风内含"。《法书要录》说，（成帝）生知草意，颖悟通谙。若云开而乍睹旭日，泉落而悬归碧潭。如果一定要大家记住晋成帝，那就要借助一下现实版的"天仙配"了。

"牛郎织女"的神话传说，已家喻户晓。但是《晋书》中却将晋成帝的皇后杜陵阳称为"织女"，知道的人恐怕就不多了。《晋书》载："三吴女子相与簪白花，望之如素柰，传言天宫织女死，为之着服……"这位被称为"织女"的皇后，名叫杜陵阳，谥号"成恭皇后"。据说，杜陵阳 15 岁之前一直没有长牙齿。迨至"牛郎"（晋成帝）出现，皓齿乃生。《晋书》说："后少有姿色，然长犹无齿，有来求婚者辄中止。及纳采之日，一夜齿尽生。"晋成帝和杜皇后婚后生活情况如何，史上没有记载。但他们之间却不需要"鹊桥会"，杜陵阳头年死（341 年），晋成帝次年崩（342 年），两个人合葬兴平陵，还可以在另一个世界里继续"未了情"。

有资料说，"庾"是周代管理粮仓的官名，后来这个官的族人就"以官为姓"。这说明庾氏的起源，至少在周代。最早出现在史籍中的庾氏人物，是东汉时期的庾乘。因此，东晋的庾氏就把庾乘作为"名望先祖"。《后汉书》有庾乘的"点滴记录"，但这些记录却附在《郭太传》之后。这样的做法为史传所常用，叫作"附传"。它与"单传"（单独立传）、"合传"（联合立传）都不同。比如《三国志》在王平传后，又附了勾扶的事迹。因为他们都是巴西郡宕渠县人。这样来推断，作为"附传"之人（庾乘）必与传主（郭太）有密切的联系。

事实也是如此，如果没有郭太（名士）的提携，庾乘就不可能成为东汉"儒学名士"。《后汉书》说，（庾乘）年轻时在县廷服役做门卒，名士郭太（字林宗）"见而拔之"。劝他到学宫（太学）去，于是庾乘"勤工俭学"（为诸生佣）。后来讲论经学，但因觉得自己地位低下，每次都坐在下座。众学生和博士都向他请教，学宫中竟然"以下座为贵"。到了魏晋，庾乘的儿子（庾嶷、庾遁）都曾经以"仕曹魏"而扬名立万。在西晋以儒入仕的是庾氏第三代传人庾峻与庾纯。"衣冠南渡"时的光辉人物是庾衮、庾敳，他们两个，树起了庾氏家族道德世界的里程碑。东晋时期，庾琛（庾亮父）虽为名宦，也主要是因为与皇室联姻带来的"溢出效应"。庾亮兄弟"权倾一时"，则因为既是名士，又是外戚。都说"英雄不问出处"，但在门阀政治大行其道的东晋，却是一个"英雄必问出处"的时代啊！

　　东晋庾氏和王氏的争斗，到最后阶段基本上是"零和博弈"，进而两败俱伤，双方的台面人物都相继陨落。一个门阀大族衰落下去，必定有一个新的门阀大族兴盛起来。这个兴盛起来的门阀大族，就是"龙亢桓氏"。其实，跟"龙亢桓氏"一起崛起的，还有"陈郡谢氏"，只是暂时被"龙亢桓氏"压住了风头，无法"显山露水"。司马氏祖孙三代（晋元帝、晋明帝、晋成帝）扩充皇权的努力，除了引起内乱，最终都"付诸东流"。因为门阀大族的力量太过强大，而司马氏皇权又太过弱小。皇帝不过是个"金字招牌"，是门阀大族玩弄于股掌之间的"谋利工具"，以致形成了"权归执政、祭则寡人"的政治怪圈。

　　"龙亢桓氏"在东晋的兴盛，是以桓彝（桓温父）在"苏峻之乱"中"以身殉国"（328 年）为起点的，东晋桓氏族人"拜将封侯"，桓彝也是第一人。接下来，桓温走进荆州，则成为"龙亢桓氏"快速兴起的"二氧化锰"（催化剂）。荆州刺史庾翼临死前（345 年），表荐自己的儿子庾爱之作为"接班人"，希望依托荆州的"军镇威力"给朝廷施压，以挽救颍川庾氏快速崩塌的危局。但是，当时的朝廷，又出现了"孤儿寡母"的局面，晋康帝司马岳临死时（344 年），决定由不到两岁的儿子司马聃（司马岳长子）继承帝位，是为晋穆帝，这是东晋的第二个"儿皇帝"，由太后褚蒜子临朝听政。晋康帝为儿子指定的"首辅大臣"是何充。庾氏的外戚身份"从此不再"，何充在拥立晋康帝司马岳时与庾氏意见相左，愤而外任，来个"眼不见心不烦"。这次"皇帝换届"，何充的意见就"占了上风"。对于庾翼的"临终请求"，手持"执政大权"的何充态度就是"咔嚓嚓"。正是这个态度，给了桓温最大的"人生机会"：接管荆州。

前面我们说过"三国时代"曹魏的桓范，他是大将军曹爽的"高级智囊"（大司农）。在司马懿父子发动的"高平陵政变"（249年）中，由于"站错队"（劝曹爽坚持斗争），被司马懿"诛三族"。正是这次诛杀，让"龙亢桓氏"几代人都抬不起头，甚至想方设法隐藏"刑余之家"的身份。桓彝（桓温父）虽是东汉大儒桓荣之后，但"衣冠南渡"时还是觉得身份卑微，只有去巴结王导，给王导"戴高帽子"，才得以跻身上层。再加上桓彝"为国而死"（328年），被追赠为"廷尉"（329年），后追赠"太常卿"，才有了名义上的"三公"之位，桓温还袭封了"万宁县男"的爵位。桓温有了这些家世名望，再加上其自身努力，很快就位极人臣，还可以随意"废立皇帝"。所以，桓玄（桓温子）篡位后，只置一庙，庙祭但及于父（桓温）而不及于祖（桓彝及以上），引起时人议论纷纷，这在东晋"四大家族"的家庙祭祀上是绝无仅有的。

据说，龙亢桓氏本为齐人，是齐桓公的后裔，是以齐桓公的谥号"桓"为姓，这一族人在西汉中期迁入沛国（谯郡）。有史家说，龙亢桓氏自桓荣（东汉大儒）以下，五世显赫。如果没有第六世的桓范（大司农）被"诛灭三族"（249年），到东晋发展为"琅琊王氏"那样的顶级世族也有可能。正因为这次"族诛"，后世子孙隐匿唯恐不密，导致桓氏世系缺失了三代。直到从桓彝（第十代）渡江开始，紧接着就是桓温（第十一代）先伐灭成汉、再"三次北伐"，最后是桓玄（第十二代）篡夺司马氏江山，建立"桓楚"（403年）。都说"君子报仇，十年不晚"，桓氏"报仇"却用了一个半世纪的时间（共154年）。当然，这或许是我们后世读者的牵强附会。无论是东晋的桓彝、桓温，还是桓玄，他们都在为"龙亢桓氏"的兴盛做贡献，在门阀制度的政治背景下，努力"造名望、建事功"。至于是不是一开始就有那么"蓬勃的野心"，我们是无从得知的。

据说，桓彝南渡后，因为自己"家世不显、声望不高"，就一心"往名士堆里扎"，迅速名列"江左八达"之一。又于晋明帝时期平定"王敦之乱"，因战功获得"万宁县男"的封爵（324年）。在"苏峻之乱"的时候，虽然兵少民寡，但仍然"慷慨赴难"，被叛将所杀（328年）。时年15岁的桓温"枕戈泣血、誓报杀父之仇"。三年后，密谋杀害桓彝（桓温父）的泾县（今安徽省宣城市泾县）县令江播病死，桓温以悼念之名，把江播的三个儿子全部砍死。这个"灭门惨案"，却让桓温获得了"好名声"：至孝、猛毅。父亲桓彝虽然"为国而死"，但是家道中落却成为"严酷的现实"。据说，当时桓温的母亲生病，老中医说要用羊肉做"药引子"，但桓家"穷得叮当响"，竟然无钱去买。于是，桓温就把幼弟桓冲典押给卖主，换得一只羊，治好了母亲的病。

正是"穷人的孩子早当家"，严酷的现实给桓温上了"人生一课"。他下定决心，重振家门。于是，他开始亲近"当红家族"（庾氏），很快就与晋明帝司马绍的小舅子庾翼（庾亮弟）成为"知心朋友"和"血旺兄弟"。庾翼看重桓温的"孝义之举"的名声和"忠良之后"的身份，就在晋明帝面前给桓温"唱赞歌"。也许是桓温的运气"来登了"。晋明帝把自己的"掌上明珠"（南康公主）司马兴男嫁给了桓温，桓温成为皇亲国戚，一入龙门就"芝麻开花节节高"了，除了"驸马都尉"的本职（虚职），还得以出任"琅琊内史"（相当于郡太守），再升任"徐州刺史"。尽管如此，由于桓温小时候是"社会泼皮"，没有"儒学基础"和"谈玄爱好"，因而在名士当道的社会里，仍然缺少威望。有一次，桓温与刘惔、殷浩等名士一起"坐谈"（谈玄），诸位都能口若悬河、语惊四座，而桓温却无法插嘴。于是，他立即戎装上马，挥槊疾驰，那副勇猛劲，也"惊了四坐"。面对刘惔"老贼欲持此何作"的问题，桓温还说出了"惊人之语"："我若不为此，卿辈亦那得坐谈？"

桓温生得一副恶相：鬓如"反猬皮"（毛发直立），眉如"紫石棱"（棱角分明），但为政还算宽和。即使情不得已需要杖责下属，棍子也是"拷得高，放得轻"。他的儿子们都不解，仿佛就是"挠痒痒"也。桓温为人深沉而多情。一次进军途中，有人抓了一只小猴子，它的母亲尾随船队，一路奔嚎，行百余里仍不放弃。终于等到船队靠岸的时候跳上了船，却已经精疲力竭，当即气绝而死。解剖后，发现母猴的肠子都断成一节一节的了。桓温闻讯大怒，把那个肇事的军士赶出了队伍。还有一次宴会，一名参军的筷子被蒸薤黏住了，挑不起来，很是尴尬，同桌的人只是讥笑而不帮忙。桓温面色沉重地说："同盘尚不相助，况复危难乎？"于是，下令免去了同座之人的职务。

庾翼（庾亮弟）或许没有想到，正是自己的反复推荐，才让桓温的人生像"芝麻开花"一样。也正是这个桓温，让自己的"临终遗愿"成为泡影，还占了自己儿子（庾爱之）的位置（荆州刺史）。当然，这也不能怪桓温。荆州地区重要的战略位置由来已久，以至于魏蜀吴"三分荆州"而奠定了"天下三分"的局面。到东晋偏安江左的时候，荆州一直是威慑建康的"定时炸弹"。各路门阀都把荆州当成"唐僧肉"。因此，荆州刺史的人选，都是朝廷"通盘考虑、慎重抉择"的结果。这个慎重的考虑，是要选择一位远非名门望族的人来接替庾翼，桓温刚好符合这个条件，这还真有点儿"鹬蚌相争，渔人得利"的味道呢。

其实，当时的朝廷，也有另一种意见。当时的丹杨尹刘惔就说过，桓温很能干，但是"很有野心"。后来的历史也证明刘惔确实有"识人之鉴"。他提出的建议是，会稽王司马昱"自立荆州"。但是司马昱却不知出于什么考虑，坚决否决了刘惔的提议。朝廷是个"儿皇帝"

朝廷,朝廷的意见,当然是褚太后(褚蒜子)和执政大臣司马昱的意见。于是朝廷下诏(345年),桓温的官位也是一大串,不仅升任安西将军、荆州刺史,还都督六州诸军事。这和我们前面说到的陶侃差不多。桓温就这样接管了荆州,从而控制了长江上游,命世英雄有了一展雄风的平台和基础。

说桓温是命世英雄,是有道理的。因为接下来的一件事,让桓温在朝野的威望日隆,也有了功高震主的味道。这件事就是桓温虽然一意孤行,但成功地伐灭了"成汉帝国"。当时(345年)的桓温的处境是"名望不足、事功不见"。掌控荆州的桓温有了"新想法":伐蜀建功。桓温"伐蜀之议"在朝廷掀起轩然大波,没有一个人"举手赞成"。但是,当时李势不德,国民不附,国内大乱,桓温因此看到了战机。于是,346年,桓温不管不顾,毅然决然地就"拜表而行"了。也就是说,桓温上了表就走了,根本不管朝廷同意不同意,反正桓温已经带着他的"荆州兵团"奔向蜀地了。也是"有心人,天不负"。桓温在伐蜀之战中"三战三捷",却在最后的决战中差点儿功败垂成(下令退兵)。好在"传令官"昏昏然,不打"收兵锣"(鸣金收兵),却擂起了"进军鼓"。晋军顿然士气高昂,彻底反败为胜。等到末代皇帝李势面缚出降(347年)时,这个割据43年的"成汉帝国"也走到了尽头。这是晋室南渡以来第一次消灭割据政权。在当时"社会动荡"的大背景下,这无疑有着"惊天动地"的政治影响力,桓温也因此成了威震朝野的"当红人物"。

桓温虽然"红"了,但朝廷"怕"了。褚太后(褚蒜子)的父亲褚裒推荐著名清谈家殷浩入朝,会稽王司马昱(后为简文帝)随即征召(346年)。两晋有股风气,都看重"隐而不仕"的名士。这个殷浩,有着隐居十年、屡召不应的"光荣历史",这次却经不住司马昱的"感情攻势","士子情怀"被激发出来,被任命为扬武将军、扬州刺史,来制衡桓温。扬州地处京畿,是荆州威逼朝廷的"缓冲地带"。殷浩对朝廷的安排"心领神会",一到任就跟桓温之间"摩擦不断",让桓温把殷浩"恨得牙痒痒"(切齿痛恨)。一文一武,互不相容,连右将军王羲之也深感忧虑,劝殷浩以大局为重,与桓温和睦相处,殷浩却依然我行我素。其实,殷浩被世人推崇,被朝廷征召,丹阳尹刘惔却不以为然,说:"遭逢乱世,(殷浩)这样的人才应该'束之高阁'。"后来的历史,也证明了刘惔的"先见之明"。

　　桓温伐蜀成功（347 年），对于东晋王朝来说，多了一块不小的版图。对于桓温个人来说，不仅收获了一个美姿（李势妹妹），而且加重了人生砝码，成为"征西大将军"，还"开府仪同三司"（348 年），也由县公（万宁县男）升为郡公（临贺郡公）。但朝廷也有巨大的损失，桓温的荆州及其他所都督的六州，可以算是桓温的"半独立王国"，朝廷不能征调如意，但求羁縻而已。好在国中无事，东晋君臣也相安了好几年。

　　晋穆帝司马聃改元"永和"的日子才过五年（349 年），桓温看到后赵衰落，就产生了经略北方的想法（北伐）。偏安江南的东晋朝廷"谈虎色变"（极力反对），但又不好意思拂却桓温的"一片好意"。于是，派出褚太后（褚蒜子）的父亲褚裒为征讨大都督，代表朝廷"北伐后赵"。因为出师不利、兵败而回、忧惧交加，第二年初就含恨去世，时年 47 岁。其实，褚裒的"个人之恨"还不算什么，当时，黄河北岸大乱，20 多万西晋遗民渡过黄河追随官军，因为褚裒军队"退之极速"，没有追上官军的脚步，被后赵军队残杀殆尽。不过，褚裒是后来才听说这件事的，但已无力回天。

350 年，褚裒兵败而回，后赵"冉闵之乱"起，桓温觉得战机又来了，于是再次"拜表而行"（351 年），率领"荆州兵团"五万人顺流而下，屯住武昌。朝廷惊恐不安，那个名士殷浩更是吓得要"退位避让"。录尚书事的司马昱在抚军司马高崧的提醒下，连忙给桓温"发短信"，晓以大义，劝桓温回军荆州。桓温读了"短信"，也就真的带军而回了。朝廷看出了桓温的"小心思"，是用"兵谏"的方式逼迫朝廷誓师北伐。于是，朝廷派大名士殷浩带军北伐（352—353 年）。殷浩的北伐口号很响亮："进据洛阳（西晋旧都），修复园陵。"但是，"天不遂人愿"，殷浩屡次北伐，除了浪费粮食，几乎没有取得像样的战绩，导致朝野"一片骂声"。这给了桓温一个极好的"报仇机会"。354 年，当人们还沉浸在"春节的喜悦"中，桓温上表罗列殷浩罪状，要求"废殷浩为庶人"。朝廷也是"软骨头"，很听话地把殷浩废为庶人，流放东阳郡（今浙江省衢州市）。

殷浩和桓温，是一对冤家，也是一对好友（毛根朋友）。殷浩被流放东阳后，桓温又对司马郗超（郗鉴孙）说殷浩的"好话"，称其品格高洁、能言会道，若为尚书令，足成百官楷模。然后把"殷浩被废"，归责为"朝廷用才不当"。殷浩虽然被罢黜流放，但没有说过半句怨言，只是整天用手在空中写"咄咄怪事"四个大字，这说明殷浩"心中不服"。后来，桓温又打算起用殷浩（355 年），让他担任尚书令。派人送信给殷浩，殷浩收信后"欣喜若狂"（欣然应命），立即摊开纸张写回信。由于殷浩太重视这封信，虽然反复写了几十次，但忙中出错，最终给桓温回了一封"空白信"（一张白纸）。桓温大失所望，从此绝口不提"起用殷浩"这件事。殷浩在等待复出的过程中，由"满怀希望"到"真心绝望"，含恨死在流放地（356 年）。好在后来他的幕僚顾悦上书朝廷为殷浩申冤，朝廷也给殷浩平反昭雪了，九泉之下的殷浩这才有了"一丝慰藉"。

虽然桓温排挤了殷浩，东晋朝廷再没有钳制力量。但是，桓温还没有多大的政治野心。他现在的心思都放在北伐上面，朝廷也就相对安静了。这时候，北边的局面越来越乱。349 年，史上最残暴、最好色的后赵皇帝石虎死了，他的一群儿子争权夺位，相互血腥残杀。后赵大将石闵（冉闵）称帝（350 年），建立了魏国，历史上称为"冉魏"。这个冉闵，虽然只当了不到两年的皇帝（350—351 年），但他的"屠胡令"不仅激起更严重的民族矛盾，也让后世的人唏嘘不已。冉闵的国家被鲜卑族人建立的前燕所灭（352 年），他本人也被鲜卑族人慕容儁杀死。氐族贵族苻健乘机占领了关中，建立了前秦（352 年）。这个前秦，一出现在历史舞台上就跟东晋"过不去"。因此，前秦就成为桓温北伐的首要"打击对象"。

桓温的第一次北伐（354 年）进展顺利，直抵关中，进取长安（西安）。前秦皇帝苻健派兵五万在峣关抵抗，被打得落花流水。苻健逃回长安，深沟壁垒，坚守不出。桓温胜利进军到"灞上"（今陕西省西安市），附近郡县纷纷向晋军投降，百姓欢天喜地，备牛酒犒劳东晋军队。有耄耋老人还老泪纵横地说："想不到今天还能够重新见到晋军，真是'三生有幸'。"但桓温驻兵灞上后就逡巡不前（不渡黄河），惹起后世非议。就连那个扪虱而谈的王猛（后为前秦宰相），也认为桓温"宜直取长安"。桓温却有自己的"小心思"，想等关中麦子熟了抢收麦子（补充军粮）。可苻健也不是"省油的灯"，来了个"坚壁清野"，把没有成熟的麦子全部割光。桓温的军粮断了，只好退兵回来。这给了前秦一个"继续活下去"的机会。有人说，如果桓温"拿下长安"，就不会有后来的"淝水之战"了。我想说，如果当时桓温把王猛带回东晋，也就没有苻坚发动的"淝水之战"了，可是历史不允许假设。

桓温的第二次北伐（356 年），针对的羌族首领姚襄，或许这只是桓温发动战争的一个借口。冉魏政权覆灭时（351 年），羌族首领姚弋仲带着儿子姚襄投降东晋。东晋朝廷"欣然接受"，任命姚弋仲、姚襄各"一大串"官职，而且都"持节"。东晋朝廷的意思也很明显，就是让这爷俩带着羌族军民守卫边疆。这本来是一桩"两全其美"的好事。哪知，这父子俩却跟殷浩"不对付"（不友好）。殷浩派兵袭击姚氏军队，导致姚弋仲死于兵祸，还派人去刺杀姚襄，而刺客往往对姚襄"如实相告"。读过相关史料，才发现都是殷浩强烈的嫉妒心引发的事件。因为姚襄能文能武，而殷浩则是"案板上的豆腐"（能文不能武）。殷浩两次北伐均"黯然收场"（失败），第一次是因为张遇叛变，第二次是因为姚襄叛变，而两次北伐却连真正敌人的影子都没见着，殷浩苦闷至极。我想在桓温罗列的"殷浩罪状"中，姚襄叛变是最有力的说明吧。

有别于殷浩的是，桓温的每次北伐，都有周密的军事部署。第二次北伐（356年）"顺风顺水、连战连捷"，兵锋直指洛阳，东晋军队很快进至伊水（今河南省境内南洛水支流）边。当时，叛晋北归的姚襄正在围困洛阳。听说桓温来攻，迅速撤围来据水而战。桓温披挂上阵，终于把姚襄打得"找不着北"。进而收复洛阳，并到金墉城拜谒了先帝陵墓，还派兵修复了皇帝陵墓。此时，意气风发的桓温，提出了一个大胆的建议：还于旧都，并将"永嘉之乱"南渡士民回徙河南。这个建议，并没有在东晋朝堂"掀起波浪"，因为大家的"偏安意识"已经"深入骨髓"，"北迁之议"也就不了了之。朝廷不北迁，桓温只能班师南回。此役收复的司隶、豫州、青州、兖州等地再次失陷。总结这次北伐，东晋只收获了三千户归降百姓，还有两颗人头：蛮贼卢文、妖贼李弘。尽管如此，朝廷还是给了桓温"精神鼓励"：封为南郡公（360年），并将原有的"临贺郡公"降为"县公"，转授给桓温的儿子桓济。

正当桓温因为北伐之功，在政治上"走上坡路"的时候。晋穆帝（司马聃），东晋的第二个"儿皇帝"却又英年早逝（361年），终年19岁。晋成帝（司马衍）长子司马丕继位，是为晋哀帝。按照"父死子继"的封建传统，司马丕本来该继晋成帝之位，但"主持中央工作"的二舅庾冰（庾亮弟）却投了具有决定意义的"反对票"，继位之事成为泡影。这个"哀"是后世给的"谥号"，现实中司马丕的生活也充满了悲哀。虽即位为帝，但桓温当国，司马丕成为傀儡，想表达点自己的想法都难。他迷上"长生术"，结果服药后药性大发，几乎"瘫痪在床"，褚太后只好再次临朝。好在这样的日子也没过几年，365 年，司马丕因药物中毒而死在太极殿。

看过《晋书》，你会发现，东晋的帝位传承也有点儿乱，又来了一次"兄终弟及"。哥哥司马丕（晋成帝长子）"走了"，弟弟司马奕（晋成帝次子）"跟上"（365 年），是为晋废帝。在东晋皇帝"来来去去"中，桓温的官位也在"一路攀升"，并做着"第三次北伐"的准备。363 年，桓温加授侍中、大司马、都督中外诸军事，还假黄钺。第二年，封桓温为扬州刺史，荆扬地区全归桓温一人，还"录尚书事"。桓温以"中原未恢复"的理由推辞入朝"录尚书事"，朝廷不许。当桓温整装入朝走在路上，朝廷又派尚书来制止，仿佛"耍儿戏"一般。365 年，前燕再次攻打洛阳，司马昱闻讯，跑到洌洲（今江苏省南京市西南长江中的小岛）去跟桓温"商量大事"，叫桓温移镇姑孰，准备征讨之事。恰逢国丧，按照古人"国之大事，在祀与戎"的传统观念，国丧之时，不举刀兵，北伐之事又被"搁置"。

但是，朝廷对桓温的"优礼"还在升级。368 年，桓温加殊礼"特进"，地位在诸侯王之上。次年，徐州、兖州刺史郗愔（郗鉴子）致信桓温，想带领北府兵与桓温一起"北伐中原"。而郗超（郗愔子）是桓温的参军，知道父亲这封信将引来"杀身之祸"，立即毁掉原信，以父亲的名义写信给桓温，请求"闲职养老"。此信正中桓温下怀，顺势改任郗愔为会稽内史，自领徐州、兖州刺史，还兼并了郗愔的部队。

369 年，桓温力量积累得差不多了，便拉开了"第三次北伐"的帷幕，与江州刺史桓冲、豫州刺史袁真一起北伐慕容氏的前燕。不料，经过充分准备的北伐战争却功败垂成，"枋头之战"（今河南省鹤壁市浚县）让桓温败得十分难堪。最终因军粮不继，桓温只得焚毁战船，退军而去。又被前燕大将慕容垂"铁骑军"追赶，桓温大败（死伤三万人）。有道是"人算不如天算"，桓温本打算叫袁真去打开"石门水道"运输军粮，哪知袁真无论怎么努力也打不开"石门水道"。心情郁闷的桓温，将责任"栽在别人脑壳上"，要求"废袁真为庶人"，激起"袁真之变"。朝廷不敢追究桓温责任，还派侍中罗含奉"牛酒"劳军，同时，任命其子桓熙为"豫州刺史"。

　　370 年，袁真死了，应该是被桓温冤死的。他的部将朱辅拥立袁真之子袁瑾为"豫州刺史"，慕容氏的前燕、苻氏的前秦都表示支持（用兵援救），这让桓温"气不打一处来"。桓温先派遣部将攻打袁瑾，结果被袁瑾旗下的"联军"打得落花流水。桓温就"亲自出马"，率军围攻寿春（今安徽省淮南市寿县）。371 年，桓温攻破寿春，将袁瑾、朱辅及其宗族数十人送往建康斩首。袁瑾的妻女都被桓温用来赏赐将士，袁瑾手下的数百名"乞活军"也被活埋。豫州也因这次杀戮，落入了桓温之手，从而掌握了进入建康的"锁钥"，可以直接畅通无阻地去"威逼朝廷"。

　　第三次北伐的"枋头之败"，不仅让桓温损兵折将，而且让桓温的声望"断崖式下滑"。外战受挫，桓温就憋着一股劲儿，发动"寿春之战"（内战）。虽然"寿春之战"颇有战绩，但那是"自己人杀自己人"，对于桓温"提升威望"也没有什么帮助。于是，他接受参军郗超的建议，效仿伊尹、霍光，废立皇帝，重立威权。371 年，桓温带兵入朝，发动"宫廷政变"，威逼褚太后（褚蒜子）发布懿旨，废除晋废帝司马奕的帝位。废立皇帝，这可是"国家大事"，要有充足的理由。而桓温给出的理由却很荒唐，诬称司马奕患病不能生育，却有了三个皇子，是严重的"造假行为"。褚太后集百官于朝堂，宣布了司马奕的恶劣罪状，下诏废司马奕为"东海王"（后再贬为"海西公"），让其搬出皇宫，后被迁往吴县。接着，桓温亲率百官至会稽王府邸，迎接司马昱入朝，并拥立为帝，是为晋简文帝。

简文帝司马昱，是晋元帝司马睿的幺儿子。你看东晋这"皇统传承"，东绕西拐，又回到司马睿的儿子身上了，这是东晋历史上的奇怪现象，也是门阀士族钳制皇权，左右皇帝废立的必然结果。可以看出，东晋的皇权是多么"虚弱"。桓温擅行废立，更是两晋开国百余年"破天荒"的历史事件，不仅让国内百官震栗不已，而且也让前秦皇帝苻坚报以讥笑。更为可笑的是，司马奕迁居吴县，被监视居住。心灰意冷的他只能表现得平庸以求平安，整日沉迷酒色，小心翼翼地生活了 15 年，终年 45 岁。

后来，桓温又有了"系列动作"：先是辞掉相国之职，带兵还镇姑孰，遥控朝政。再是肆意废徙皇室宗族，让简文帝司马昱心惊肉跳，担心桓温再行"废立之事"。直到桓温参军郗超用"家族百口"担保不会再发生政变，简文帝才稍微安下心来。桓温还肆意剿杀庾氏能臣武将，几乎让庾氏"销声匿迹"，红极一时的颍川庾氏，陡然在东晋降格为一般士族。"龙亢桓氏"赤焰熏天，连时任侍中的谢安，对桓温也是见而遥拜，还以君臣关系相称。好在陈郡谢氏和太原王氏已经兴起，不然的话，桓氏的胡作非为就没有牵制力量了。

不承想，简文帝司马昱在皇位上坐了不到一年（372 年），就一病不起、呜呼哀哉，终年 52 岁。简文帝临死前，一夜连下四道诏书，召桓温入朝。桓温拒绝入朝，简文帝只得下遗诏，让桓温摄政，仿效周公。侍中王坦之据理力争，诏书的"摄政"才改为"辅政"，依照诸葛亮、王导的旧例。桓温本来的意思是，要简文帝禅位给他，至少让他"摄政"。简文帝这个被修改的遗诏，让桓温产生巨大的"心理落差",怨愤不已。简文帝驾崩后,群臣都怕桓温,不敢拥立太子,要等桓温开口。但尚书仆射王彪之就"不踩桓温的火石",坚决拥立太子司马曜继位,是为晋孝武帝。由于皇帝幼弱(11岁),当时执政的谢安,就请出褚太后(褚蒜子)第四次临朝听政。很多的史载,都只说"三次临朝",其实是"四次临朝"。

晋孝武帝司马曜命谢安征桓温入朝辅政,又加了"一揽子"的隆厚礼遇。桓温虽然心中极不乐意,但还是"带兵入朝"(372年),谢安、王坦之率百官到新亭(今江苏省南京市雨花台一带)迎接,拜于道左,百官惊惧。但是,桓温这次并没有怎么为非作歹,只是拜谒了皇陵,处理了"卢悚入宫"一案(冒充海西公带兵发动宫廷政变),不到半个月就带病返回自己的老巢姑孰。但是,桓温还是"不到黄河心不死",虽然老病不堪,仍逼朝廷加"九锡之礼"。见到桓温已经病笃,王坦之、谢安就采用"软拖硬抗"的办法,对袁宏所撰"九锡文"反复修改,借此拖延。史载病中的桓温犹讽朝廷加九锡,王、谢延宕其事。这一拖,让桓温至死也没有得到"加九锡"的待遇,只得无奈地"闭上了眼睛"(373年),让自己的"皇帝梦"戛然而止。有的史家,否认桓温有"非分之想",但从汉禅魏、魏禅晋的历史看,"加九锡"都是朝代更易的"前奏曲"。

桓温死了,简文帝"安全"(驾崩)了。桓温至死也没有"篡位之举",有人就以周公、曹操赞誉他,这也未尝不可。因为周公也有"称制"的时候,曹操也有"只做周文王"的说法。甚至还有人说桓温主持的晋废帝和简文帝的"皇位交接仪式",是在"废昏立明"呢。检点桓温的"生前生后名",需要翻看桓温的一生。他曾"自比刘琨",表达了"志在中原"的家国情怀,西征巴蜀、北伐中原,是他最大的历史功绩。他曾对同僚说,"大丈夫不能流芳百世,也要遗臭万年",表明他"非此即彼"的行事风格,无论好与坏都要"做到极致"。他一生戎马倥偬,主要打了四次仗,仅有西征伐蜀取得完胜。虽是侥幸取胜，但也消除了东晋长江上游的"心头之患"。三次北伐，最终都以失败告终。第二次北伐，虽然有"金城泣柳"（柳亦如此，人何以堪）的悲凉、壮志未酬的悲鸣，但也能进据洛阳、修复皇陵，让南渡衣冠"眼前一亮"。在桓温上书《条陈七事》中，我还欣然地读到了两个新词：机构改革（消除冗员），限时办结（重要文书在规定时间内办完）。桓温对东晋朝廷的最大贡献，是推行了"庚戌土断"（364 年），清理世家大族荫庇户口（白籍），纳入"国家编户"（黄籍），一举增加了东晋的财政收入，增强了东晋的经济和军事实力。

桓温死了，东晋的日子还得过下去。晋孝武帝司马曜，在东晋的皇帝中"一枝独秀"。在位时间最长，达 25 年之久，也说明皇权相当的稳固。"王与马，共天下"的格局，在孝武帝执政时期发生了一些"逆转"。门阀世族对皇帝不再是"共治"，而更多的是"依附"，至少是"平等相处"。史载，晋孝武帝利用士族门阀人才断层的"空档期"，致力于冲破"门阀政治"的格局，恢复司马氏皇权，成为东晋开国以来"最有权威"的皇帝。有道是"打仗亲兄弟、上阵父子兵"。在晋孝武帝执政后期，更以司马道子代替谢安执政（383 年）。但是，"自家人"也难说"自家话"，司马曜跟司马道子除了都沉迷酒色这一共同爱好外，两个人是"锅里不争碗里争"（争权夺利），导致"主相相持"的僵局，朝政由清朗逐渐走向昏暗。最令人啼笑皆非的是，晋武帝仅仅因为"开了一个玩笑"，就把自己弄死了。史载，司马曜与宠姬张贵人在一起海吃海喝，醉眼朦胧的司马曜"酒后戏言"，说张贵人"人老珠黄"，要找个年轻的妹妹换了她。张贵人其实才刚过"而立之年"，至少还是风韵犹存吧。张贵人为此怒不可遏，叫来心腹宫人，将熟睡中的司马曜用被子捂死，却对外宣称其在睡梦中"魇崩"（396 年）。"魇崩"，我还是第一次听到。司马曜之死，也是中国历史上一个"天大的笑话"吧。

在东晋历史上，"褚太后"（褚蒜子）是一位不能不说的关键人物。

她生于东晋开国之初（324年），正是"王敦之乱"平定之年，死于384年，正是东晋因"淝水之战"转危为安的一年，终年61岁，可以算是东晋的"传奇人物"。褚蒜子，是晋康帝司马岳的"皇后"，也是晋明帝司马绍的"儿媳妇"。344年，晋康帝驾崩，晋穆帝司马聃继位褚蒜子成为"太后"。到褚蒜子离开人间（384年），褚太后经历了东晋朝廷40多年的风风雨雨，也曾四次临朝称制，还扶立了6位皇帝。第一次，是天然的"太后"（母后）。儿子司马聃2岁继位，大臣们请褚太后"临朝称制"，是顺理成章的事。当晋穆帝15岁时，褚太后就"还政穆帝"（357年），退居"崇德宫"，后世就把褚蒜子称为"崇德太后"。

361年，褚太后再度临朝称制，这次就不是必然而是偶然。因为晋穆帝司马聃英年早逝（19岁），又没有儿子。于是众朝臣迎晋成帝司马衍长子司马丕继位称帝（晋哀帝）。按照辈分，褚蒜子刚好比司马丕长一辈，而当时的晋哀帝已经20岁，也算个成年皇帝了。从这两个条件来看，都不再适合褚太后"临朝听政"。但是，晋哀帝却是个"糊涂皇帝"，对政事了无兴趣，沉迷于长生术，成天猛吃"金石散"等长生药，导致起不了床，根本无法理政。于是，应大臣之请，褚太后"走上前台"，代理朝政。

第三次临朝（365年），是因为晋哀帝司马丕去世，弟弟司马奕继位（晋废帝）。这次褚太后"临朝听政"的原因，史上没有记载。我估计是因为"皇帝新立"、政局未稳。所以，善于稳定大局的褚太后才继续理政。后来因为桓温废掉晋废帝司马奕，另立司马昱为帝（晋简文帝）。司马昱是晋元帝司马睿的少子，到当皇帝时（371年），已近"知天命"的年龄（50岁），比褚太后的岁数还大（大4岁），简文帝是褚太后的长辈（长一辈）。所以，褚太后再次退居幕后（崇德宫）。

372年，因为晋孝武帝司马曜"少年继位"（11岁），褚蒜子再次应群臣邀请出宫来听政。这也就是褚太后第四次"临朝听政"。不过这次临朝听政时间较短，仅有四年。376 年，当时晋孝武帝司马曜已经 15 岁了，所以褚太后归政于他，又退居"崇德宫"。归政晋孝武帝后，褚太后（褚蒜子）又享受了八年的"赋闲生活"，于 384 年在"崇德宫"里去世，走完了她传奇的一生（61 岁）。

第四十五章

据说，褚太后（褚蒜子），是听到"淝水之战"胜利的消息后，才安然去世的。说起"淝水之战"，跟三国时候的"赤壁之战"有很多相似之处。"赤壁之战"时（208 年），曹操统一了北方，就想伐灭孙吴、威服蜀汉。"淝水之战"时（383 年），前秦的苻坚，在贤相王猛的辅佐下国势强盛，成为"北方霸王"，于是就想一口吞并东晋。两次战争，都是"以小胜多"的著名战役，而且都是以北方惨败告终，为"败北"做了"望文生义"的注脚。"北"的篆文是"两人背向而行"，表示的是战败者背向逃跑，胜利者背向撤军。即使胜利者追赶，看见的也是战败者的"后背"。在古代，这样的情形就叫"逐北"。后来，"败北"成为军事失利的代名词，再后来，逐渐由体育赛事的胜负到生产生活的各个领域，都喜欢用"败北"这个词了。

赤壁之战，曹操退兵北回说了一句话："若奉孝在，绝不使吾有此大失也！"然后说了一组排比句："哀哉，奉孝！痛哉，奉孝！惜哉，奉孝！"表达了痛彻心扉的愧悔和哀悼之情。这个奉孝（郭嘉），是曹操的首席谋士，他死在曹操北征乌桓的路上（207 年）。那时的曹操，还曾经东临碣石以观沧海，留下了壮丽的诗篇。魏武（曹操）挥鞭（208

年），兵锋南指，想的是"百万雄师过大江"（长江）。哪知，火烧赤壁，把曹操烧蒙了，不得不退兵。当然，曹操面对"一把火烧退百万兵"的说法，也有补充解释。那就是，军中大疾（瘟疫），我自己烧掉了战船和辎重。这样一来，赤壁之战就有"两把火"了，一是周瑜烧的（其实是黄盖），一是曹军自己烧的。

符坚狼狈北返，这才想起宰相王猛八年前（375 年）的"临终遗言"："东晋是正统，谢安、桓冲是江表伟人，而且内外和揖，千万不要去打东晋的主意（消灭东晋）。"前面说过，桓温第一次北伐进至灞上就逡巡不前，不愿意渡过渭水去攻打长安，那个"扪虱而谈"的王猛就来拜访他（桓温）。一番道理，说得桓温想把他"收归麾下"，而王猛却"意不在此"。也许王猛这颗巨星，就该闪耀在北方的天空。前秦皇帝符坚"睁开一双慧眼"，把 40 岁的王猛，请进了"前秦的朝堂"（宰相）。王猛来了个"儒法兼修"，让前秦与两个北方大国（代国和前燕）迅速"拉开距离"。就像秦始皇"一扫六合"一样，灭了一些割据政权后，又灭前燕（370 年）、灭代国（376 年）、灭前凉（376 年），一举统一了北方。前秦，成为五胡之后、北魏之前第一个统一北方的国家。符坚和王猛君臣相知的故事，也得以千古传扬。民谣"关中良相唯王猛，天下苍生望谢安"，歌颂的就是东晋时期一南一北两个"顶尖级"的名臣。

一统北方的符坚，也更加意气风发、踌躇满志。于是，他也学"魏武挥鞭"，想一口气把东晋收入囊中，实现天下一统的凤愿。面对群臣的反对，他还鄙夷群臣"鼠目寸光、胆小如鼠"，并洋洋自得地说："我的百万雄师，投鞭足可断流。"不承想，符坚兵锋直指合肥，却连淮水也没有渡过，就遭遇了惨败。不仅没有"投鞭断流"，而且前秦军队在战败北逃的过程中，还创造了两个成语：风声鹤唳、草木皆兵。更有意思的是，前秦符坚，还先行给谢安、桓冲等安排了前秦官职，修建了豪华府第。

其实，"淝水之战"，却是一次"阴谋与反阴谋"的战例。秦晋大军力量悬殊：前秦方号称"百万大军"，投入主战场的只有25万；东晋方只有一支北府兵（8万）。战前，双方都沿岸列阵，形成"两岸对峙"的局面。前秦"抢先出招"，苻坚派此前的东晋降将朱序来"招降"，想的是以强大的军威让东晋"举手投降"，于是兵不血刃地完成统一大业。东晋前线总指挥谢玄给苻坚做了战事分析，说秦军远道而来，要的是"速决战"，而这两岸对峙，肯定是"持久战"。如果是"持久战"，秦军肯定会出现"粮草问题"，导致无果而终。于是顺势提出"秦军后退"，等晋军过河"决一死战"（速战速决）的方案。苻坚想，力量这么悬殊，若晋军渡河，我可以"半渡而击之"，绝对是胜券在握。于是欣然同意了谢玄的请求。哪知，秦军一退，顿时就乱了阵脚，一发而不可收拾。再加上"招降回营"的将军朱序"振臂一呼"："秦军败了！秦军败了！"随即渡河的"北府兵"又来了个"猛冲猛打"。结果晋军大获全胜，秦军仓惶北逃。这场战役，要是王猛地下有知，不知是什么感受。

这次"南北对决"，苻坚铩羽而归，只有投奔他的部下慕容垂，回到老巢去"舐舐伤口"。这时，被前秦灭掉的国家相继掀起了"复国潮"，导致北方大乱。无论是新败的前秦，还是后来复兴的其他国家，都无精力和实力窥视东晋，"南北对峙"的局面得以延续，东晋王朝又一次转危为安。"淝水之战"，南方（东晋）的总指挥是著名宰相谢安。苻坚率领百万雄师南来，东晋朝野震动。跟"赤壁之战"时的东吴一样，"战与降"的论调充斥朝堂。孝武帝司马曜也如"热锅上的蚂蚁"（拿不定主意），问计于谢安。谢安慢条斯理地给他做了分析，得出的结论是"苻坚必败、东晋必胜"。这才让孝武帝司马曜做出了"开战的决定"。

在大军压境之际，谢安却一如既往地下棋弹琴、饮酒作诗，闭口不谈大战之事。前线总指挥将谢玄（谢安侄儿）前来请示"破敌计划"，他只说了句"自有安排"就没了下文。于是,就请大都督谢石(谢安弟)、辅国将军谢琰(谢安子)一同前去"讨教讨教"。谢安叫他们三人下棋,谁知他们三人"心里装着战事",都成为谢安的"手下败将"。但他们从谢安从容淡定的表情里,感受到了某种力量(胸有成竹),就各就各位"履职尽责"去了。战斗已经打响了,谢安还在与人下棋。据说,这次下棋,赌注下得很大(东山别墅)。当家人送上谢玄的"手书战报",谢安仍在和宾客下棋。他略瞟了一眼,就随手把它放在一边。客人焦急地问"信里说些什么",谢安若无其事地说"子侄辈已破敌"。送走客人,谢安却高兴得手舞足蹈,转身过门时,一脚踢在门槛上,把木屐的齿都碰断了!这个谢安真是了得,"泰山崩于前而色不变,麋鹿兴于左而目不瞬",这是怎样的胸怀和气度啊!

谢安,是东晋"陈郡谢氏"的领军人物。"淝水之战",也让谢氏家族的兴盛达到了顶点。在东晋"四大家族"中,谢氏家族也有别与琅琊王氏、颖川庾氏、龙亢桓氏,最突出的特点是,他没有"多大来头",没有世世显赫的"冢中枯骨"来炫人耳目,被认为是"新出士族",直到东晋中期,仍不被人看好。"陈郡谢氏"南渡的领头人士谢鲲(谢安伯父),虽是西晋名士,也上了"江左八达"的排行榜。但是,谢鲲死时(324年),只能葬于建康城南的石子冈。据说,石子冈是三国时孙吴以来的"乱葬之所"。时任尚书的谢裒(谢安父)为第五子谢石(谢安弟)求诸葛恢小女诸葛文熊,时任侍中的诸葛恢因看不起"谢家的门望",断然拒绝。等到诸葛恢死后(345年),这个谢家所希望的"娃娃亲"才终成眷属。345年,是永和元年。此时,"颖川庾氏"因庾亮、庾翼、庾怿等重量级人物相继谢世而急速衰落,陈郡谢氏、龙亢桓氏却乘机而起,谢石才得以"抱得美人归"(诸葛文熊)。

我想起"远志与小草"的故事。这件事发生在谢安出东山应征为桓温军府的司马时(360年)。桓温就以"远志为什么又叫小草"问难谢安,旁边的人说"处则远志、出为小草"。这个回答弄了谢安一个"大红脸"（甚有愧色）。桓温的"言中之意"，不仅是轻看谢安本人，而且是轻看谢氏家族。个中原因，是因为在谢鲲祖父谢缵（曹魏典农中郎将）后，鲲父谢衡以儒学为官，遂以名显。但是在玄风盛行的当下，没有玄学气息的人根本无法进入"名士行列"。于是谢鲲只有改弦易张，一改父亲（谢衡）"纯儒形象"，开始了"由儒入玄"的道路，迅速名列"江左八达"。但是，谢鲲虽然放浪形骸，但并非忘情物外，坚持"不废事功"（建功立业）。后来，谢尚重儒兼玄、谢万重玄兼儒、谢安儒玄兼修，走出了"儒为质、玄为表"的文化之路，一路以"名士造名望"，一路以"事功得权位"，仅仅两代人的工夫，就一跃而为东晋的"顶级门阀"。

跟前秦王猛一样，谢安也是40岁才走进"东晋的官场"。在这之前，他都一直高卧东山，过着文人雅士的"休闲生活"。因为"谢家的天地"有人撑着。尤其是堂弟谢尚跟随殷浩北伐，在邺城得到"传国玉玺"，送回东晋，解除了北人对东晋皇帝"白板天子"的讥讽。据说，"传国玉玺"是皇帝的"上岗凭证"，有之则是"得天命"，失之就是"失天命"。这个说法开始于秦始皇，是李斯用蓝田玉刻成的。印文说："受命于天，既寿永昌。"当然，具体内容是什么，现在已经不清楚了。因为"传国玉玺"传来传去、抢来抢去，早已不见踪迹。至少在宋元之间，"传国玉玺"就已经迷失而不知所踪。元明清的那些皇帝，其实都是些"白板天子"呢。但是，由于"魏代汉"和"晋代魏"是实行的"禅让制"，所以西晋还有"传国玉玺"的可能。永嘉之乱（307—311年），"传国玉玺"亡于胡。谢尚能得到并送回"传国玉玺"（352年），可以说是天大的好事。

谢尚追随殷浩北伐，得到"传国玉玺"算是"运气来了"。有的人又说，是冉闵被围向东晋求救，才交出了"传国玉玺"，立此存疑。但东晋从此有了"传国玉玺"，腰杆就硬得多了。谢尚得到丰厚的封赏，但"好人命不长"，送回"传国玉玺"五年后（357年）就"死在任上"。谢万追随桓温北伐，却是个"霉坨坨"，不仅手下军士哗变，而且光打败仗，被桓温上书朝廷"废为庶人"（360 年）。当朝廷决定重新任用他时（361 年），他却病死了。史载说，谢安始有仕进之志。没有仕进之志也不行了，因为谢尚死、谢万废，谢家在东晋已没有"台面人物"了。所以，高卧东山的谢安"坐不住"了，他要挑起振兴谢氏家族的"历史重任"。于是，他就成了桓温军府的司马（360 年）。

谢安高卧东山（今浙江省绍兴市境内），屡召不应，朝野有了"如天下苍生何"的呼声。为了跟王猛的事迹相呼应，有人就做了一副对联："关中良相唯王猛，天下苍生望谢安。"说明谢安"民望很足"。但一出仕（360 年），却是个"小小的司马"，还被人讥为"小草"。第二年，被桓温"废为庶人"的谢万死去，谢安就以奔丧为名，脱离了桓温的军府，回到建康。

362 年，谢安被调任为吴兴太守，这是单独任军职的开始。鉴于谢安的名望，366 年谢安入朝任侍中。这有三个方面的历史原因：一是桓温在朝廷的礼遇下，地位在诸侯王之上了，朝中要制衡桓温，还得有新的"权威人士"。二是此前一年，晋哀帝司马丕"嗑药而死"，褚太后（褚蒜子）下诏，立司马丕的弟弟司马奕为帝，东晋第一个在位被废的皇帝"走上前台"，而褚太后（褚蒜子）"退居后宫"（崇德宫）后，也需要一个"亲近褚家"的人出来参与朝政。三是古代的政治婚姻，除了"相互信任"的因素，还有"相互依靠"的考虑。褚太后的父亲褚裒是谢家的女婿，娶谢鲲（谢安伯父）女儿谢真石为妻。也就是说，褚太后的父亲（褚裒）是谢安的"堂舅老倌"。于是，褚太后（褚蒜子）

在谢安身上"目光聚焦"。

有趣的是，谢安入为侍中的举荐者，就是当时不可一世的大司马桓温。从朝廷方来看，当时的丞相司马昱用名士殷浩来"钳制桓温"，结果被桓温逼迫朝廷将其"废为庶人"。选用谢安，可以对冲桓温。从桓温的角度来看，谢安毕竟出自自己的门下（司马），或许可以成为自己"遥控朝政"的内应。谢安虽然是侍中，但是内有司马昱（司徒），外有桓温（大司马），谢安"夹在中间"也"难做人"。三年后（369年），桓温因第三次北伐的"枋头之败"走入人生低谷。郗超向桓温提了一个大胆建议：劝其行废立之事，重振声威。直到桓温入京，废司马奕，立司马昱，谢安也是"无言无语"。

372年，简文帝身体不争气，因为忧惧交加，竟然一病不起，同年病逝，终年52岁，孝武帝司马曜继立。因为孝武帝是幼年继冲（登基称帝），谢安等请褚太后（褚蒜子）走出"崇德宫"，再次临朝听政。这时，谢安的"腰杆硬起来"了。面对桓温自姑孰入京"诛王谢，移晋鼎"的行动，王坦之惊惧失色，满身大汗，连牍版都拿反了。但谢安从容自若，人们说，谢安比王坦之"高出一大截"。尤其是373年，病中的桓温还求九锡之礼，被谢安用计拖延，始终没有把"九锡文"修改完成，终于把桓温"拖死了"。

桓温死后，其弟桓冲得以代其职，任中军将军，领扬、豫二州刺史。朝廷为了挟制桓冲把持朝政，即任王彪之为尚书令，谢安为尚书仆射，同为宰相。王彪之（王导侄儿），是琅琊王氏的后起之秀。简文帝司马昱死后，大家都不敢立司马曜为皇帝，想等桓温来"做出决定"。只有王彪之认定司马曜是"合法继承人"。于是司马曜得以顺利继立，是为晋孝武帝。桓温对此，虽然"恨得牙痒痒"，但也没有办法"摇动皇统"。这时的谢安，从"东山再起"（360年）以来，已经侧身东晋官场13个年头。又过了三年，孝武帝司马曜亲政（14岁），谢安升中书监、录尚书事，总揽朝政。也是在这一年，前秦皇帝苻坚统一北方，也成为不可一世的"主儿"。

谢安总揽朝政,陈郡谢氏走上了"勃然而兴"的道路,谢安"儒为质、玄为表"的文化性格,决定了谢氏家族具有浓厚的忠君思想,儒家"修齐治平"观念,也决定了他们"建功立业"的主动性。从孝武帝（司马曜）曾经进入太学讲《孝经》、听《尚书》可以看出,孝武帝（司马曜）已经厌恶"谈玄之风",更看重儒家的主流意识形态：孝与忠。我想,在龙亢桓氏急速衰落后,陈郡谢氏之所以能够乘势而起,这是至关重要的因素。谢氏家族,自觉地把皇室利益放在最高位置,也深得孝武帝的喜欢。这是东晋门阀政治的一种"变形",向着"皇权政治"的道路转变。也正是谢安总揽朝政的这几年,君臣相和,朝政稳定,社会经济得到"恢复性增长"。尤其是谢安"居中协调"建康上下游桓氏和谢氏的关系,再没有出现"举兵向阙"的内部动乱。

最为重要的是,377年,谢安举荐谢玄任兖州刺史,负责江北诸军事,镇广陵。第二年,谢玄在广陵组建"北府兵",这就是"淝水之战"中威猛无比的"北府兵"。谢安自己受命都督扬、豫、徐、兖、青五州军事,总摄下游,展现了"出将入相"的人生风采。在"淝水之战"中,说是"北府兵",其实是"谢家军"。当然桓冲的"桓家军"也发挥了"偏师"的重要作用。正是由于这个原因,桓冲病死后（384年）,谢安毅然否决朝廷任谢玄为荆州刺史的决定,仍派桓家人（桓伊）继任。也是在这一年,谢安觉得应该"宜将剩勇追穷寇",再次擎起"北伐的旗帜"。于是,谢安除了原任职务,还都督十五州军事,这在东晋历史上是罕见的,谢安的人生也达到了"巅峰状态"。

385年,晋孝武帝司马曜不想再做"权臣的傀儡",要开始振兴皇权,改变"政由权臣、祭则寡人"的局面,想当个"像样的皇帝"（政由己出）。司马道子走进朝堂,与谢安"共录尚书事"。"淝水之战",谢安功高至伟,却迟迟不能得到封赏。原因是谢安"功高盖主",引起了晋孝武帝司马曜的"严重猜忌"。还有一个人在孝武帝和谢安当中"谗谀其间"，这个人就是党附司马道子的王国宝。而这个王国宝，竟然是谢安的女婿。后世史家的评价是，司马曜是"一代昏君"，司马道子是"乱臣贼子"。他们是一丘之貉，都沉湎于酒色。本来胸怀天下的谢安萌生退意，为了避祸，上书出镇广陵，去修筑新城，准备北伐中原。哪知，新城还没有修好，谢安就一病不起。孝武帝司马曜连忙把谢安弄回建康医治，就连众太医也"摆脑壳"（无力回天）。同年八月，一代名相谢安，留下"谢玄北伐"的临终遗言，与世长辞，终年66岁。谢玄"奉命北伐"，最先战果还算辉煌，收复了今河南、山东、陕西南部等地区，这是东晋北伐以来取得的最大战绩。但是不承想，由于朝廷的掣肘，后方的支持乏力，最终功亏一篑。三年后，谢玄申请"解甲归田"，回到谢氏家族的聚居地（会稽），旋即也含恨离世，终年46岁。

自谢安、谢玄相继离开人世，陈郡谢氏兴盛的劲头也就"直转而下"，再加上孙恩、卢循等"道教徒起义"（农民起义），又在谢氏家族的聚居地会稽地区兴起，谢氏家族的"能人武将"，几乎被农民起义军斩杀一尽。谢氏家族从此淡出了"门阀政治"的视线。但是，谢氏"耕读传家"的家风却生生不息，直到南朝末年，谢氏人物还是很有影响力的。跟"琅琊王氏"一样，不能致力于政治，那就致力于文化。琅琊王氏，到东晋的中期，就以"书法世家"流传于世，尤其是王羲之，成为万世景仰的"书圣"。谢家则以诗歌闻名于后世，在东晋世家大族独树一帜。

据说，萧统《文选》的诗歌部分收录了20位诗人的173首诗作，有5位来自陈郡谢氏，入选作品71首，占作品总数的1/3还多。钟嵘《诗品》则更看重"谢氏诗人"，66位南朝诗人入品，陈郡谢氏家族共有8人入品，而谢灵运"独拔头筹"，是唯一列名"上品"的诗人。这两部作品同时给予陈郡谢氏"格外的荣誉"，雄辩地说明谢氏诗歌确实是独得翘楚。读过文学史，你就会知道，谢灵运还是我国山水诗派的"鼻祖"呢。他跟琅琊王氏也有着联系，他的母亲，是书圣王羲之的外孙女。陈郡谢氏跟琅琊王氏的婚姻，都是些政治婚姻。比如那个著名才女谢道韫（谢安侄女），才情满满，却嫁给了王羲之的儿子王凝之。这个王凝之，虽然也曾经官至"会稽内史"，却是个典型的道教徒。据说，这是谢安亲自"比选的结果"。谢安最先选定的是王徽之，但他只是一个纨绔子弟。最后选定了王凝之，谢道韫虽然嫁了，但总觉得王凝之跟谢家男儿相比，就是一个"十足的蠢材"，婚后不久就回娘家居住。所以说，婚姻不仅仅是物质上的"门当户对"，也需要精神上的"门当户对"呀。

今年，我多次去绍兴，工作之余参观了王羲之和谢安故居，也发了些思古之幽情，尤其对那个"未若柳絮因风起"的谢道韫念念不忘。据说，谢安陪家族中的儿女们闲谈，适逢下雪，谢安兴致大起，指着洋洋洒洒的雪问孩子们："白雪纷纷何所似？"侄儿谢郎立即答道："撒盐空中差可拟。"谢安马上给了个"差评"，悠然神想后道："未若柳絮因风起。"谢道韫将飞雪比喻成柳絮，真是绝了！谢安高兴地"点赞一串"。就是这段吟诗偶得的佳话，谢道韫成为后世津津乐道的"咏絮之才"，与班昭、蔡琰（文姬）成为中国古代才女的代表人物。就是在著名的《三字经》中也有提及："蔡文姬，能辨琴。谢道韫，能咏吟。"

今读《晋书》，才知道谢道韫也曾因祸得福，因为会稽内史王凝之是个道教徒，孙恩、卢循起义的农民军，杀了为官的王凝之（399年），唯独让谢道韫（内史夫人）保存了性命。当然，谢家所有的权贵人物，都在这次起义中遭受了毁灭性打击，连时任会稽太守的谢琰，也在协助刘牢之平定孙恩、卢循起义的战斗中，被起义军杀害（400年）。这个谢琰，是谢安最喜欢的一个儿子，死后被朝廷谥为"忠肃公"。陈郡谢氏，就这样淡出了历史的视线。

这时，东晋又出现了一个新兴的士族：太原王氏。这个"太原王氏"，是曹魏重臣王昶之后，他们最大的形象特点：齇王。就是"鼻子硕大"。王昶之子王浑一脉活跃在"西晋官场"，而王堪一脉因为"党附司马越"而在东晋得到皇室亲昵，遽然发展起来。为此，"太原王氏"屡有"国婚"之幸，还有"王妃"之喜。"太原王氏"就依附于皇权（晋孝武帝司马曜）和相权（司马道子），追逐自己士族的利益。但是，他们在主（皇帝）相（丞相）相持中，轻于去就，左右摇摆，很快便消失在历史的长河中，成为东晋门阀政治的"终结者"。

　　据说，"太原王氏"有个最显著的面部特征：鼻子硕大。因此，"太原王氏"又被称为"齇王世家"。有史家说，"太原王氏"始显于曹魏时期的王昶。王昶是名门之后，他的父亲王泽是东汉的代郡太守。在曹魏时期，王昶可以说是左右逢源，先出任曹府（曹丕），后又被司马氏（司马懿）看重，最后竟然混到了"开府仪同三司"的地位。还是在"三国鼎立"时代，文武双全的王昶才走完了人生路（259 年）。

　　王昶有三个儿子：一个叫王浑，一个叫王深，一个叫王湛。他们却走上了不同的发展道路。王深一脉，少见史记。王浑因灭吴有功，显达于西晋。儿子王济还娶了晋武帝司马炎的姐姐"常山公主"，成为"皇亲国戚"。但是，在晋武帝司马炎遣齐王司马攸回封国时，王济派妻子"常山公主"会同"京兆公主"（甄德妻）到司马炎面前"以泪留人"，结果"逆了龙鳞"，被司马炎来了个"扫地出门"。这个甄德，也是晋武帝司马炎的姐夫，曾先后娶司马师、司马昭的女儿为妻。甄德原来姓郭（郭德），是郭太后的弟弟。这个"郭太后"，是司马氏废立曹氏皇帝的"一张王牌"。郭德先后娶了司马家的两个公主，足见司马家对郭太后的看重。但是，郭德的改姓，却因为一桩"阴婚"。

据说，魏明帝曹叡的爱女曹淑早夭（232年），通过皇家的安排，就与甄皇后（曹叡母亲）的侄孙甄黄（已故）举行了"冥婚"，郭德就"过继"给甄黄夫妇，所以就改姓"甄"，叫"甄德"了。

"长公主"的称呼是相对于"公主"的，"公主"是现任皇帝的女儿，而"长公主"则是现任皇帝的姐妹或姑姑。晋武帝司马炎对两个"长公主"是怎么处理的，史上无载。但对王济、甄德这两个"皇亲国戚"，就有点儿不客气。王济外放离京（徐州刺史），甄德虽然留在京城，但位置就很"靠边"了（大鸿胪）。他们从此开始放浪形骸，极度奢侈，因纵情酒色，不几年就都病死了（郁郁而终）。对于王济，史书上说他生卒年不详。但是，王济死时，他的父亲王浑还健在，尝尽了"白发人送黑发人"的悲凉。不巧的是，王浑又死于西晋"八王之乱"期间（297年）。"永嘉之乱"（307—311年）中，王浑后人的发展势头急剧衰减。到了东晋，王浑这一支更不见容于皇帝司马睿。因为，王浑这一支与匈奴刘氏（刘渊）是"世交关系"，曾经跟着成都王司马颖攻打东海王司马越。晋元帝司马睿移镇建邺，是司马越的"有意安排"，有了这个"隔夜仇"，东晋就"不与刘、石通使"，王浑一支的发展在东晋就基本画上了句号。

王湛一支因为"五世盛德"，与司马睿也没有"前仇旧恨"，就在东晋逐步"吃香起来"。先是王承（王湛子）见重于东海王司马越，任职记室参军。司马越说他是"人伦之表"。"衣冠南渡"后，又被晋元帝司马睿青睐，被推举为"东晋第一名士"。但是，东晋才刚刚建立，王承就因病不治而亡。王承的儿子王述，到30岁时还不为人所知（未名于世），人们都说他像个"傻子"。后在王导、司马岳的提携下，走进"东晋的官场"（334年）。先在基层历练后再重用，从武职到文官，最后官居"尚书令"（364年）。能够入朝做"尚书令"，是因为两年前的一件大事：桓温北伐后要求"迁都洛阳"，朝野都觉得"桓温难制"。时年64岁的王述挺身而出，劝住了桓温，因此特召其入朝为"尚书令"。

王述在"尚书令"任上不久（364年），就提出"致仕请求"。朝廷不许，导致王述"累死在岗位上"。

历史年代有些抽象，我们把右将军王羲之拿来做个"参照物"。王羲之一直看不起王述，但王述却"声名鹊起"，王羲之"羡慕嫉妒恨"。353年，会稽内史王述的母亲逝世，需要"丁忧"，朝廷诏令王羲之代领会稽内史。王羲之到任后，连日声称要去吊唁，王述就"洒扫门庭"等着。但是，王羲之到了大门口，当王述去以礼相迎时，王羲之却又扬长而去。殊不知，王述好运又来了，丁忧后就升任"扬州刺史"，上任时不仅不去拜访王羲之，还命人检举王羲之的各种问题，逼得王羲之"称疾辞职"（355年）。王坦之是王述的长子，少而知名，几与郗超（郗鉴孙）齐名。当时有谚云："盛德绝伦郗嘉宾，江东独步王文度。""嘉宾"是郗超的"表字"，"文度"是王坦之的"表字"。"独步江左"的王坦之，深得父亲王述的溺爱。及至他长大了，父亲仍把他抱在膝盖上说话，因此，又有"膝上文度"的谑称。王坦之出在桓温门下（长史），也曾经是桓温的"亲家"。桓温的女儿嫁给了王坦之的儿子。但是，王坦之也有自己的鲜明立场，与谢安联合钳制桓温，坏了"桓温的好事"，并在桓温"殡天"后（373年），与谢安"同掌朝政"。375年，王坦之病死，终年46岁。后来，王坦之的儿子们，都身处文武要冲，尤其是第三子王国宝，还与会稽王司马道子一起"玩弄朝纲"。到这时，太原王氏王湛一脉，已逐步发展成东晋当红的"名门望族"。有史家说，太原王氏影响了东晋朝政约20年。这20年，以"淝水之战"为起点，以桓玄篡夺为终点。这个时期，也正是东晋门阀政治的"衰落期"。我们都知道，东晋门阀政治的特点是"王与马，共天下"。历史也真有点儿趣味性，东晋门阀政治起于"琅琊王氏"，终于"太原王氏"，首尾都跟"王氏"有关，让"王与马、共天下"几乎一语成谶，成为东晋历史的鲜明特点。

其实，东晋末年朝堂的人物都"有点儿二"。晋孝武帝司马曜明明是个皇帝，娶个老婆，还要多方"征求大臣意见"，导致谢安和桓冲产生矛盾。最后，谢安意见胜出，太原王氏王蕴的女儿成为皇后（375年），这又让太原王氏的王坦之一脉"产生意见"，急忙把王国宝（王坦之子）的从妹送去会稽王（司马道子）府做了"王妃"。这也就算了，本来谢安因"淝水之战"就"功高震主"，晋孝武帝本来就有些疑忌，王国宝又来"挑拨离间"。这个王国宝，还是谢安的女婿。因为谢安不喜欢这个女婿，就"抑而不用"，让王国宝对岳父谢安"恨得牙痒痒"。王国宝一挑拨离间，晋孝武帝司马曜居然就"信进去了"，导致谢安"黯然出朝"，声言"去广陵修筑新城"，准备北伐。

司马曜的父亲是司马昱（简文帝），到简文帝驾崩时（372年），就只留下了司马曜和司马道子这两个"同胞兄弟"。为了守好司马氏的江山社稷，司马曜就叫司马道子入朝，与谢安"兼领尚书事"（383年）。明明是两个"亲兄弟"，才度过短短的"蜜月期"，这两兄弟就明争暗斗起来了。太原王氏也各为其主：王蕴女儿嫁给皇帝（司马曜），是绝对的"保皇派"，他们的代表人物是王恭（王蕴子）；王国宝（王坦之子）的从妹嫁给丞相（司马道子），是绝对的"保相派"，他们的代表人物是王国宝。皇帝和丞相"相持之争"，带来的是后党和妃党的"党朋之争"，后来演变为对重要方镇的争夺，皇帝（司马曜）与丞相（司马道子）所掌控的方镇，达到了"犬牙交互"的地步，最后形成了"方镇对立"，战事（内乱）一触即发。前面说的"绝对"，也不尽然。在方镇对立中，太原王氏却并不"坚定"，左右摇摆。这种"主相相争"的局面，一直持续到晋孝武帝"魔崩"（396年）才算基本结束。

"主相相争"的第一个牺牲品是袁悦之，他依附于司马道子，劝司马道子独揽朝纲，架空皇帝（司马曜）。不承想，这个建议被晋孝武帝的舅老倌王恭（皇后兄）知道了，密告晋孝武帝。晋孝武帝"怒不可遏"，把袁悦之"菜市腰斩"（389年），也算是给了司马道子朋党一个鲜明的信号。历史学家田余庆在《东晋门阀政治》一书中，把

"主相相持"分为五个阶段：384年（"淝水之战"次年）到389年，以袁悦之被斩为分水岭，"主相相持"的主要表现是对"上下游方镇"的争夺，在这个阶段，主相双方几乎"打了个平手"。到了392年，荆州刺史王忱死去，激起了晋孝武帝"抢夺荆州"的热情，甚至采用不正当手段（中诏），不经过"正规程序"，把殷仲堪直接任为"荆州刺史"，在这一局中，司马曜抢先得手，略占上风。晋孝武帝死后，方镇的王恭、殷仲堪连兵反叛，形成了两藩与中枢之争。后来，道教起义军参与其中，演变成了"孙恩、卢循起义"。晋孝武帝死后两年，两支"太原王氏"都先后走向覆亡的命运，东晋门阀政治也就走到尽头。这时，也即将翻开五世纪的日历。

史载，司马曜和司马道子都沉迷佛教，各自的府上都有和尚和尼姑。据说，殷仲堪能为荆州刺史（392年），皇宫中的尼姑支妙音功不可没。晋孝武帝司马曜正是听了支妙音的"赞歌"，采用"中诏"的方式，出殷仲堪为"荆州刺史"的。殷仲堪出任荆州刺史，桓玄（桓温子）也有一份功劳。因为原有荆州刺史王忱对桓玄"不感冒"，处处裁抑桓玄，让桓玄觉得"很不爽"。于是，桓玄就买通了支妙音"共襄盛举"，让殷仲堪出任荆州。所以，有史家说，殷仲堪出任荆州，晋孝武帝是胜利者，桓玄也是胜利者，这可以说是史无前例的政治事件。前面说到桓温入朝处理的"卢悚入宫案"（372年），其实就是一起典型的"宗教动乱"（道教）。彭城（今江苏省徐州市）人卢悚，自称"大道祭酒"，聚集信徒数百人，准备迎"海西公"（晋废帝司马奕）复辟。但"海西公"，还沉浸在被废的阴影里没有走出来。卢悚只好率众攻宫城广莫门，诈称"海西公"还，突入殿廷，夺取武库甲杖。后朝廷调兵抗击，卢悚与其部众"皆败死"。幸好"海西公"没有前来参加"共同政变"，让自己苟活到了386年。

396年，晋孝武帝去世，所谓"国不可一日无君"，晋安帝司马德宗（司马曜长子）继位，成为东晋第十个皇帝。这个皇帝，比西晋的"傻皇帝"司马衷还要"傻",连白天晚上、严寒酷暑都分不清楚。有这样一个"傻皇帝",司马道子独揽朝政就当然不在话下了。

　　有史家总结说，东晋末年的政局，由主（司马曜）相（司马道子）相持演变为两藩对立。孝武帝死后，先演变为两藩联合对抗中枢，再演变为一藩失败、一藩成功，又演变为桓玄独揽权力（403年）。又有史家指出，"太原王氏"在主相相持当中"左右摇摆"，给了桓玄一个机会，而正是桓玄的篡夺，成就了刘裕的事业。这都是很有见地的，我"深以为然"。

　　主（司马曜）相（司马道子）对藩镇的争夺，有些复杂，说清楚需要较大篇幅，就此略过，单说孝武帝司马曜死后的事情。孝武帝司马曜死了，司马德宗（晋安帝）继位。晋安帝也是个"傻皇帝"，司马道子大权独揽。史载，依附于司马道子的"太原王氏"王国宝、王绪（国宝从弟）互为唇齿，并弄权要。这两兄弟向司马道子进言，裁损王恭和殷仲堪的兵权。王恭是孝武帝司马曜的"舅老倌"，在主相相持中坚定地站在皇帝（妹夫）一边，与司马道子有"隔夜仇"。殷仲堪是孝武帝采取"不正当手段"出任的"荆州刺史"，其政治态度也显而易见。于是，王恭上奏罗列王国宝罪状，"兴晋阳之师"，举兵向阙（397年），殷仲堪、杨佺期、桓玄响应，共推王恭为盟主，还联合了吴国内史王廞（王导孙）起兵"三吴"。"三吴"之兵，主要是断绝建康的"粮食供应"。哪知道，说得热闹，王恭起兵后，殷仲堪、杨佺期、桓玄都等待观望（按兵不动），只有吴国内史王廞策应。即使这样，司马道子也"慌了神"，不得不以王国宝、王绪两兄弟的性命来换取"王恭退兵"（397年）。这时，王廞却又"倒戈一击"，送笺给司马道子，要求征讨王恭。王恭立即派北府兵将刘牢之攻打王廞，王廞兵败，落荒而逃，不知所终。

杀了王国宝、王绪后，司马道子觉得少了"左右二膀"，又引谯王司马尚之及其弟司马休之作为心腹。这两个人给司马道子的建议是任命桓温的女婿王愉（王国宝兄）为江州刺史，还都督江州及豫州四郡诸军事，作为"京师屏卫"。这本是个"好招数"，但得罪了豫州刺史庾楷。割了四郡，就是割了庾楷的肉。庾楷（庾亮孙）从司马道子的"追随者"变成"叛逆者"。当王恭再次连兵向阙（398年），要"清君侧"（杀司马道子）时，庾楷放弃与司马道子的"金兰之约"倒向王恭。司马道子沉迷酒色，只想"揽权"不想"干事"。这时，司马道子干脆把军事指挥权交给自己的儿子司马元显。司马元显还真是"有一套"，居然策反了王恭的部将刘牢之。而王恭还不知情，刘牢之"阵前倒戈"。王恭被杀（398年），庾楷投奔桓玄。不承想，这个庾楷又暗通司马元显，被桓玄发现，先被囚禁，再被杀害。王恭的死，也是咎由自取。手下有北府兵悍将刘牢之，却不知道珍惜，往往以自己的高第门阀轻慢刘牢之，让刘牢之"心中窝火"。在司马元显代表朝廷带领大军征讨时，才跟刘牢之搞"拜把子兄弟"，并把北府兵"最精锐"的部队交给刘牢之统辖，"倒戈一击"的刘牢之"如虎添翼"，王恭败死"没有悬念"。

当然，刘牢之，作为"北府兵"的重要将领，他手中有一支决定建康命运的军队。这在当时的东晋，是可以"威风凛凛"的。但正是掌握这支军队的刘牢之"找不到方向"，一叛王恭而降于司马道子（398

年），居间行纪的是高素（北府旧友），给出的诱饵是事成之后，北府军归他刘牢之指挥。二叛司马道子而降桓玄（402 年）。当年，朝廷派刘牢之为前锋都督讨伐桓玄。桓玄派刘牢之的族舅何穆之当"说客"。这个说客不简单，既讲事实、又摆道理，还弄出个"两难局面"，为朝廷卖力，成则"功高盖主"，或有灭族之忧，败则声名俱失，灭族成"当然之事"。刘牢之"折服"了。刘牢之一叛变，桓玄进兵建康就势如破竹，连朝廷的军事总指挥司马元显也"阵前被捕"，被桓玄杀死。那个酒色之徒司马道子也被流放到荆州下面的安成郡，被御史杜竹林用毒酒杀死。三叛桓玄而走上绝路（404 年）。桓玄把握了朝政，任命刘牢之为征东将军、会稽太守，将其调离京口，这时的刘牢之才感受到桓玄的"杀气腾腾"，在他准备反叛桓玄的时候，部将因其"易反易复"都逃散开去。只好去投靠高雅之（北府旧友），高雅之却"闭门不纳"，刘牢之最终"自缢身亡"，一代将星就此陨落。桓玄篡晋为楚后，还对刘牢之"开棺剖尸"，将其尸体随便扔在街头。好在其原先的部将刘裕，在击退桓玄"恢复晋祚"后，上书为刘牢之申辩，晋安帝司马德宗恢复了刘牢之的封爵。

在刘牢之的戎马生涯里，虽然有"三次叛变"的耻辱，但也有"两次大胜"的辉煌。第一次是在"淝水之战"时（383 年），作为前线指挥谢玄（谢安侄）的部将，刘牢之手下的"七千虎贲"作为前锋率先冲破敌阵，树立起了"勇武形象"。第二次是在"孙恩之乱"期间（399—402 年），刘牢之率"北府兵"屡次击败孙恩，逼迫其狼狈撤退，最终投水自杀（402 年）。要说"孙恩之乱"，惹祸的还是司马道子父子。他与哥哥司马曜（晋武帝）"主相相持"，毕竟没能搞得赢哥哥，手下也没有可以完全掌控的兵力作为"外援"，于是打起了"三吴地区"的主意。399 年，东晋执政者司马道子、司马元显父子征调门阀免除官奴身份成为佃客的广大民众，进入建康以充实兵员，称作"乐属"，此举激起当地门阀的"满腔怒火"。于是世奉"五斗米道"的孙恩乘势而起（399 年），带着对朝廷及司马道子父子的仇恨，掀起了农民起义。虽然，孙恩很快败亡（402 年），但其妹夫卢循却又"揭竿而起"，成为东晋末年一场声势浩大的农民起义，一直到 411 年才得以完全平定。

我们来说桓玄。桓玄是桓温的庶子（侍妾生），也是桓温最小的儿子。桓温死时（373 年），桓玄才五岁（袭封"南郡公"）。要说桓玄能生存下来，最该感谢的是当时总揽朝政的谢安。是谢安"忠厚谦退"的家风，才不至于在桓温死后"遽然而亡"，甚至还出现了"三桓镇三州"的突兀现象，让"龙亢桓氏"有了复兴的迹象。桓玄长大后，相貌奇伟，神态爽朗，博通艺术，又写得一手"好文章"，就总以"英雄豪杰"自许。然而，由于他父亲桓温晚年有"篡位迹象"，所以朝廷对桓玄"疑而不用"，直到桓玄 23 岁时（391 年），才被任命为"太子洗马"。不久后（392 年），出任义兴太守（今江苏省宜兴市），颇觉郁郁不得志，感叹说："父为九州伯，儿为五湖长！"于是就弃官回到其封地南郡（今湖北省荆州市江陵县）。因为父亲在荆州经营多年，这里多有故旧。于是，桓玄意在夺取荆州。当时，荆州刺史王忱裁抑桓玄。所以，桓玄通过尼姑支妙音，让晋孝武帝司马曜任命殷仲堪为"荆州刺史"，让自己在荆州"站稳了脚跟"。接下来的事，后面再说。

两晋第二个"傻皇帝"司马德宗，史称晋安帝。这个"安"字是后世给他的"谥号"。但是，晋安帝的生活却并不"安"，朝廷动荡不安，方镇你争我斗，甚至连兵向阙（398 年），"孙恩起义"又"风起云涌"（399 年），还被桓玄逼迫"禅位"（403 年）。虽经刘裕讨灭桓玄，晋安帝得以在江陵（今湖北省荆州市）复辟（404 年），但旋即又成为桓振的"俘虏"，过了十多个月的"俘虏生活"，才于 405 年回到建康。过后，晋安帝又当了 10 多年的"傀儡皇帝"，还因为刘裕的北伐成为东晋史上收复国土最多的皇帝，当然，这只是"名义上的"。

最后，晋安帝因为"昌明之后尚有二帝"这句谶语，被刘裕毒杀（419年）。他的同胞兄弟司马德文被立为皇帝，是为晋恭帝。"昌明"是晋孝武帝司马曜的"表字"。立司马德文为帝，也是为了应验那句谶语。420年，晋恭帝司马德文禅位宋王刘裕，旋即也被杀害，东晋就此灭亡，南朝就此开始。晋安帝"一生不安"，却"谥号"为"安"，也是有原因的，那就是司马德宗除了分不清昼夜、寒暑，还不知道饱和饥，更有一个突出的特点：从小到大没说过一句话。读过《晋书》，你还会知道，晋安帝居然还有一个美丽的皇后王神爱。这个王神爱"很有来头"（书法世家），是王羲之的孙女、王献之的女儿，无法与晋安帝过夫妻生活，只好用书法艺术来打发"孤寂的时光"。好在这样的苦日子并不长久，王神爱在29岁时就病死在徽音殿（412年）。

有资料显示，王神爱的父亲王献之、母亲司马道福都是"梅开二度"（二婚）。这个"梅开二度"，还牵扯到一段凄美的爱情故事。起初，简文帝司马昱把女儿（第三女）司马道福许给桓温的儿子桓济（桓温次子）。司马道福却不喜欢桓济，她的"心上人"是著名书法家王献之。但是，王献之却"少年早熟"，跟自己喜欢的表姐郗道茂"早结良缘"。郗道茂（郗鉴孙女），也是出身名门的大家闺秀。于是，司马道福"含恨而嫁"。后来，桓温死后，桓济联合桓熙（桓温长子）企图杀掉桓温"事业接班人"桓冲（桓温弟）。事情败露后，桓济被贬官且流放长沙。为此，这段不幸福的"政治婚姻"走到了尽头。在女儿司马道福的"苦苦相逼"下，简文帝司马昱同意女儿司马道福跟桓济离婚。

可是，离了婚的司马道福，更加想念她的"心上人"（王献之），终于找到一个理由：王献之与郗道茂结婚多年也没生儿子，这完全符合"七出"（休妻）的规定。于是，司马道福擎起这把"杀手锏"，让父皇司马昱勒令王献之休妻，再娶司马道福。王献之不敢对抗王命，选择"自残"（烧伤了腿脚）。但司马道福却不依不饶，即使王献之是个瘸子，也一定要嫁给他。王献之没法可施了。只得休了郗道茂，娶了司马道福。据说,郗道茂被休后,没有"娘家"可回,只得投靠郗愔,生活清苦,郁郁而终。为此,王献之临终时说了一句话:"这辈子最后悔的事,就是休掉了郗道茂。"司马道福(新安公主),为了自己的幸福,却毁了别人的幸福,也是不可取啊!

　　晋安帝司马德宗还安静地生活着，而中枢和藩镇的对立却在"火热进行中"。桓玄在藩镇抢夺中"上下其手"，很快成为"反政府武装"的盟主。"盟主"的身份，不仅加重了他威慑朝廷的"砝码"，而且加大了他抢夺藩镇的便利，他的友军将领，先后成为他的"刀下鬼"。这个过程，相当复杂，略过不述。到402年，桓玄进入京城建康控制了朝政，自任太尉，都督中外诸军事。旋即，又学他老汉（桓温）"那一套"，出镇姑孰，遥控朝政。403年，桓玄自编自演了"两场戏"：一是入朝自领大将军，上表"要求北伐"。旋即又以皇帝的名义"强行阻止"，于是就"罢兵不行"。二是上表"出镇姑孰"，又以皇帝诏令"强行挽留"。

　　这些动作虽是演戏，却有着惊人的"戏剧效果"。桓玄当上了"相国"，朝廷以十郡之地封桓玄为"楚王"，还"加九锡"（享受皇帝待遇）。到了403年底，桓玄就逼迫晋安帝（司马德宗）行"禅让之举"。晋安帝乖乖交出"传国玉玺"，桓玄"筑坛祭天"，正式登基称帝。改国号为"大楚"（史称"桓楚"），改元"永始"。桓玄称帝，也闹了"两个笑话"：年号拟定为"建始"，一查竟然是西晋赵王司马伦篡位时使用的年号，于是改为"永始"。通告全国后,又有人说是汉成帝刘骜封王莽"新都侯"时的年号,不久王莽就"篡汉自立"(新朝)。年号"不吉利"也就算了,哪知桓玄刚刚坐上"龙椅"(胡床),"龙椅"居然自行塌了。此时,百官惊惧,唯有侍中殷仲文"说话乖巧":"这是陛下圣德厚重,大地也难以负载啊!"桓玄这才转忧为喜,命令奏乐庆贺,群臣高呼"万岁"。

桓玄虽然没坐多久"龙椅",但也是一个"怪味皇帝"。为了崇尚德化,他常常亲临刑狱审问囚犯,无论有罪无罪、重罪轻罪,一律"宽大无边",全部释放。后来,又要求恢复最残酷的肉刑,实行"酷法严刑",前后做派"判若云泥"。他一遇到乞丐就"大慷国家之慨",大把撒钱,希望黎民百姓称赞他是"真命天子"。但是,他对待文武官员就没有这么"轻松快活"了。不仅对文案"吹毛求疵",而且"小错重罚",搞得文武百官"惶惶不可终日"。桓玄游猎无度,有时才猎罢回宫,却兴致又起,而且还有一项"特别规定",负责外围的官员,若猎物从此逃脱,则要把官员捆绑起来,不给吃不给喝。以至于参军桓道恭出猎时,腰间总要系一根大红色的布条。桓玄身体肥胖,不便骑马。他便设计了一个巨大的抬轿,同时可坐30人,要两百人在前后左右抬着走,这恐怕是中国历史上最大的"肩舆"吧。生活穷奢极欲的桓玄,却酷爱"名家字画",他的理由是,相对于笨重的金银财宝,名家字画更便于携带。据说,刘裕举兵向阙讨伐桓玄(404年),桓玄挟持晋安帝司马德宗败逃江陵,又掩耳盗铃地说是"迁都江陵"。为了避免史官写出历史真相,桓玄还在江陵为自己写起了《起居注》,写成后还"复印"(传抄)多份,发给亲信文武大臣。据说,江陵段的长江,有99个"江心岛",故有民谚就说:"(江心岛)不满百,不天子"。于是,桓玄就动用巨大的民力,再造了一个"江心岛"。可惜,这第100个江心岛,却在桓玄篡位的当年,被巨大的洪水给冲毁了。

到桓玄篡位时(403年),北府兵旧将刘裕,因为扫平"孙恩之乱"

的功劳，已经成为"彭城内史"（太守）。这个刘裕，早时家中很穷，桓温死时，他才10岁，后来得到王谧（中书监）的赏识和提携，加入"北府兵"，成为北府旧将何无忌的司马。400年，他又跟随刘牢之平定"孙恩之乱"，因其"勇武有谋略"，功名渐长。再后来，刘牢之"叛桓玄走上绝路"，刘裕不得不"寄人篱下"（投奔桓玄）。这个王谧，正是把晋安帝司马德宗的"传国玉玺"捧给桓玄的人。刘裕"知恩必报"，不仅没有杀死他，还在晋安帝"复辟"后，找回逃逸的王谧，让他"官复原职"。桓玄"改移晋鼎"（403年），刘裕入朝觐见，桓玄"见而喜之"。而桓玄的刘皇后（刘乔女）却说"刘裕龙行虎步，绝不会甘为人下"，力劝桓玄尽早除掉，以绝后患。桓玄却没有这么做，他说："我欲荡平中原，非此人不行，怎好杀他？等关陇平定，再作计议。"当然，刘裕也曾北伐，几乎荡平中原，但那是刘裕讨平桓玄、恢复"晋祚"以后的事情了。

刘裕脱离桓玄"搞单干"，是因为桓玄对"北府兵"的"铁血政策"：不为所用，必为所杀。桓玄得势后，因为"刘牢之事件"（402年）而认为"北府兵"并不是"忠诚于我"的部队，就肆意翦除"北府旧将"。刘裕也就暗中联络"北府旧将"，要与桓玄"决一死战"。据说，在此之前，人们见桓玄有"篡晋的想法"，都劝刘裕攻灭桓玄。但刘裕说："现在还'师出无名'，等桓玄有了篡晋的'既成事实'，再发难不迟。"403年，桓玄逼迫晋安帝司马德宗"禅位"，刘裕等一批"北府旧将"（中下将领）乘势而上，掀起了"皇帝保卫战"。据说，刘裕的阵营中，孟昶是比较特殊的一位，他与刘裕差不多是同时入朝觐见桓玄的。朝堂上，桓玄说发现了一个"尚书令"，但参军刘迈说他（孟昶）只会"耍嘴皮子"，于是桓玄就"弃而不用"。这就惹得孟昶冒火，找刘裕发泄苦闷，两人"倒完苦水"，相约起事，竟然成为"倒玄干将"。

孟昶是青州刺史桓弘的主簿，熟悉财政后勤工作，更因为孟昶家是"世族富豪"。但是，"当家理财"的是他老婆周氏。孟昶只好向周氏道出实情：要造反。为了不连累周氏，孟昶还提出了"离婚请求"。周氏深明大义，也看出了孟昶的"小儿科"，就表达了坚定的决心：即使卖儿卖女，也在所不辞。于是，他们以从京口（今江苏省镇江市）迁居广陵（今江苏省扬州市）为借口，变卖所有房屋、田地和杂物，倾家荡产，作为"发难之用"。何无忌（刘牢之外甥）则负责起草"讨玄檄文"，其母刘氏看见刘牢之"报仇有期"，说"讨灭桓玄"，她就死而无憾了。待到军起京口之时（404年），刘裕又把闲居在家、正在京口街头"看稀奇"的刘穆之召为"主簿"。

京口起事（404年）还算顺利，何无忌假扮皇使入城，轻而易举地砍了桓脩（青州、兖州刺史）的脑壳。桓脩，是桓玄堂弟（桓冲子）。但是，潜入建康准备做内应的人却"没有得手"。刘裕部属刘毅写了一封密信给哥哥刘迈（桓玄参军）。这个刘迈"心情复杂"，因为他刚被桓玄提拔为竟陵太守（今湖北省天门市），还有感恩的心在作怪，所以没有立即做出回应。他的想法是赶到竟陵观看"风向"，到时再"见风使舵"。正在即将出发时，桓玄给刘迈写了张"便条"："北府那边有什么风声没有，最近见到刘裕了吗？"或许桓玄只是随口一问，刘迈的心理素质也太差了，以为机密已经泄露，就将密信内容"和盘托出"。桓玄对刘迈的忠诚实行"火线提拔"，封其为"重安侯"。正当刘迈高兴得"忘乎所以"时，桓玄又以"未扣押送信人"为由，砍了刘迈的脑壳。

有道是"箭在弦上不得不发"，刘裕带领发难将士向建康挺进，屯扎在竹里（今江苏省句容市北），发出"讨玄檄文"。桓玄派扬州刺史桓谦（桓玄堂兄）为"征讨大都督"，并反复告诫"不要去硬碰硬"（不出战）。但是，桓谦的手下却不赞成，要求在刘裕进军建康的路上消灭他。战斗还是"打起来"了。守卫建康的虽然是"北府兵"，但这些将士都知道刘裕的勇猛，军心涣散，几乎没有什么战斗力。刘裕得手了，桓玄慌了，亲自带领数千兵马，扬言是"开赴战场"，实际是"仓皇逃跑"了。

因为晋安帝司马德宗还被桓玄囚禁在浔阳，刘裕大军进入建康设立"留台"，任命文武百官。那个街头召为主簿的刘穆之受托处理政务，居然干得井井有条，让京城百姓感受到"风气为之一变"。前面说到桓玄的"中书监"王谧，也孤身出城，在逃跑途中被刘裕军追回。王谧吓得瑟瑟发抖，刘裕却做出"感恩之举"，让他官复原职。刘裕把桓家的亲属全部捕杀后，又派兵去追击桓玄。桓玄先逃跑到浔阳，把持晋安帝做"人质"，后浔阳被何无忌攻破，再逃到江陵，刘裕军又尽锐而来。桓玄就有了新想法，逃到汉中，但水陆通道都被刘裕军（何无忌部）切断。于是，桓玄又采纳毛修之的建议，逆水向西，直入巴蜀，再图安生立命。不承想，毛修之是益州刺史毛璩的侄儿，这叔侄俩"暗中有约"，桓玄的命就丢在了逃往蜀地的战船上（404年），死时才36岁。从桓玄篡夺，到桓玄丧命，共计称帝161天。随后，桓玄的头颅被转送到建康，高悬在"朱雀桥"边示众。

晋安帝在桓玄逃离江陵时，被遗弃在城内。好在荆州别驾王康产和南康太守王腾之把他保护起来。不承想，桓玄堂兄桓谦和侄儿桓振又收集残兵，进占江陵，直接杀死了晋安帝的两个"保护人"（王康产和王腾之）。桓振又挥舞长刀，要直取晋安帝的老命。幸得桓谦苦苦劝住，还捧出"传国玉玺"给晋安帝，请他正式复位。因为这两兄弟的"刀下留人"，晋安帝给了他们一大串"恩赐"：桓谦被任为侍中、卫将军，加江、豫二州刺史，桓振为荆州刺史。不过，桓振也有自己的打算：挟天子而令诸侯！但刘裕军部将刘毅却"不买账"。于是，刘、桓军队又打半年之久。最后，刘毅攻破江陵，桓谦和其叔侄兄弟逃奔后秦。桓振还率军做"困兽之斗"，后被刘裕派军消灭。

405年正月，晋安帝司马德宗回到了大将刘毅的军营，像皇帝登基一样宣布大赦。除了忠于朝廷的桓冲（桓温弟）及其子孙外，其他桓氏都不在大赦免之列。龙亢桓氏就这样在"刑余之家"的污名下，消失在历史深处。刘裕军取得的最大战绩是，荆州重新归属朝廷，从东晋初年王敦割据荆州，半个多世纪（80年）的"荆扬之争"从此"画上句号"。尽管晋安帝只是个"傻皇帝",但"皇权"从此不再受制于"门阀世族"。刘裕作为"寒门士族"登上历史舞台。有史家说刘裕是东晋门阀政治的终结者。此言是也!

　　读完《刘裕传》，我想起宋代词人辛弃疾的《永遇乐·京口北固亭怀古》："千古江山，英雄无觅，孙仲谋处。舞榭歌台，风流总被，雨打风吹去。斜阳草树，寻常巷陌，人道寄奴曾住。想当年，金戈铁马，气吞万里如虎。"这首词的"上阙"就是礼赞"刘裕北伐"的英武雄姿。东晋偏安江左，祖逖、庾亮、褚裒、殷浩、桓温、谢玄等都先后北伐，但无一真正成功。唯有刘裕，以"金戈铁马"之师、"气吞万里如虎"之势，取得了北伐的胜利。两次北伐，先后灭南燕（410 年）、破北魏（417 年）、亡后秦（417 年），收复了山东、河南、关中等地，光复了洛阳、长安两都。后虽有长安之失，但潼关以东、黄河以南和山东全境，已经划入"东晋版图"，到此时，东晋已经是"七分天下，而有其四"了。唐代史学家朱敬则称赞刘裕北伐："西尽庸蜀、北划大河。"自汉末三分，东晋拓境，未能至也。

　　刘裕是个"大器晚成"的典型，在"北府兵"崭露头角时，刘裕已经 37 岁了。他先在孙无终手下当司马，后到刘牢之手下当参军，又跟着刘牢之去平定"孙恩之乱"。桓玄逼杀刘牢之之后，刘裕就接管了刘牢之的军队，成为"北府兵"将领。刘裕的成长是靠"打出来"

的，从打败"反政府武装"（孙恩、卢循），到打败"篡国者"（桓玄），迎接晋安帝复位，再到都督八州诸军事、总百官行事，仅仅用了不到五年的时间。刘裕的声威，不仅在东晋朝野"响当当"，还扬名后秦。405 年，刘裕遣使后秦，要求后秦归还以前占领的淮北诸郡。后秦皇帝姚兴鉴于"西面战事吃紧"，不敢与东面的刘裕为敌人，于是淮北十二郡回到"东晋的怀抱"。406 年，刘裕因功授封"豫章郡公"，还食邑万户，成了"万户侯"。次年，刘裕的恩人王谧去世，刘裕入掌朝政大权。据说，刘裕出生后，母亲就去世了。父亲刘翘无力请乳母为其哺乳，准备拿到路边"甩了"。这时，刘裕从母（刘怀敬母）正在"哺乳期"，及时伸出援手（养育刘裕），刘裕这才活了下来。从母很喜欢刘裕，每次都是先给刘裕喂奶，再喂奶给自己的儿子怀敬，导致刘怀敬经常"吃不饱"。所以，刘裕就把从母当母亲，他对从母的孝顺在东晋朝野"首屈一指"。即使堂兄刘怀敬没有"文武之能"，刘裕建宋后，还是让他"班列朝臣"。

刘裕在执掌东晋朝政期间，先后杀了五位皇帝。在"代晋立宋"当了皇帝后，又杀了一个皇帝，创下了中外历史上的"最高纪录"。杀楚国桓玄（404 年），前面已说。杀南燕慕容超（410 年），就有些戏剧性了。南燕皇帝慕容德死后（409 年），其侄儿慕容超袭位，纵兵肆虐淮北，掳走东晋两个太守（阳平太守刘千载、济南太守赵元）和百姓千余家。激起了刘裕"北伐中原"的念头。据说，慕容超是为了到东晋"抢人才"（音乐舞蹈），才挑起边衅的。不承想，惹起了"亡国的大祸"。刘裕不仅杀死了慕容超，灭了南燕国（410 年）。而且因为"广固之战"打得艰难，在广固城（南燕首都）攻破后，还屠杀"三公"以下 3000 余人（屠城）。正当刘裕要乘胜推进"北伐事业"时，后方告急，"卢循之乱"起，刘裕只能"顾一头"，于是班师回朝。

当年占据岭南的卢循（孙恩妹夫）、徐道覆见刘裕"领兵在外"，就发兵攻打江州，打死了江州刺史，豫州刺史刘毅也被卢循打败，情势危急，朝议有了"奉安帝北归广陵避敌"的建议，刘裕没有答应，硬是凭着"军事智慧"，打得卢循的十万大军一路奔逃。最后卢循逃回自己的"老巢"番禺（今广东省广州市番禺区），被交州刺史杜慧度所杀（411年）。这场发生在三吴地区的"道教徒起义"，持续了12年，终于被刘裕平定了。但是，"人民内部矛盾"又起，追随刘裕"京口起义"的刘毅、刘藩两兄弟"雄兵一方"，到412年，他们的势力范围包括长江上中游地区，成了都城建康的"心头大患"。再加上刘毅一直对刘裕"不服气"，表面上拥戴，内心却"羡慕嫉妒恨"。刘裕看重旧情，对刘毅也处处隐忍，但他越隐忍，刘毅就越跋扈。412年，刘裕趁刘藩入朝时，指称他与谢混（谢安孙）图谋不轨，朝廷赐死了刘藩和谢混。接下来，刘裕亲征刘毅。最终，刘裕前锋大将王镇恶在江陵击溃刘毅军队。刘毅单骑出逃，在"牛牧寺"外自缢而亡。据说，刘毅突围而出，逃到一座佛寺（牛牧寺）请求藏身，竟被寺僧断然拒绝。原来，当年有一位将军被刘毅打败后，孤身逃到这座寺庙，被寺庙住持收留。后来那个将军被刘毅搜出，住持也被刘毅杀了。真是"作法自毙"，刘毅长叹一声，上吊自杀。

413年，刘裕又派兵把占据西蜀的谯纵"剿灭"。据说，"谯纵据蜀"，是一件情非得已的政治事件。谯纵，是南充（今四川省南部县）人，初为东晋安西府参军。405年，叛军围攻江陵，朝廷要益州出兵"解江陵之危"。由于离乡远征，将士们都满腹牢骚。当军队行至遂宁郡蓬溪县（今四川省遂宁市蓬溪县）时，将士们公推谯纵为主，叛晋自立。谯纵不肯就跳入河中，将士们把他拉起来，推到车中坐下。将士们摆事实、讲道理，几乎到了"说尽了油盐"的地步，才激发出谯纵"济世安民"的士子情怀，下决心举起"叛晋的旗帜"。于是回兵攻成都。义军顺利地攻下了成都，又很快平定了蜀地。谯纵对外称"成都王"，对内则俨然是个"皇帝"。但谯纵是一个"好皇帝"，在境内罢兵息武，让人民休养生息，受到百姓的拥戴。但是，东晋朝廷对"谯纵据蜀"

非常仇视，三次派大军征讨。406 年，东晋大将毛修之率兵入蜀，在巴西郡宕渠县一带被谯纵部将击退。408 年，东晋大将刘敬宣（刘牢之子）率大军再次入蜀，在离成都 500 里的黄虎（今四川省绵阳市东南）被谯纵部将击退。刘裕消灭了刘毅后，就有了"伐蜀的想法"。因赏识朱龄石卓越的军事才能，超擢其为"益州刺史"（412 年）。这又是一次"遥领与虚封"，意思是"打下来就是你的"。413 年，朱龄石率大军两万入蜀，这次谯纵就有些寡不敌众了，成都很快被攻破，谯纵自缢而亡。益州脱离东晋八年后，再入"东晋版图"。也是这一年，东晋灭蜀后，又顺势收复了被仇池守军（投降后秦）占据的汉中郡。

刘裕掌握了朝政大权后，也推行了五项"内部改革"：一是施行土断，禁止土地兼并。二是解除"占山泽令"，还山于民、还地于民。三是合并侨置郡县，减轻农民负担。四是对州郡察举的士子进行考试，量才录用，打通了寒族士子的"上升通道"。五是开办学校，以德育人、以文化人，让儒家学派有了强劲的"发展势头"。这些都赢得了举国上下的一致好评。但是，内部也有"不稳定因素"。412 年，刘裕征讨刘毅，晋宗室司马休之占据荆州，拥兵自重，对朝廷造成严重威胁。两年后，司马休之派长子司马文思在建康组建"敢死队"，企图刺杀刘裕。刘裕发觉后，把司马文思交给司马休之处理。刘裕本来的意思是要处死司马文思。司马休之"避重就轻"，只是免除了司马文思的"谯王"爵位。然后假惺惺地写信道歉，激起了刘裕的满腔怒火。415 年，刘裕收杀了司马休之的次子司马文宝及侄儿司马文祖，出兵讨伐司马休之。刘裕取胜没有悬念，击破司马休之和鲁宗之的四万大军，攻克江陵，直捣襄阳，荆、扬二州尽归刘裕麾下，司马休之和鲁宗之一起"北投后秦"。到这时，江左各大割据实力都被刘裕消灭，南方归为一统，刘裕为此获得"三项特权"：剑履上殿、入朝不趋、赞拜不名。416 年，刘裕又获得"都督二十二州"诸军事的特权，创造了东晋历史上的最高纪录。至此，刘裕军政大权集于一身，可谓"权焰熏天"了。

后秦皇帝姚兴，在刘裕兵不血刃的条件下，就归还了"淮北十二郡"。对此，刘裕心中还是充满感激的，尤其是姚兴来使说的一番话，更让刘裕"满心欢喜"。这番话是："刘裕是军事天才，迟早都要成为帝王，我姚兴为何不'乐助其成'呢？"但是，后秦接纳司马休之和鲁宗之，又激怒了刘裕。此时，正逢后秦皇帝姚兴死，姚泓继位，内部"摆不平"，叛乱不断。刘裕认为这正是"灭秦良机"。于是，刘裕把刘穆之当成"西汉的萧何"，内总朝政，外供军粮。自己则亲率大军，分四路北伐。这次北伐，不仅把北魏军队打得"找不到北"，不敢再来"帮后秦的忙"。417年，刘裕大将王镇恶突破后秦的潼关防线、一举攻陷长安，姚泓带领群臣"举手投降"，后秦就这样灭亡了，皇帝姚泓的首级也被挂在了朱雀桥上。刘裕也随后赶到长安，准备稍事休整，然后经略关中。不承想，后方传来刘穆之病死的消息，大部分将士也都不愿"继续北伐"。于是，刘裕留其 12 岁的儿子刘义真以及王修、王镇恶、沈田子等文武官员在长安，自己统军南归。

刘裕的心思被夏主赫连勃勃猜了个明白。于是，率大军进攻长安。留守长安的东晋文武又发生内讧，沈田子杀王镇恶，王修杀沈田子，刘义真杀王修。刘裕闻讯"心脏都差点儿跳出了胸口"，急令朱龄石镇守长安，命刘义真速回。哪知刘义真及其将士还大掠财宝美女，日行仅十公里，被赫连勃勃的夏军追及。最后，朱龄石战死，刘义真单骑逃回。

418 年，刘裕接受相国之命，并以十郡建"宋国"，受封"宋公"，还加九锡。第二年，刘裕晋爵"宋王"，"宋国"也扩大到 20 个郡，又被加授"享受皇帝待遇"。419 年，刘裕派人弑杀了晋安帝司马德宗，立其弟司马德文为帝，是为晋恭帝。我们知道，晋恭帝只是一个"过渡人"。第二年，晋恭帝司马德文"禅位"给刘裕。虽然司马德文说"禅位是自愿的"，但是"不自愿"能行吗？刘裕已经"享受皇帝待遇"，于 420 年代晋称帝，改国号"宋"，改元"永初"，东晋就此灭亡（享国 103 年），"南朝"就此开始。虽然北方还是"乱攘攘"的，但历史还是翻开了新的一页。可惜第二年，"自愿禅位"的司马德文还是被宋武帝刘裕派人杀死。

东晋灭亡后，南北朝历史开始，我们再把目光聚焦到北方。南北朝时期与"南朝"对峙上百年的"北朝"北魏，还没有统一。"淝水之战"后，前秦皇帝苻坚铩羽而归，丧失了对北方的掌控能力，不仅国力衰落，而且内部分裂，纷纷掀起复国潮。386 年，被前秦灭国（代国）的鲜卑拓跋氏拓跋珪在牛川自称"代王"，重建"代国"，定都盛乐（今内蒙古自治区和林格尔县）。同年，拓跋珪改称"魏王"。398 年，正式定国号为"魏"，史称"北魏"。拓跋珪就是北魏的"开国皇帝"（道武帝）。"迁都平城"（今山西省大同市），是拓跋珪力排众力、执意而为的结果。这次迁都，更是鲜卑历史上的一次大事件，也是鲜卑文化发展上的一次大事件，标志着鲜卑汉化有了地域基础。

拓跋珪还是"代王"时（386—398 年），就是一个了不起的角色，是威风凛凛的"北方枭雄"。对内励精图治，实行改革，推动游牧经济向农耕经济转变，增强了"综合国力"。对外则发挥"蒙古铁骑"的优势，击败贺兰部、铁弗、高车、柔然等草原诸部，成为"草原雄鹰"。又与后燕、后秦"争霸中原"于"参合陂之"战大败慕容宝，又在"柴壁之战"击溃姚兴，意气风发地走在"统一的大路上"。可是，拓跋珪在迁都平城、登基称帝后（398 年），就像"变了一个人"，尤其是在其执政晚期，竟然变得沉湎酒色、刚愎自用、猜忌臣下、不睦兄弟。有史家说，这是服食"寒食散"造成的恶果，想起"旧日恩怨"，动不动就要诛杀大臣，弄得大臣们都"惶惶不可终日"，连办事能力都在惶恐的状态下"急剧下降"。

有道是"天作孽犹可恕、自作孽不可活"。时光来到 409 年的初冬，皇次子拓跋绍的母亲贺夫人稍微有点儿"小过失"，拓跋珪就对她"关禁闭"（幽禁宫中），甚至要"叛死刑"（处死）。正在拓跋珪犹疑之时，贺氏秘密向儿子拓跋绍求救。拓跋绍当晚带人翻墙入宫，刺死了拓跋珪，时年三十九岁。而正在拓跋绍谋划"登基称帝"的时候，他的大哥拓跋嗣以迅雷不及掩耳之势，诛杀了拓跋绍和他的母亲贺夫人，坐上了"皇帝宝座"（410年）。

拓跋嗣是个"好皇帝"，内修庶政，体察民情，改革官制，选贤任能。外拓疆土，北逐柔然，设置六镇，防范柔然入侵。他还趁机南征，夺取了刘宋王成的青州、兖州、豫州、司州等地。但是，拓跋嗣却英年早逝（423年），因攻战劳顿，病逝于西宫，年仅三十二岁。

拓跋嗣，是北魏发展历史上承前启后的皇帝。史家说，他上承道武帝拓跋珪文治武功，下启太武帝拓跋焘一统北方。有道是"长江后浪推前浪"，新即位的太武帝拓跋焘更可称为"千古一帝"，到他统一北方时（439年），南朝的历史已展开了近20年。我认为，真正南北朝的历史应该从这时才开始算起。因此，我的《笑看两晋风云》，说到这里也就打上"休止符"了。

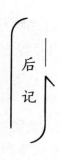

后记

　　《愚夫说史：笑看两晋风云》，是我的第一部长篇历史随笔，算是一次成功的自我超越。

　　史学家习惯于把"魏晋南北朝"作为"中华断代史"的分期，我却想把这段历史一分为三。"魏"的历史，更应该看成是"三国"的历史，只是以谁为正统的问题。那个时代，还算单纯的"内乱时代"，北方的少数民族还没有参与进来。"两晋"的历史，既有西晋的短期统一，又有王室的"八王之乱"，再有"永嘉之乱"，更有以民族大融合为主调的"社会动荡"。西晋末代皇帝（司马邺）成为历史上第一个向少数民族投降的皇帝。这可以说是中国历史上最混乱的时代。及至王室南渡，建立东晋，偏安江南，既有"南北之争"的惨痛，又有"世族政治"的特色。因此，本卷把"两晋历史"单独成篇。至于"南北朝"的历史，则放在后面再说。这样的时段划分，是为了叙述的方便，希望得到读者的理解。

　　历史是人民创造的，这是颠扑不破的真理，而"时势造英雄"和"英雄造时势"是辩证统一的。我坚持围绕典型的历史人物和历史事件展开历史的叙事，而那时的社会生活则成为这种"典型叙事"的一个宏大的历史背景，这也是需要说明的。

文章千古事，得失寸心知。无论如何，丑媳妇也要见公婆。想起唐朝诗人朱庆馀《近试上张籍水部》："洞房昨夜停红烛，待晓堂前拜舅姑。妆罢低声问夫婿，画眉深浅入时无。"由于本人的认知和史识有限，不准确的表述，甚至有以偏概全的差池，希望读者诸君不吝赐教。

你的关爱是我的阳光雨露，也是我前行的精神动力。那些不舍晨昏的皓首穷经，那些滴滴哒哒的键盘敲击声，心中涌起的都是对他（她）们的无限感激。新作即将付梓，向为本书写作、出版提供支持和帮助的各位同仁表示衷心的感谢！

2022 年 3 月 21 日于润芝书屋